LAVAGEM DE DINHEIRO

(COM A JURISPRUDÊNCIA DO STF E DO STJ)

ANDRÉ LUÍS CALLEGARI
RAUL MARQUES LINHARES

LAVAGEM DE DINHEIRO
(com a jurisprudência do STF e do STJ)

Marcial Pons

MADRI | BARCELONA | BUENOS AIRES | SÃO PAULO

Lavagem de dinheiro
(com a jurisprudência do STF e do STJ)
André Luís Callegari
Raul Marques Linhares

Dados Internacionais de Catalogação na Publicação (CIP)
(Câmara Brasileira do Livro, SP, Brasil)

21-94158

Callegari, André Luís
Lavagem de dinheiro : (com a jurisprudência do STF e do STJ) / André Luís Callegari, Raul Marques Linhares. -- Rio de Janeiro : Marcial Pons, 2022.

Bibliografia.
ISBN 978-65-996611-2-9

1. Corrupção - Brasil - Prevenção 2. Direito penal 3. Jurisprudência 4. Lavagem de dinheiro - Leis e legislação - Brasil I. Linhares, Raul Marques. II. Título.

CDU - 343.52 (81)

www.marcialpons.com.br

Impresso no Brasil

À Cristina Motta e ao André da Motta Callegari,
pelo apoio e compreensão de sempre.

À Marília Fontenele e à Magda Gianello, pela ajuda diária.

Ao meu querido amigo e colega Bernardo Feijoo Sanchez.

André Luís Callegari

À Ana Paula Zago, por tornar os meus dias mais leves.

À Maria Luísa, que, tão logo nasceu,
ressignificou absolutamente tudo.

Ao Ruiz Ritter, à Betina Scherrer, e à Anna Luchtemberg,
pela amizade e pela aguerrida parceria
no exercício da advocacia.

Raul Marques Linhares

SUMÁRIO

PREFÁCIO 13

PRÓLOGO 15

1. INTRODUÇÃO 17

2. LINHAS GERAIS SOBRE DIREITO PENAL ECONÔMICO E O CRIME DE LAVAGEM DE DINHEIRO 21

2.1. Efeitos da delinquência econômica 26

2.2. Criminalidade econômica e o crime organizado 29

3. O DELITO DE LAVAGEM DE DINHEIRO: CONCEITO E CARACTERÍSTICAS 33

3.1. Conceito de lavagem 35

3.2. Caracterização do delito de lavagem de dinheiro 36

3.2.1. Internacionalização dos atos de lavagem de dinheiro. 39

3.2.2. Profissionalização das atividades de lavagem 41

3.2.3. Vocação de permanência 41

3.2.4. Complexidade ou variedade dos métodos empregados 42

3.2.5. Volume do fenômeno 43

3.2.6. Conexão entre redes criminais 44

3.3. Técnicas ou fases da lavagem de dinheiro 45

3.3.1. Fase de ocultação ou colocação 46

3.3.1.1. Colocação através de entidades financeiras por meio de fracionamento 47

3.3.1.2. Cumplicidade bancária 49

3.3.1.3. Emprego abusivo das exceções da obrigação de identificar ou de comunicar 49

3.3.1.4. Colocação mediante instituições financeiras não-tradicionais 50

3.3.1.5. Mescla ou mistura de fundos lícitos e ilícitos... 50

3.3.1.6. Contrabando de dinheiro 51

3.3.1.7. Aquisição de bens com dinheiro em espécie 52

3.3.1.8. Outros mecanismos específicos de ocultação ou colocação - câmbio, bolsa, offshores, moedas virtuais, entre outros 52

3.3.2. Fase de dissimulação, mascaramento ou encobrimento 58

3.3.2.1. A conversão do dinheiro em instrumentos financeiros 58

3.3.2.2. Aquisição de bens materiais com dinheiro e sua posterior troca ou venda 59

3.3.2.3. Transferência eletrônica de fundos 60

3.3.3. Fase de integração, reinserção ou reinversão 61

3.3.3.1. Venda de bens imóveis 61

3.3.3.2. Interposição de testas-de-ferro, empresas fantasmas e empréstimos simulados 63

3.3.3.3. Cumplicidade de bancos estrangeiros 64

3.3.3.4. Falsas faturas de importação/exportação 64

3.3.3.5. Outros procedimentos específicos de lavagem de dinheiro 65

3.4. o bem jurídico tutelado pela norma penal 70

3.4.1. Aproximações à teoria do bem jurídico 70

3.4.2. O bem jurídico tutelado no crime de lavagem de dinheiro 76

3.4.2.1. O bem jurídico prévio 77

3.4.2.2. A administração da Justiça 79

3.4.2.3. A ordem econômica 81

3.4.2.4. Pluriofensividade 87

3.4.2.5. Conclusivamente: tomada de posição 88

3.5. O momento consumativo: crime instantâneo ou permanente? 90

3.5.1. Lavagem enquanto crime permanente 90

3.5.2. Lavagem enquanto crime instantâneo ou "crime de estado" 96

3.6. Sujeito ativo: autoria e participação no delito de lavagem de dinheiro 98

3.6.1. Autoria 98

3.6.2. Autoria mediata 103

3.6.3. Coautoria 104

3.6.4. Participação 106

3.6.4.1. Formas de participação: instigação e cumplicidade 108

3.6.4.2. A participação de menor importância 110

3.6.4.3. Excurso - Algumas categorias limitadoras da participação criminal 110

3.7. Participação criminal do advogado no delito de lavagem .. 122

3.8. A autolavagem 124

4. ANÁLISE DOS TIPOS PENAIS 133

4.1. O ARTIGO 1º, CAPUT 133

4.1.1. As condutas típicas: "ocultar" e "dissimular" 134

4.1.2. O objeto material do delito: bens, direitos e valores 135

4.1.3. O objeto da ação do caput do artigo 1º 137

4.1.3.1. A ocultação ou dissimulação da "natureza" de bens, direitos ou valores 137

4.1.3.2. A ocultação ou dissimulação da "origem" de bens, direitos ou valores 139

4.1.3.3. A ocultação ou dissimulação da "localização" de bens, direitos ou valores........................ 139

4.1.3.4. A ocultação ou dissimulação da "disposição" de bens, direitos ou valores 140

4.1.3.5. A ocultação ou dissimulação da "movimentação" de bens, direitos ou valores........................ 141

4.1.3.6. A ocultação ou dissimulação da "propriedade" de bens, direitos ou valores........................ 141

4.2. A equiparação do art. 1º, § 1º 142

4.3. A equiparação do art. 1º, § 2º 144

4.4. O elemento subjetivo da lavagem de dinheiro 146

4.4.1. Elemento subjetivo no caput do art. 1º.............. 146

4.4.1.1. A lavagem por dolo eventual no julgamento do Mensalão (Ação Penal nº 470).................. 148

4.4.1.2. Conclusão: admissão do dolo eventual no delito de lavagem de dinheiro pelo Judiciário brasileiro 152

4.4.2. Elemento subjetivo no § 1º 153

4.4.3. Elemento subjetivo no § 2º 154

4.4.4. O erro de tipo e o crime de lavagem de dinheiro... 155

4.4.5. A aplicação da teoria da cegueira deliberada........ 157

4.4.5.1. O dolo em nossa tradição teórica 157

4.4.5.2. A teoria da cegueira deliberada 161

4.4.5.3. A cegueira deliberada no caso Mensalão (Ação Penal 470).. 164

5. QUESTÕES PROBLEMÁTICAS SOBRE A LAVAGEM DE DINHEIRO.. 169

5.1. A causa de aumento de pena do § 4º, art. 1º, da lei de lavagem 169

5.1.1. Primeira hipótese de aumento: reiteração da lavagem 169

5.1.2. Segunda hipótese de aumento: lavagem por intermédio de organização criminosa 174

5.2. O problema da prova do delito prévio....................... 175

5.3. Extensão da criminalização aos sujeitos obrigados e a omissão imprópria 179

5.3.1. A omissão imprópria no Direito Penal 179

5.3.2. Os sujeitos obrigados na Lei de Lavagem e a posição de garante 181

6. LAVAGEM DE DINHEIRO E A MESCLA DE CAPITAIS LÍCITOS E ILÍCITOS 185

REFERÊNCIAS BIBLIOGRÁFICAS 189

REFERÊNCIAS DE JULGADOS 203

PREFÁCIO

Um dos pioneiros na análise dogmática do delito de lavagem de dinheiro, André Luís Callegari nos brinda, em conjunto com Raul Marques Linhares, com mais uma obra sobre o tema, que já nasce como leitura obrigatória para todos aqueles que se interessam pelos debates sobre um dos delitos mais paradigmáticos dos tempos atuais.

O livro que ora tenho a honra de prefaciar não expõe apenas questões jurídicas sobre o crime de lavagem de dinheiro. Vai além ao tratar de temas gerais de direito penal econômico, sua origem, desenvolvimento e das questões mais controversas nessa área complexa das relações jurídicas. Se o conhecimento a respeito da teoria geral do delito é pressuposto para a compreensão daqueles delitos chamados *clássicos*, o estudo de matérias específicas relacionadas com o direito penal econômico é uma exigência a mais para que se consiga compreender a complexa criminalidade econômica.

Ao discutir a *lavagem de dinheiro* propriamente dita, André Callegari e Raul Linhares tratam de seus aspectos descritivos e seus contornos jurídicos, enfatizando suas características muitas vezes transnacionais, que exigem do legislador, do juiz e do intérprete um labor de construção de políticas criminais e de análise mais abrangente, que abarque ao menos o conhecimento do direito comparado, para que as diferenças de institutos e legislações não afete a aplicação da norma penal.

Mais adiante, os autores apresentam tipologias de lavagem de dinheiro e métodos usualmente empregados para a prática do delito, encorpando sua análise jurídica com exemplos reais, extraídos de casos concretos e atualizados, onde até mesmo o problema contemporâneo das moedas virtuais é abordado.

Ao tratar do bem jurídico protegido pela norma penal em questão, os autores traçam um panorama da teoria geral e fixam conceitos para concluir que a ordem econômica, em seu sentido de preservação de confiança e transparência, é o interesse a ser protegido. A partir disso, constroem uma linha argumentativa coerente para enfrentar temas difíceis, como a natureza instantânea ou permanente do crime em discussão, o dolo eventual, a cegueira deliberada e sua compatibilidade com o tipo penal, e questões sofisticadas sobre autoria e participação, em especial aquelas que concernem à figura do advogado e à difícil conciliação entre as regras de sigilo e aquelas de colaboração compulsória com a prevenção à lavagem de dinheiro.

Ao enfrentarem essas diversas problemáticas a respeito da lavagem de dinheiro, os autores não só expõem com consistência os seus posicionamentos, como também abordam os entendimentos predominantes no Supremo Tribunal Federal e no Superior Tribunal de Justiça, possibilitando que o leitor conheça a prática dos tribunais nessa temática, bem como a crítica dos autores em relação a alguns desses posicionamentos judiciais.

Inegavelmente, o delito de lavagem de dinheiro é um dos ilícitos penais mais complexos de nosso ordenamento jurídico, exigindo um esforço adicional daqueles que se propõem ao seu estudo. Esse esforço deve, necessariamente, passar pela leitura de obras como esta, que enfrenta os problemas mais sensíveis da lavagem de dinheiro.

Por meio de uma escrita didática, André Callegari e Raul Linhares, dois pesquisadores e advogados com atuação profissional especializada no direito penal econômico, nos brindam com uma obra repleta de conteúdos atualizados e indispensáveis para o estudo e a prática jurídica relacionados ao delito de lavagem de dinheiro. Portanto, este livro se destina a magistrados, promotores e procuradores, advogados, defensores públicos, agentes das polícias, entre tantas outras profissões, assim como a estudantes de graduação, pós-graduação e concursos públicos.

Boa leitura!

São Paulo, verão de 2021.

PIERPAOLO CRUZ BOTTINI

Advogado e professor livre docente da USP

PRÓLOGO

El prólogo o prefacio es un texto que, colocado al inicio de la obra, pretende presentarla al lector que la va a consultar. Mi buen amigo André Luís Callegari me pide que presente el libro que ha escrito con Raul Marques Linhares sobre el delito de lavado de dinero. Me honra que un especialista en el tema, cuya tesis doctoral sobre el lavado de dinero defendió en la Universidad Autónoma de Madrid, se dirija a mí para este menester, aunque lamento no disponer de más tiempo para presentar con mayor extensión este completo estudio.

El repaso del contenido del trabajo muestra una estructura coherente, dividida en seis amplios puntos. Tras la introducción, enmarca el delito de blanqueo de capitales en el denominado Derecho penal económico, que conecta, como no puede ser de otro modo, con la criminalidad organizada. A continuación, define el blanqueo de capitales, describe sus características más importantes y explica las fases y técnicas utilizadas. Tales fases mantienen su vigencia, desde que a finales del siglo pasado el Grupo de Acción Financiera Internacional (GAFI) elaborara el modelo de tres fases que explicaba los procedimientos empleados por los cárteles de la droga para lavar dinero. Concluye el punto tercero con un estudio de aspectos esenciales del delito, como el bien jurídico, la consumación, el sujeto activo y el autolavado y la no siempre sencilla calificación jurídico-penal de la intervención del abogado en el blanqueo. El punto cuarto se dedica al estudio de la normativa penal brasileña, abordando con detalle las conductas descritas y el tipo subjetivo. Termina el texto con una referencia particular a cuestiones complejas (que son muchas) del delito de lavado (problemas de prueba, la omisión y la responsabilidad penal de los sujetos obligados) y al tema de la mezcla de bienes.

Los autores se suman a las propuestas más avanzadas que solicitan con insistencia la contención en la aplicación de un delito tan amplio como el blanqueo de capitales. La limitación del alcance de este delito se pretende recurriendo a una interpretación restrictiva de algunos de sus elementos. Entre ellos, destaca la tendencia a dejar fuera del círculo de comportamientos típicos los actos de consumo de los productos del delito, aquellos que suponen el disfrute de los mismos y que no persiguen directamente el enmascaramiento de su origen (cuestión esta cuya prueba no está exenta de problemas, como ha explicado la jurisprudencia de los Estados Unidos de Norteamérica al enjuiciar comportamientos cuya finalidad no está clara, las denominadas en inglés *dual-purpose transactions*). Esto contrasta con las tendencias de los organismos internacionales especializados que insisten en el castigo de casi cualquier comportamiento en el que se encuentre involucrados bienes delictivos, como si cualquier contacto con ellos debiera ser objeto de sanción penal.

Estamos ante un texto interesante, escrito por personas con notable experiencia, teórica y práctica, que se refleja en las inteligentes propuestas interpretativas del delito de blanqueo de capitales. El lector que busque un texto claro que permita comprender el estado del arte sobre esta materia, especialmente en la doctrina y jurisprudencia brasileña, quedará satisfecho con su lectura.

En Valladolid, 31 de diciembre de 2021, año de pandemia.

ISIDORO BLANCO CORDERO
Catedrático de Derecho penal
Universidad de Alicante

1.

INTRODUÇÃO

A obtenção de uma vantagem monetariamente quantificável é um propósito que acompanha a prática de um número infindável de atividades criminosas. Tanto o estelionatário que falsifica cheques de terceiro, quanto o funcionário público que solicita ou exige quantia indevida em dinheiro, por exemplo, possuem esse objetivo em comum: alcançar uma vantagem financeira por meio da prática do ilícito penal.

Alcançado esse objetivo, a vantagem econômica ilicitamente conquistada pode ser gasta, por exemplo, diretamente com a aquisição de bens, em uma simples conduta de aproveitamento desse patrimônio - conduta que não constitui crime autônomo, mas, nesse caso, mero ato impunível de disponibilidade de patrimônio ilicitamente auferido. Todavia, o gasto de significativas quantias em dinheiro e o elevado acréscimo patrimonial sem lastro (sem que o agente possua ganhos de capital lícitos e devidamente declarados) pode ser considerado um indicativo de prática de conduta ilícita, fator apto a despertar desconfianças e a justificar a devida apuração, por órgãos de controle, da origem desse patrimônio.

Em outras palavras, a fruição da vantagem econômica obtida por meio do cometimento de uma infração penal possui um entrave prático: saber-se como fazer proveito do patrimônio obtido ilicitamente sem que isso desperte a atenção de terceiros (especialmente de órgãos de controle e autoridades persecutórias do Estado) em relação ao delito anteriormente praticado, delito que constitui a verdadeira origem do patrimônio.

Por esse motivo e para possibilitar o gozo desses valores sem que isso importe em um alerta às autoridades investigativas, passou-se a realizar, após a prática de infrações penais, um complexo de atos específicos destinados a dificultar o rastreamento da origem ilícita de certos valores e a atribuir-lhes uma aparente origem lícita. Ou seja, mais seguro do que simplesmente gastar o dinheiro oriundo do ilícito penal é, antes disso, realizar um conjunto de atividades[1] reservadas a "maquiar" a origem ilícita do patrimônio, conferindo aparente licitude à sua origem.

Esse conjunto de atos possui, em síntese, três razões que justificam a sua prática: primeiro, porque o dinheiro (não só ele, mas igualmente os bens de outras naturezas) que se encontra sob a posse do agente não lhe pertence (trata-se do produto decorrente da prática de um delito) e, por essa razão, deveria ser devolvido a seu titular legal, em regra a vítima do crime; segundo, porque, em se tratando do autor ou do partícipe da infração da qual originou a quantia em dinheiro, a ocultação da origem desse dinheiro significa a ocultação do próprio crime anteriormente praticado, aumentando as chances de que o agente se veja impune; e terceiro, porque a ocultação da origem ilícita do dinheiro e a atribuição falsa de uma origem lícita a ele permite que o agente usufrua do dinheiro com maior liberdade.[2]

Nesse contexto, diante das consequências socialmente indesejadas (especialmente econômicas) desses atos de interferência na relação entre o dinheiro (ou qualquer bem) e a sua origem, passou-se a criminalizar essa atividade e, a essa figura criminal, se atribuiu a nomenclatura de "lavagem de dinheiro/capitais".

No âmbito prático do Direito Penal Econômico, é extremamente comum (e até mesmo esperado) que boa parte das denúncias por delitos caracterizados pela produção de elevado proveito financeiro venham acompanhadas da imputação pela prática do crime de lavagem de dinheiro. Afinal, é natural que aquele indivíduo que tenha auferido a vantagem financeira de origem ilícita possua a preocupação em não ser descoberto enquanto desfruta dessa vantagem; para tanto, pode vir a realizar essas mencionadas condutas destinadas a desvincular a vantagem financeira de sua origem ilícita, conferindo-lhe aparência de licitude na origem. Justamente aqui se caracteriza a lavagem de dinheiro.

Tamanha é a ampliação da aplicabilidade do delito de lavagem de dinheiro nos últimos anos, associada à complexidade dessa matéria, que inclusive se tem presenciado diversas acusações por meros atos de disposição ou fruição do patrimônio originado de infração penal como se atos de lavagem fossem, o que

1. Por isso se afirma que a lavagem de dinheiro não se constitui de um resultado pontual, mas de um processo, de uma sucessão de atos relacionados destinados à obtenção de um objetivo. (Jiménez García, Francisco, Blanqueo de capitales y Derecho internacional. *Eunomía: Revista en Cultura de la Legalidad*, Madrid, n. 10, p. 218-219, 2016).

2. Antonio Lascuraín, Juan. El blanqueo: Concepto y lesividade. *Revista Internacional de Transparencia e Integridad*, Espanha, n. 3, jan-abril, 2017.

representa uma flagrante afronta ao próprio tipo penal do crime de lavagem de dinheiro, que não criminaliza a fruição do patrimônio fruto de infração penal, mas o mascaramento de características desse patrimônio (sua origem, sua propriedade etc.). A significação de um mesmo ato, portanto, pode ser absolutamente diversa, a depender da motivação do agente ao realizá-lo: a mera aquisição de um imóvel, enquanto ato de fruição de patrimônio de origem ilícita, jamais pode significar ato de lavagem; entretanto, a mesma aquisição, quando fizer parte de um processo de mascaramento da origem dos ativos, pode ser enquadrada no tipo penal de lavagem.

A ampliação do âmbito de aplicação da Lei de Lavagem (ampliação em alguns casos legal, em outros ilegal) transmite uma mensagem clara e que, pode-se afirmar, constitui o âmago dessa legislação: "tire suas mãos do dinheiro sujo".[3] Essa mensagem surge como um dos tantos aspectos simbólicos do combate à lavagem de dinheiro - não um simbolismo a ser combatido, mas um simbolismo *positivo* que é natural e desejado em toda legislação penal, como defendido por Anabela Miranda Rodrigues.[4]

Na presente obra, objetivamos desenvolver os aspectos gerais do crime de lavagem de dinheiro, contribuindo para a compreensão global desse fenômeno, bem como de alguns pontos problemáticos e dotados de maior divergência a respeito da matéria. Esse estudo é sempre necessário, especialmente porque o crime de lavagem de dinheiro possui uma complexidade significativamente maior do que crimes considerados clássicos (complexidade característica de todo o Direito Penal Econômico), o que explica em parte a recorrência de acusações e opiniões errôneas em relação a essa temática.

Ao fim e ao cabo, de forma bastante simplificada, deve-se compreender a lavagem de dinheiro como um custo assumido pelo agente para melhor procedimentalizar a utilização de determinados bens. O objetivo do lavador, nesse sentido, não é simplesmente desfrutar de seu patrimônio de origem ilícita, mas desfrutar da maior parte com a maior segurança possível.[5] Para alcançar esse objetivo, o agente geralmente abdica de parte do patrimônio auferido pela prática de infração penal, para custear a implementação de um conjunto de atos sucessivos destinados a fornecer a aparência de regularidade a esse patrimônio. Em síntese, o lavador paga pela possibilidade de desfrutar dos ativos ilícitos com maior segurança.

---

3. Antonio Lascuraín, Juan. Blanqueo de Capitales. In: Nieto Martín, Adán; *et al. Derecho Penal Económico y de la Empresa*. Madrid: Editorial Dykinson, 2018. p. 495. (tradução nossa)

4. Rodrigues, Anabela Miranda. *Direito penal económico: uma política criminal na era compliance*. Coimbra: Almedina, 2019. p. 18.

5. Fabián Caparrós, Eduardo, Internacionalización del Lavado de Activos e Internacionalización de la Respuesta, in: Blanco Cordero, Isidoro, *et. al. Combate al Lavado de Activos desde el Sistema Judicial*, 5. ed., Washington: OEA, 2018. p. 43.

Essa concepção genérica será aprofundada nas páginas que seguem, nas quais abordaremos aqueles tópicos que consideramos indispensáveis para a adequada compreensão do crime de lavagem de dinheiro, e para que se consiga atuar em operações e processos envolvendo essa espécie de criminalidade econômica.

2.

LINHAS GERAIS SOBRE DIREITO PENAL ECONÔMICO E O CRIME DE LAVAGEM DE DINHEIRO

Para iniciar a análise do delito de lavagem de dinheiro, é pertinente que alguns comentários sejam formulados a respeito do Direito Penal Econômico, pois o processo de lavagem, ainda que nem sempre esteja conectado com os delitos econômicos, termina por afetar a estrutura econômica dos países (esse ponto será explorado quando abordarmos a problemática do bem jurídico tutelado pela criminalização da lavagem, que entendemos ser a ordem socioeconômica).

O denominado Direito Penal Econômico vem recebendo nos últimos anos uma atenção crescente por parte da doutrina em geral e dos profissionais do Direito Penal. Muitos ordenamentos jurídicos, até pouco tempo, não continham uma desenvolvida legislação específica sobre o Direito Penal Econômico, pois classicamente o Direito Penal direciona a maior parte de sua atenção aos tradicionais delitos patrimoniais, delitos contra a vida e a integridade física etc. Atualmente, pode-se notar que as reformas nas legislações penais de diversos países incluem, em um capítulo próprio do Código Penal, os delitos contra a ordem socioeconômica, como ocorreu, por exemplo, na reforma realizada na Espanha em 1995. Em outros países, essa matéria foi desenvolvida em leis penais especiais, caminho amplamente adotado no Brasil.

A partir dessa tendência, percebe-se uma clara intenção do legislador em combater as práticas ilícitas que constituem a denominada criminalidade econômica; ou seja, com a criação de novos tipos penais (e novas medidas de produção probatória, por exemplo), o legislador pretende constituir ou potencializar uma estratégia de combate aos ilícitos econômicos, que não são necessariamente novidade nos respectivos países, mas que atualmente acabam por receber uma atenção que antes não lhes era destinada[6].

Ao iniciarmos este estudo, devemos indagar qual a origem do Direito Penal Econômico. Ou melhor, devemos estabelecer por onde é apropriado principiar o estudo dos crimes que afetam a economia. Sutherland utilizava uma definição para os denominados crimes de "colarinho branco", que foi adaptada para os delitos contra a ordem econômica.

Para Sutherland, o conceito de crime de "colarinho branco" deve possuir cinco elementos: *(a)* ser um crime - um fato penalmente proibido; *(b)* ser cometido por uma pessoa possuidora de respeitabilidade perante seu entorno; *(c)* esta pessoa deve pertencer a uma camada social economicamente privilegiada; *(d)* deve ela, ainda, estar no exercício de seu ofício; e, por fim, *(e)* deve constituir uma violação da confiança.[7] Portanto, a criminologia define a criminalidade econômica como sendo uma prática relacionada *às infrações lesivas da ordem econômica, cometidas por pessoas de alto nível socioeconômico, no desenvolvimento de sua atividade profissional.*[8]

Com o surgimento de novos conceitos, e com a evolução da sociedade no plano econômico e social, pode-se constatar uma progressiva ressonância política e jurídica dos imperativos éticos de solidariedade, sob a mediação do Estado Social. Como há novos interesses a proteger, o Estado passa a se preocupar também com novas áreas de atuação, como a tutela da saúde, da previdência social, do meio ambiente, da economia, entre outros. Mas, ainda que o Estado tente controlar este tipo de criminalidade, criando novos tipos penais, por exemplo, as dificuldades começam já na aplicação efetiva destas medidas e a materialização da responsabilização penal. Um exemplo dessa dificuldade, é a demonstração do nexo de causalidade em um crime ambiental de poluição: por mais que se consiga demonstrar a relação causal, dificilmente essa demonstração ocorrerá com um nível de segurança semelhante à relação causal de um crime de homicídio, de roubo, entre outros delitos denominados clássicos.

Nesse sentido, os crimes contra a ordem socioeconômica são igualmente de difícil apuração e, quando descobertos pelas autoridades persecutórias, as

6. Sobre o tema: Callegari, André Luís. Legitimidade constitucional do Direito Penal econômico: uma crítica aos tipos penais abertos. *Revista dos Tribunais*, São Paulo, v. 95, n. 851, p. 432-444, 2006.

7. Sutherland, Edwin H. White Collar Crime. In: Mannheim, Hermann. *Criminologia Comparada*. Lisboa: Fundação Calouste Gulbenkian, 1984. v. 2. p. 738.

8. Bajo Fernardez, Miguel. *Manual de Derecho Penal, Parte Especial*, Editorial Ceura, Madrid, 1987. p. 399.

condenações muitas vezes são simbólicas (em seu aspecto negativo[9]), ou os processos resultam em sentenças absolutórias.[10] Ademais, tomando como exemplo o caso dos crimes tributários, existem hipóteses claras de benesses concedidas aos agentes desses delitos,[11] benefícios que inclusive permitem a suspensão da punibilidade caso o agente adira a parcelamento de seu débito com o fisco, ou mesmo a extinção da punibilidade em caso de pagamento total – nesse último caso, independentemente do momento processual em que realizado.

É certo que existem muitas dificuldades para uma efetiva aplicação do Direito Penal Econômico, mas, desde que a criminologia principiou seus estudos conceituais, até os dias de hoje, tivemos uma evolução legislativa significativa, com novas tipificações de delitos, novos dispositivos processuais, e ferramentas mais adequadas de investigação e ressarcimento por eventuais danos financeiros decorrentes da prática criminosa. A partir disso, o Direito Penal Econômico hoje deve ser visto como um ramo do Direito Penal de crucial importância, inclusive para uma satisfatória tutela da economia dos países – ou mesmo da economia global, diante da crescente tendência de enfraquecimento da figura do Estado nacional.[12]

Apesar disso, ainda há muitas indagações na doutrina sobre a real necessidade da intervenção do Direito Penal no contexto econômico,[13] especialmente quando se toma como ponto de partida o postulado de intervenção penal mínima, é dizer, que o Direito Penal seja a *ultima ratio* ou última instância de tutela do Direito. Ainda assim, acreditamos que existem casos em que se faz realmente necessária a tutela do Direito Penal.[14]

De todo modo, alguns questionamentos devem ser realizados a respeito da política econômica e da política criminal, questionamentos esses propostos por

9. Entende-se por Direito Penal simbólico a diferença entre as funções as quais a norma penal se declara cumprir e aquelas as quais realmente cumpre. Ou seja, conquanto o Direito Penal seja utilizado com a imagem de combate ao crime e como medida de incremento da segurança social (função manifesta ou declarada), apenas se presta (ou se presta predominantemente) ao controle dos sentimentos sociais de insegurança, produzindo momentaneamente uma sensação de segurança (função latente). (Hassemer, Winfried. *Direito penal: fundamentos, estrutura, política*. Trad. de Adriana Beckman Meirelles et al. Porto Alegre: Sergio Antonio Fabris, 2008. p. 220-221)

10. Figueiredo Dias, Jorge; Andrade, Manuel da Costa. *Criminologia*, Coimbra: Coimbra Editora, 1984. p. 536.

11. Callegari, André Luís. A medida provisória n. 1.571-6, de 25.9.97 – *Abolitio criminis ou novatio legis in melius* nos crimes de não recolhimento das contribuições previdenciárias. *Boletim do Instituto de Ciências Criminais*, n. 61, p. 17-18, 1997.

12. A esse respeito, ver: Teubner, Gunther. *Fragmentos constitucionais: constitucionalismo social na globalização*. 2. ed. São Paulo: Saraiva, 2020.

13. Correa, Eduardo. *Direito Penal Económico e Europeu: textos doutrinários*. Coimbra: Coimbra Editora, 1998. v. 1. p. 296.

14. Sobre essa temática: Callegari, André Luís. O Princípio da Intervenção Mínima no Direito Penal. *Boletim do Instituto de Ciências Criminais*, n. 70, p. 12, 1998.

Klaus Tiedemann: deve um Estado proteger jurídico-penalmente a economia e os atores econômicos, ou deve, pelo contrário, impor aos empresários e agentes econômicos as menores restrições possíveis em favorecimento de um crescimento econômico menos regulado? Deve o legislador penal prever uma regulação aberta no Código Penal ou legislação penal especial, ou deve relegar a regulação dos delitos econômicos a uma legislação extrapenal e, nesse marco, deixá-los à potestade sancionadora da Administração econômica - ou seja, exclusivamente como infrações administrativas? Deve o legislador conformar os tipos penais econômicos de modo acessório ao Direito Econômico, ou deve empreender uma regulação jurídico-penal autônoma?[15]

Entendemos que essas indagações possuem uma inegável importância, pois muitas vezes se tem a impressão de que a criação de tipos penais serve como instrumento de resolução de problemas que a Administração não consegue solucionar, é dizer, problemas tributários, fiscais, previdenciários etc. Assim, as perguntas de Tiedemann merecem atenção, pois em alguns casos a criação de tipos penais não surtirá qualquer efeito, uma vez que nem sempre servirão de caminho adequado ao alcance do resultado esperado; isto é, nem sempre os novos tipos penais ou a intervenção do Direito Penal se presta a solucionar os problemas da economia de um país. A solução adequada será encontrada na reformulação de estratégias e políticas alienígenas ao Direito Penal, como, por exemplo, o incremento da capacidade fiscalizatória em relação a ilícitos tributários - do que é exemplo o mero inadimplemento, que, em nosso entendimento, jamais deve representar crime.

No Brasil, é frequente a tentativa por parte de diversos atores de solucionar os problemas relacionados com a economia a partir da criação de tipos penais ou do recrudescimento e expansão do Direito Penal[16] - veja-se o exemplo do recente entendimento das cortes superiores a respeito da criminalização do inadimplemento de ICMS declarado.[17] Ocorre que, em muitos casos, a lei penal, em uma atuação isolada, não se mostra bastante para coibir tais práticas ilícitas.

Nos casos de ilícitos de natureza econômica nos quais, a partir de um exame de ofensividade e necessidade, se fizer justificada a intervenção do Direito Penal,

15. Tiedemann, Klaus. Presente y futuro del Derecho Penal económico. In: Arroyo Zapatero, Luis; et. al. *Hacia un Derecho Penal Económico Europeo: jornadas en honor del Profesor Klaus Tiedemann*. Madrid: BOE, 1995. p. 32.

16. Sobre a expansão do Direito Penal, ver: Callegari, André Luís; Linhares, Raul Marques. A Expansão do Direito Penal e a Deturpação Conceitual de Institutos de Imputação: o Dolo Eventual. In: Nestor Eduardo Araruna Santiago *et al.* (Org.). *Direito Penal, Processo Penal e Constituição*. Florianópolis: CONPEDI, 2014. p. 25-45.

17. A esse respeito, ver: Linhares, Raul Marques. Sobre a criminalização da dívida de ICMS: o acerto e o erro das Cortes Superiores. *Revista Brasileira de Ciências Criminais*, v. 178, p. 249-286, 2021.

deve-se instituir novos tipos penais, de estrutura adequada às peculiaridades desse novo âmbito de tutela.

Em relação a esse caminho, da criação de novos tipos penais para o Direito Penal Econômico, algumas vozes podem afirmar que estaríamos estabelecendo regras contrárias ao princípio de liberdade do exercício das atividades econômicas, liberdade que seria essencial ao funcionamento da economia de mercado.[18] Este argumento é antigo e superado, pois hoje amplamente compreendido que o Direito Penal Econômico não constitui um obstáculo ao desenvolvimento da moderna economia de mercado a que se referem alguns autores ou como se entende no mundo ocidental.[19]

Segundo Bajo Fernández, o papel do Direito Penal Econômico, neste sentido, é similar às leis mercantis antimonopólio que objetivam evitar abusos por parte de alguns atores do sistema econômico. A partir desse referencial, as restrições de condutas instituídas pelo Direito Penal Econômico tratam de criar um marco idôneo no qual, por exemplo, a concorrência deve-se desenvolver. A tutela da concorrência, desse modo, reconhece e afirma o *direito a competir* que detém quem participa profissionalmente no tráfego econômico. O Direito Penal Econômico, assim, introduz restrições ao desenvolvimento da atividade econômica precisamente para preservar a liberdade dessa atividade (liberdade concebida a partir de um critério de legalidade e ética) e, essa aparente contradição que tanto pode assustar, hoje é compreendida e aceita na maioria dos países.[20]

Assinala Tiedemann que o Direito Penal Econômico é um direito interdisciplinar de grande atualidade na ciência do Direito Penal.[21] O Direito Penal Econômico é, portanto, uma parte do Direito Penal que protege a ordem econômica.

---

18. CORREA, Eduardo. *Direito Penal Económico e Europeu: textos doutrinários*. Coimbra: Coimbra Editora, 1998. v. 1. p. 297.

19. BAJO FERNANDEZ, Miguel. Derecho Penal Económico: Desarrollo Económico, Protección Penal y Cuestiones Político/Criminales. In: ARROYO ZAPATERO, Luis; et. al. *Hacia un Derecho Penal Económico Europeo: jornadas en honor del Profesor Klaus Tiedemann*. Madrid: BOE, 1995. p. 64.

20. BAJO FERNANDEZ, Miguel. Derecho Penal Económico: Desarrollo Económico, Protección Penal y Cuestiones Político/Criminales. In: ARROYO ZAPATERO, Luis; et. al. *Hacia un Derecho Penal Económico Europeo: jornadas en honor del Profesor Klaus Tiedemann*. Madrid: BOE, 1995. p. 64.

21. TIEDEMANN, Klaus. *Lecciones de Derecho Penal Económico*. Barcelona: PPU, 1993. p. 27. Raúl Peña Cabrera, em uma definição similar, afirma que o Direito Penal Econômico é um direito interdisciplinar que protege a ordem econômica como *ultima ratio*, é dizer, o último recurso utilizado pelo Estado e logo depois de haver lançado mão de todos os instrumentos de política econômica ou de controle de que dispõem para uma eficaz luta contra as diversas formas de criminalidade econômica. As graves disfunções e crises socioeconômicas justificam a intervenção do Estado em matéria econômica. (PEÑA CABRERA, Raúl. *Tratado de Derecho Penal: parte especial*. Lima: Ed. Jurídicas, 1994. t. 3, p. 124). Francisco Muñoz Conde, por sua vez, assinala a importância do Direito Penal Econômico e seu êxito no futuro, mas adverte que, enquanto não se demonstre o contrário, são as categorias e princípios gerais do Direito Penal em seu conjunto as que devem ser empregadas para

Os autores habitualmente distinguem um conceito estrito e um conceito amplo de delito econômico.[22] Em sentido estrito, o Direito Penal Econômico é o conjunto de normas jurídico-penais que protegem a ordem socioeconômica, entendido como regulação jurídica do intervencionismo estatal na Economia. Bajo Fernández assinala que a intervenção do Estado e do Direito em zonas antes abandonadas à livre iniciativa é o que, em princípio, se denomina Direito Econômico. O que caracteriza o Direito Penal Econômico é ser um grau de intervenção estatal na economia, precisamente o grau mais intenso do intervencionismo, mediante o exercício do *ius puniendi*. A finalidade e a função do Direito Penal Econômico não é outra senão a de cumprir as exigências de uma valoração do imperativo de justiça na ordem das relações sociais e econômicas. Estas novas exigências se fundamentam na necessidade atualmente assumida de proteger o sistema econômico.[23]

De acordo com isso, o Estado, diante de uma nova criminalidade, passa à criação de novos tipos penais com a intenção de proteger a economia e o mercado financeiro. Com a modernização da economia, das transações bancárias, da informática, e, consequentemente, das práticas ilícitas nesse ambiente, o Estado se depara com a necessidade de fazer uso de uma nova e mais intensa forma de tutela, e, para isso, se utiliza do Direito Penal.[24]

2.1. Efeitos da delinquência econômica

Geralmente, os estudos estatísticos a respeito dos índices de criminalidade e dos efeitos da delinquência são direcionados não aos crimes econômicos, mas àqueles delitos considerados *tradicionais* (crimes contra a vida e a integridade física, crimes contra o patrimônio, crimes contra a dignidade sexual etc.). Contudo, a nosso juízo, os delitos econômicos produzem danos sociais mais elevados do que os delitos tradicionais ou aqueles cometidos com violência. Esta afirmação somente é possível ao se considerar que também a delinquência econômica lesiona, por exemplo, a vida e a integridade física das pessoas.

Para chegar a essa conclusão, basta que se constate que a criminalidade econômica exerce repercussão significativa na prestação dos serviços mais

resolver seus problemas. (Muñoz Conde, Francisco. Delincuencia económica: estado de la cuestión y propuestas de reforma. In: Arroyo Zapatero, Luis; et. al. *Hacia un Derecho Penal Económico Europeo: jornadas en honor del Profesor Klaus Tiedemann*. Madrid: BOE, 1995. p. 283)

22. Martínez Buján-Pérez, Carlos. *Derecho Penal Económico: Parte General*. Valencia: Tirant lo Blanch, 1998. p. 33.

23. Bajo Fernández, Miguel. *Manual de Derecho Penal: parte especial*. Madrid: Editorial Ceura, 1987. p. 394.

24. Silva Sánchez, Jesús-María. *La expansión del Derecho penal. Aspectos de la política criminal en las sociedades postindustriales*. Madrid: Civitas, 1999. p. 74.

básicos do Estado. Assim, quando se defrauda o fisco, por exemplo, o Estado como um todo sofre certa fragilização (nesse caso, um déficit de financiamento das prestações do Estado). É evidente que tais consequências têm repercussão na vida e na integridade física das pessoas; porém, não de maneira direta como na prática da maioria dos delitos tradicionais, nos quais se percebe com maior facilidade a existência de uma relação de causalidade entre a conduta do agente criminoso e o resultado material perceptível no mundo fenomênico.

Por exemplo, o diretor de empresa que decide sonegar tributos para diminuir o passivo do seu negócio e, posteriormente, reverter tais valores em investimentos na própria empresa, lesiona diretamente o Fisco. Mas, além disso, os efeitos danosos de seu ato se estendem necessariamente à atividade prestacional, pelo Estado, dos serviços sociais mais básicos, como saúde, educação, segurança, saneamento básico etc. Afinal, como acentuado por Stephen Holmes e Cass Sunstein, em um Estado de bem-estar social, até mesmo o asseguramento das liberdades privadas implica em custos.[25]

Já os danos característicos e mais perceptíveis da criminalidade econômica são os de natureza financeira.[26] As elevadas quantias de valores monetários manuseadas nos diversos crimes econômicos escapam do controle dos órgãos de controle da economia tradicional, prejudicando desde a arrecadação de tributos, até a conformação e direcionamento da política monetária dos países. No Brasil, não existe uma estimativa segura das cifras que são manuseadas e que são provenientes da criminalidade econômica; mas, com segurança, pode-se afirmar serem valores que representam um potente impacto nos cofres públicos e nas prestações estatais, especialmente a partir de um paradigma do Estado Social. Assim, podemos intuir que os danos produzidos pelos delitos econômicos superam, sob um aspecto social amplo, a totalidade dos danos causados por aquela criminalidade tradicional que, em sua grande maioria, atinge vítimas singulares e determinadas.

Há, igualmente, os "danos imateriais", que a literatura refere como a perda de confiança no tráfego mercantil, a deformação do equilíbrio de mercado e a eliminação ou enfraquecimento da livre concorrência.[27] Os danos imateriais não se produzem de forma imediata, levam tempo para se produzirem.

---

25. Nas suas palavras: "[...] private liberties have public costs. This is true not only of rights to Social Security, Medicare, and food stamps, but also of rights to private property, freedom of speech, immunity from police abuse, contractual liberty, free exercise of religion, and indeed of the full panoply of rights characteristic of the American tradition." (Holmes, Stephen; Sunstein, Cass R. *The Cost of Rights: why liberty depends on taxes*. New York: Norton & Co., 1999. p. 236).

26. Nesse sentido: Bustos Ramírez, Juan. *Coca-cocaína, entre el Derecho y la guerra*. 2. ed. Bogota: Editorial Temis, 1996. p. 22 y ss.

27. Göppinger, 431-432, in: Bajo Fernández, Miguel. La Delincuencia Económica. Un Enfoque Criminológico y Político Criminal. *Anuario de Derecho Penal y Ciencias Penales*, Madrid, t. XLV, fasc. 1, jan./abril, Ministerio de Justicia, p. 590.

Bajo Fernández menciona que a criminalidade econômica produz um efeito de ressaca e espiral, cuja descrição é a seguinte: num mercado de forte concorrência, a deslealdade se produz quando se esgotam as possibilidades legais de competição. Nesta situação, quem primeiro delinque acaba pressionando o restante à comissão de novos fatos delitivos (*efeito de ressaca*), e cada participante se converte assim no centro de uma nova ressaca (*efeito de espiral*). Este efeito de especial contágio é potencializado por uma crença geral na prática disseminada dos delitos econômicos, na dificuldade persecutória desses ilícitos, e da improvável aplicação de penas elevadas, o que historicamente contribuiu para que não se disseminasse uma imagem depreciativa do criminoso[28] – muito diferente da imagem tradicionalmente atribuída ao *delinquente de rua*, aquele que comete algum dos chamados *delitos clássicos*.[29]

O que ocorre, na realidade, é que os agentes criminosos conhecem as dificuldades que existem na investigação dos delitos econômicos,[30] já que a cifra negra (práticas criminosas não descobertas) é muito elevada. Isso se deve ao fato de que a maior parte desses crimes não chega ao conhecimento das autoridades, gerando certa segurança de impunidade, ou, ao menos, uma crença de que vale a pena arriscar e praticar algum delito econômico, já que a chance de descoberta é, acredita-se, remota. Ademais, como são delitos que, em alguns casos, exigem uma prova técnica (por exemplo, contábil), a dificuldade persecutória do Estado torna-se ainda maior, pois é necessário contar com agentes

---

28. Bajo Fernández, Miguel. La Delincuencia Económica. Un Enfoque Criminológico y Político Criminal. *Anuario de Derecho Penal y Ciencias Penales*, Madrid, t. XLV, fasc. 1, jan./abril, Ministerio de Justicia, p. 591. Também: Díaz-Maroto y Villarejo, Julio. Los delitos societarios en la reforma penal. In: Arroyo Zapatero, Luis; et. al. *Hacia un Derecho Penal Económico Europeo: jornadas en honor del Profesor Klaus Tiedemann*. Madrid: BOE, 1995. p. 152.

29. San Martín Larrinoa, Maria Begoña. Derecho penal económico y tributario. In: Arroyo Zapatero, Luis; et. al. *Hacia un Derecho Penal Económico Europeo: jornadas en honor del Profesor Klaus Tiedemann*. Madrid: BOE, 1995. p. 359, assinala que os poderes do Estado contemplam com benevolência a comissão de fatos delitivos denominados de colarinho branco. Indulgência também manifestada por uma parte da opinião pública, já que existe apenas em uma pequena parcela da sociedade uma autêntica consciência de reprovação aos delitos econômicos. A suavidade na reação pública a esses delitos tem explicação, entre outras razões, no materialismo que reina na sociedade, materialismo que promove a exaltação do sucesso material (a ideia de êxito relacionada ao sucesso financeiro), sem que se dê significativa importância para as práticas ilícitas ou antiéticas adotadas pelo indivíduo para alcance desse sucesso. Esta realidade social conduz à identificação entre muitos cidadãos e os delinquentes, que são socialmente vistos com uma certa admiração e como um modelo a ser seguido.

30. Por essa dificuldade, encontrada também em outras espécies de crimes, como naqueles praticados por organizações criminosas, é que se presenciou em nosso país, nos últimos anos, o crescimento de mecanismos de acordos entre o Estado e o agente criminoso que revela os detalhes das práticas delitivas, do que é exemplo privilegiado o instituto da colaboração premiada. Sobre esse instituto: Callegari, André Luís; Linhares, Raul Marques. *Colaboração Premiada: lições práticas e teóricas (de acordo com a jurisprudência do Supremo Tribunal Federal)*. 3. ed. Rio de Janeiro: Marcial Pons, 2021.

especializados na fase investigatória.[31] Nesse sentido, a refletir a complexidade que geralmente envolve os delitos de natureza econômica, é didático o paralelo traçado por Gonzalo Castro Marquina:[32]

> "Se aparece oculto um cadáver, o nosso primeiro impulso será pensar que estamos perante uma vítima de homicídio. Pelo contrário, a mera descoberta de uma série de documentos como os que figuram nos *Panamá Papers* não é suficiente para determinar a existência de indícios de crime com um grau de segurança equivalente, embora se levante a suspeita. Provavelmente, na maioria dos casos, bastará para fundar um juízo negativo no plano moral, mas já não no plano legal."

O outro problema que enfrentamos é relacionado à aplicação das penas. Os delitos econômicos, em boa parte, não possuem penas elevadas, e, mesmo os que possuem, podem ser passíveis de aplicação de mecanismos alternativos à pena, como a substituição da pena restritiva de liberdade por outra mais branda (art. 44 do CP), o que acaba disseminando a crença de que a pena privativa de liberdade não é aplicada a essa espécie de crimes. Não significa que defendamos de maneira necessária e generalizada a aplicação da pena de prisão a todo e qualquer caso de crime econômico, pois nem sempre ela será a alternativa mais efetiva à tutela do bem jurídico tutelado. Aliás, entendemos que as penas pecuniárias, em muitos desses casos de delitos econômicos, deveriam ter uma atribuição de maior destaque.[33]

2.2. Criminalidade econômica e o crime organizado

A criminalidade econômica não está necessariamente vinculada à criminalidade organizada.[34] Porém, em grande medida, existe uma organização criminosa que atua na comissão destes delitos, seja por sua estrutura internacional, seja pelo tipo de delito realizado, que exige uma atividade mais complexa e dependente de uma estrutura organizacional. Isso significa que, nestes casos, dificilmente

---

31. Cervini, Raúl. Macrocriminalidad económica. *Revista Brasileira de Ciências Criminais*, São Paulo, ano 3, n. 11, jul./set., p. 54, 1995, assinala que a defasagem existente entre os níveis profissionais e técnicos dos operadores do controle social e funcionários encarregados da supervisão do sistema financeiro, com os que detêm alguns grupos delitivos organizados que operam na área, facilita e estimula o empreendimento deste tipo de ação.

32. Castro Marquina, Gonzalo, *apud* Rodrigues, Anabela Miranda. *Direito penal económico: uma política criminal na era compliance*. Coimbra: Almedina, 2019. p. 15.

33. Como também defendido por Anabela Miranda Rodrigues: "Entende-se, antes, que a pena de multa tem aqui um lugar, tendo virtualidades para atingir o que constitui a principal motivação deste tipo de delinquentes: obter benefícios e ganhos económicos." (Rodrigues, Anabela Miranda. *Direito penal económico: uma política criminal na era compliance*. Coimbra: Almedina, 2019. p. 39)

34. Suárez González, Carlos. Blanqueo de capitales y merecimiento de pena: consideraciones críticas a la luz de la legislación española. *Cuadernos de Política Criminal*, Madrid, n. 58, p. 125, 1996, refere o aumento da prática da lavagem de capitais pelas organizações criminosas.

o delito será praticado por uma só pessoa. Portanto, pode-se afirmar que os grandes delitos econômicos requerem, em regra, uma estrutura organizada para a sua realização.

A doutrina, de uma forma geral, assinala que a criminalidade organizada significa a criminalidade relacionada a um grupo de pessoas que, mais do que associados para a prática de um fato concreto, associam-se geralmente por tempo indeterminado para a prática de uma pluralidade de delitos, e organizam sua atividade criminosa como se fosse um projeto empresarial.[35] Também assinala a doutrina que é uma entidade coletiva ordenada em função de estritos critérios de racionalidade. Como se fossem peças que se integram a uma sólida estrutura, cada um de seus membros possui uma determinada função para qual se encontra especialmente capacitado em razão de suas aptidões ou possibilidades pessoais de cooperação.[36]

Hassemer, fazendo uma crítica aos conceitos de organização criminosa utilizado pela doutrina, menciona que a criminalidade organizada é menos visível que a criminalidade de massa, e que os especialistas ainda não conseguiram chegar a um consenso sobre um significado seguro. A participação de grupos bem estruturados ou a atividade criminosa com base habitual e profissional não seriam critérios suficientemente claros. Tais características já seriam conhecidas desde que se passou a conviver com a moderna criminalidade, ou seja, estão presentes em muitas formas de criminalidade e, por isso, tornariam o conceito supérfluo. O que é criminalidade organizada, como ela se desenvolve, e quais suas estruturas e perspectivas futuras seriam, então, critérios de complexa delimitação.[37]

Diante dessas complexidades, Hassemer propõe uma série de fatores para conceituar uma organização criminosa, e assinala que esse é um fenômeno cambiante, que segue mais ou menos as tendências dos mercados nacionais e internacionais, o que o torna difícil de ser isolado do contexto no qual se encontra; compreende uma gama de delitos sem vítimas imediatas ou com vítimas difusas (tráfico de drogas, corrupção etc.), que não são levadas ao conhecimento

---

35. Bottke, Wilfried. Mercado, criminalidad organizada y blanqueo de dinero en Alemania. *Revista Penal*, Espanha, n. 2, p. 2, 1998; Ferré Olivé, Juan Carlos. Blanqueo de capitales y criminalidad organizada. In: ______; Anarte Borrallo, Enrique (coord..). *Delincuencia Organizada*, Espanha: Universidad de Huelva, 1999. p. 88.

36. Fabián Caparrós, Eduardo. *El Delito de Blanqueo de Capitales*. Madrid: Colex, 1998. p. 37.

37. Hassemer, Winfried. Segurança Pública no Estado de Direito. Trad. de Carlos Eduardo Vasconcelos. *Revista Brasileira de Ciências Criminais*, São Paulo, ano 2, n. 5, jan./mar., p. 58, 1994; No mesmo sentido, Hassemer, Winfried. Límites del estado de derecho para el combate contra la criminalidad organizada. *Revista Brasileira de Ciências Criminais*, São Paulo, ano 6, n. 23, p. 26, 1998.

das autoridades pelo cidadão; intimida as vítimas, quando elas existem, a não levarem os fatos ao conhecimento da autoridade; possuem tradicionais solos férteis em bases nacionais e em outros países; dispõem de múltiplos disfarces e dissimulações.[38]

No Brasil, Silva Franco adota um conceito semelhante, e acrescenta que, além das características enumeradas por Hassemer, a criminalidade organizada detém um grande poder baseado numa estratégia global, numa estrutura organizada que permite aproveitar as fragilidades estruturais do sistema penal; provoca grandes danos sociais; dispõe de meios instrumentais de moderna tecnologia; apresenta um intrincado esquema de conexões com outros grupos criminosos, e uma rede subterrânea de ligações com os quadros oficiais da vida social, econômica e política da comunidade; pratica atos de extrema violência; expõe um poder de corrupção de difícil visibilidade; utiliza disfarces e simulações; em resumo, é capaz de tornar inertes os Poderes do próprio Estado.[39]

Castaldo, ao analisar o problema do crime organizado na Itália, define-o como crime associativo, normalmente exteriorizado em comportamentos lícitos, agressivos, de interesses supraindividuais e imateriais, emergente de uma organização ramificada, e presente no território graças à conivência de poderes institucionais.[40]

Apesar de todos esses conceitos, Fabían Caparrós menciona que não foi possível chegar a um conceito conclusivo e unívoco, pois a enumeração de uma série mais ou menos extensa de traços por parte de cada um dos autores que tentou definir esse fenômeno não serviu para definir esta realidade de forma definitiva. Em sua opinião, ocorre o contrário, pois se a análise isolada de cada proposta revela certas omissões, o estudo comparativo das mesmas expõe frequentes divergências e contradições.[41]

Todas essas divergências, em nosso país, acabaram sendo contornadas a partir da adoção de um conceito legal de organização criminosa para fins penais. Dessa forma, para o Direito Penal, organização criminosa é definida a partir dos elementos adotados no tipo penal respectivo, da Lei 12.850/2013.

---

38. HASSEMER, Winfried. Segurança Pública no Estado de Direito. Trad. de Carlos Eduardo Vasconcelos. *Revista Brasileira de Ciências Criminais*, São Paulo, ano 2, n. 5, jan./mar., p. 59-60, 1994. Nesse sentido, FARIA COSTA, José. El Blanqueo de Capitales. In: ARROYO ZAPATERO, Luis; et. al. *Hacia un Derecho Penal Económico Europeo: jornadas en honor del Profesor Klaus Tiedemann*. Madrid: BOE, 1995. p. 662.

39. SILVA FRANCO, Alberto. Um difícil processo de tipificação. *Boletim do Instituto Brasileiro de Ciências Criminais*, São Paulo, ano 2, nº 21, p. 5, 1994.

40. CASTALDO, Andrea R. La criminalidad organizada en Italia: la respuesta normativa y los problemas de la práxis. *Revista Brasileira de Ciências Criminais*, São Paulo, ano 7, n. 27, p. 19, 1999.

41. FABIÁN CAPARRÓS, Eduardo. *El Delito de Blanqueo de Capitales*. Madrid: Colex, 1998. p. 35.

No que aqui nos interessa, destacamos que a vinculação do crime organizado (em um sentido amplo) com o crime de lavagem de dinheiro é significativa, pois o delito de lavagem demanda alguns requisitos que são facilmente aproximados com a estrutura das organizações criminosas. Basta se observar as conformações originárias das mais diversas legislações antilavagem, que estabeleciam um rol de crimes antecedentes, grande parte deles com certa relação com organizações criminosas – o exemplo mais relacionado com o surgimento da criminalização da lavagem é o tráfico de drogas.[42]

Pode-se, portanto, concluir que o crime organizado, quando relacionado ao crime de lavagem de dinheiro, possui capacidade inegável de provocar relevantes prejuízos no sistema econômico e de mercado. A atuação dessas organizações atinge diretamente a igualdade de condições entre os atores do sistema econômico e as regras de jogo de mercado, de modo que os efeitos negativos da ingerência desses grupos no circuito econômico-financeiro se propagam em grande escala.[43] Assim, a presença da criminalidade organizada na economia restringe a liberdade de acesso a investimentos e de consumo, altera o funcionamento igualitário do mercado, e acaba prejudicando o saudável desenvolvimento econômico.[44]

Essas consequências produzidas pela criminalidade organizada em geral, são compartilhadas com as consequências decorrentes da própria prática do crime de lavagem de dinheiro. Também nessa espécie delitiva costuma existir um impacto significativo no jogo econômico-financeiro (especialmente em relação à igualdade de concorrência entre os atores da economia). Desse modo, considerando-se a semelhança das consequências provocadas por esses dois fenômenos (criminalidade econômica organizada e lavagem de dinheiro), bem como a íntima relação entre elas (dificilmente se estará diante de um crime de lavagem de dinheiro sem que exista uma pluralidade de agentes minimamente organizados), entendemos necessárias essas linhas introdutórias prévias, para que possamos seguir, então, ao estudo do crime de lavagem de dinheiro.

---

42. Nesse sentido, Bacigalupo, Enrique. *Curso de Derecho Penal Económico*. Madrid: Marcial Pons, 2005. p. 195, assinala que "a lavagem, ou reciclagem de dinheiro, converteu-se em um tema central da política criminal dirigida à criminalidade organizada".

43. Castaldo, Andrea R. La criminalidad organizada en Italia: la respuesta normativa y los problemas de la práxis. *Revista Brasileira de Ciências Criminais*, São Paulo, ano 7, n. 27, p. 19, 1999; Nesse sentido: Lisa Maccari, Anna. Brevi appunti sui profili penalistici in materia di riciclaggio. In: *Il Reciclaggio del Denaro Nella Legislacione Civile e Penale*, Milano: Giuffrè Editore, 1996. p. 245.

44. Fattori, Piero. Criminalità economica e concorrenza. In: *Il Riciclaggio del Denaro Nella Legislazione Civile e Penale*. Milano: Giuffrè Editore, 1996. p. 627.

3.

O DELITO DE LAVAGEM DE DINHEIRO: CONCEITO E CARACTERÍSTICAS

Após a análise da criminalidade econômica e organizada, que a nosso juízo tem relação direta com o delito de lavagem de dinheiro,[45] passamos ao objeto principal desta obra, com o exame do fenômeno da lavagem de dinheiro de origem delitiva.

É certo que a lavagem de dinheiro originado de atividades ilícitas não é um fenômeno recente. Historicamente, os criminosos sempre tentaram ocultar os frutos de suas atividades delitivas, supondo logicamente que o descobrimento de tais fundos por parte das autoridades conduziria, consequentemente, à descoberta dos delitos que geraram os ativos maculados. Ou seja, o dinheiro que não possui origem lícita comprovada é presumivelmente fruto de alguma atividade ilícita; e, nesse contexto, pode ser considerado um rastro para que se chegue à descoberta do crime anteriormente praticado.

O problema é que, nos últimos anos, o fenômeno da lavagem de dinheiro chegou a alcançar dimensões extraordinárias, o que também gerou, como consequência, um aumento da preocupação de governos e de organismos internacionais com essa prática. Esse crescimento da preocupação dos atores nacionais e internacionais com a prática de lavagem de dinheiro foi a consequência lógica do incremento infindável de atividades criminosas geradoras de fundos objetos de lavagem, em especial o tráfico de drogas.[46]

---

45. Blanco Cordero, Isidoro. *El delito de blanqueo de capitales*. Pamplona: Aranzadi, 2012. p. 37.

46. Álvarez Pastor, Daniel; Eguidazu Palacios, Fernando. *La Prevención del Blanqueo de*

Ocorre que os grandes impérios da droga fazem circular seus benefícios através dos mercados financeiros nacionais até um refúgio seguro no exterior, elegendo normalmente entre o amplo leque de albergues financeiros que o mercado atual oferece àqueles que têm menores níveis de resguardo nas suas políticas ativas de prevenção, monitoração e detenção destas manobras.[47]

De acordo com isso, a prioridade dos que lavam dinheiro é muitas vezes retirá-lo do país onde foi produzido e misturá-lo com o grande volume de dinheiro lícito e sem nacionalidade que circula eletronicamente ao redor do mundo, em busca de maior rendimento e segurança, ou fugindo da instabilidade política e econômica local.[48]

Assim, a lavagem de dinheiro move cifras elevadas em todo o mundo, sendo difícil avaliar o volume de capitais procedente de atividades delitivas que são anualmente objetos de lavagem. No que se refere às atividades ilícitas prévias, os ingressos gerados pelo tráfico de drogas ou outros delitos estão por óbvio ocultos ao escrutínio das autoridades, de forma que somente através de estimativas indiretas é possível que se precise alguma cifra discutível e minimamente fiável.[49]

O que se deve ter claro, portanto, desde esse momento introdutório, é que os ganhos financeiros obtidos com atividades delitivas são, muitas vezes, objetos de uma posterior reciclagem, a fim de lhe conferir aparência de licitude e de garantir a impunidade em relação ao ilícito antecedente; é dizer, esses valores são aparentemente despojados de sua origem criminosa mediante, por exemplo, sua introdução nos circuitos financeiros lícitos, até se conseguir uma aparência de legalidade.[50]

Capitales. Madrid: Aranzadi Editorial, 1998. p. 21. Nesse sentido, Adriasola, Gabriel. *El Nuevo Derecho Sobre Tóxicos y el Lavado de Dinero de la Droga*. Uruguay: Fundación de Cultura Universitaria, 1994. p. 51; Martinot, Sabrina. Tráfico de drogas y blanqueo de dinero ¿una política criminal europea?. *Actualidad Penal*, Madrid, n. 42, p. 941, 1997, revela que não faz falta precisar o vínculo direto que une o tráfico de drogas e a lavagem de capitais; Cadenas Cortina, Cristina. Problemas, de la penalidad en los delitos de receptación y blanqueo de dinero, *Cuadernos de política Criminal*, Madrid, n. 56, p. 393, 1995; Cherif Bassiouni, M; S. Gualtieri, David. Mecanismos Internacionales de Control de las Ganancias procedentes de actividades ilícitas. Revista de Derecho Penal y Criminología, Espanha, n. 6, p. 56, 1996.

47. Cervini, Raúl; Terra De Oliveira, Willian; Gomes, Luiz Flávio. *Lei de Lavagem de Capitais*. São Paulo: RT, 1998. p. 41.

48. Blanco Cordero, Isidoro. *El delito de blanqueo de capitales*. Pamplona: Aranzadi, 2012. p. 38.

49. Álvarez Pastor, Daniel; Eguidazu Palacios, Fernando. *La Prevención del Blanqueo de Capitales*. Madrid: Aranzadi Editorial, 1998. p. 26.

50. Blanco Cordero, Isidoro. *El delito de blanqueo de capitales*. Pamplona: Aranzadi, 2012. p. 40; Fabían Caparrós, Eduardo. Consideraciones de urgencia sobre la Ley Orgánica 8/1992, de 23 de deciembre, de modificación del Código Penal y de la Ley de Enjuiciamiento Criminal en materia de tráfico de drogas. *Estudios Penales*, Salamanca, n. 308, p. 603, 1992.

3.1. Conceito de lavagem

É comum encontrar na doutrina nacional e internacional definições diferentes para o fenômeno de lavagem de dinheiro. Isso decorre da imprecisão conceitual que acompanha a expressão lavagem de dinheiro. Entretanto, em geral, podem ser encontrados diversos pontos comuns no conceito oferecido pela doutrina especializada nessa temática.

Nesse sentido, Gomez Iniesta entende por lavagem de dinheiro ou bens "a operação através da qual o dinheiro de origem sempre ilícita (procedente de delitos que se revestem de especial gravidade) é investido, ocultado, substituído ou transformado e restituído aos circuitos econômico-financeiros legais, incorporando-se a qualquer tipo de negócio como se fosse obtido de forma lícita".[51] No mesmo sentido, Ruiz Vadillo se refere à lavagem de dinheiro como o fenômeno que reconduz o capital "obtido como consequência de delitos ao sistema econômico-financeiro oficial, de tal forma que possa incorporar-se a qualquer tipo de negócio como se fosse obtido de forma lícita e tributariamente correta".[52]

Diaz-Maroto, por sua vez, entende o fenômeno de lavagem de dinheiro como "o processo ou conjunto de operações mediante as quais os bens ou o dinheiro resultante de atividades delitivas integram-se no sistema econômico ou financeiro, ocultando-se tal procedência".[53]

Em Diez Ripollés, a lavagem de capitais é conceituada como os "procedimentos pelos quais se aspira a introduzir no tráfego econômico-financeiro legal os grandiosos benefícios obtidos a partir da realização de determinadas atividades delitivas especialmente lucrativas, possibilitando assim um desfrute daqueles juridicamente inquestionáveis".[54]

Por fim, Fabián Caparrós traz o estudo dos traços essenciais da reciclagem de fundos e refere-se à lavagem como "o processo que tende a obter a aplicação, em atividades econômicas lícitas, de uma massa patrimonial derivada de qualquer gênero de condutas ilícitas, com independência de qual seja a forma que essa massa adote, mediante a progressiva concessão à mesma de uma aparência de legalidade".[55]

---

51. Gomez Iniesta, Diego J. *El delito de blanqueo de capitales en Derecho Español*. Barcelona: Cedecs, 1996. p. 21. (tradução nossa)

52. Ruiz Vadillo, Enrique. El blanqueo de capitales en el ordenamiento jurídico español. Perspectiva actual y futura. *Boletín de Información del Ministerio de Justicia*, Madrid, n. 1641, p. 109, 1992. (tradução nossa)

53. Díaz-Maroto y Villarejo, Julio. *El blanqueo de capitales en el Derecho Español*. Madrid: Dykinson, 1999. p. 5. (tradução nossa)

54. Diez Ripollés, José Luis. El blanqueo de capitales procedentes del tráfico de drogas. *Actualidad Penal*, Madrid, n. 32, set., p. 609, 1994. (tradução nossa)

55. Fabián Caparrós, Eduardo. *El Delito de Blanqueo de Capitales*. Madrid: Colex, 1998. p. 76. (tradução nossa)

Como assinalamos anteriormente, apesar de ser possível encontrar conceitos diversos e próprios em diferentes autores, pode-se identificar pontos comuns entre eles. Em nosso entendimento, a lavagem de dinheiro consiste no ato ou conjunto de atos praticados com a finalidade de conferir aparência de licitude a bens, direitos ou valores obtidos por meio da comissão de infração penal; ou seja, é a engrenagem utilizada para desvincular o ativo de sua origem penalmente ilícita, atribuindo-lhe uma aparente (e somente aparente, já que não possui correspondência com a realidade) origem lícita, que permita a utilização despreocupada do ativo pelo seu titular.

A partir desse conceito, essa espécie delitiva costuma ser descoberta e investigada sobretudo a partir do exame de movimentações financeiras atípicas,[56] que justamente servem de indicativo de que se está em curso um procedimento voltado não à finalidade legítima das operações financeiras (pagamento de aquisições, investimentos em bens de natureza diversa, adimplemento de débito etc.), mas à finalidade de ocultação ou dissimulação do vínculo dos ativos com uma infração penal anterior.

Desse modo, concordamos com Juan Antonio Lascuraín, quando destaca três elementos essenciais desse delito, na medida em que a lavagem "[...] opera sobre *bens de origem delitiva* - se não, não haveria nada a lavar ou pintar de branco -, *ocultando tal origem* para poder *incorporá-lo* ao tráfego lícito de bens."[57]

No Brasil, em razão da existência de tipo penal específico a criminalizar a lavagem de dinheiro, os conceitos defendidos costumam partir dos elementos típicos desse delito; ou seja, em linhas gerais, se afirma que a lavagem é a ocultação de bens, direitos ou valores que sejam oriundos de determinados delitos, para dissimulação de sua origem.[58]

3.2. Caracterização do delito de lavagem de dinheiro

A lavagem de dinheiro é um exercício de separação, a partir do qual se procura realizar o distanciamento de determinados bens em relação à sua origem

---

56. Nesse sentido, considerando justamente a análise de movimentações atípicas como indício de lavagem, o seguinte julgado do STJ: "Contemporaneidade demonstrada por Relatórios de Inteligência Financeira-RIF's, do COAF que apontam movimentação financeira por empresas cujos sócios são ou foram sócios de M. C. e C. A. Q em outras empresas e que, no período de maio de 2018 a janeiro de 2021, movimentaram o valor de R$ 9.581.800,54 (nove milhões, quinhentos e oitenta e um mil, oitocentos reais e cinquenta e quatro centavos), o que denota a possível prática do crime de lavagem de dinheiro." (STJ, QO na MISOC 203/DF, Rel. Ministro Mauro Campbell Marques, CORTE ESPECIAL, julgado em 20/10/2021)

57. Antonio Lascuraín, Juan. Blanqueo de Capitales. In: Nieto Martín, Adán; *et al. Derecho Penal Económico y de la Empresa*. Madrid: Editorial Dykinson, 2018. p. 496. (tradução nossa)

58. Barros, Marco Antonio. *Lavagem de Dinheiro*. São Paulo: Editora Oliveira Mendes, 1998. p. 5.

ilícita. Assim, conforme essa riqueza seja progressivamente distanciada de sua efetiva procedência - à medida que se ocultem todos aqueles traços que permitiriam descobrir sua autêntica natureza e impediriam a reintrodução de tais bens no mercado lícito -, melhor será o resultado da regularização (aparente) desse ativo, e maior será a consistência dessa aparência de legalidade.[59]

De acordo com isso, é corriqueiro o emprego que dos vocábulos "lavagem", "branqueamento", ou "reciclagem", tantos nos meios de comunicação de massas, quanto nos círculos jurídicos ou econômicos.[60]

Fabián Caparrós, fazendo uma comparação com as manchas que resistem à química dos detergentes, assinala que os rendimentos procedentes de atividades criminais se encontram marcados pela ilicitude de sua origem. Assim, seria preciso *lavar* uma e outra vez esse capital sujo até obter os resultados desejados, ou seja, até que a riqueza tenha sido afastada suficientemente de sua procedência ilegal, fazendo com que as diferentes instâncias de controle não consigam identificar sua verdadeira natureza.[61]

Mas a plena limpeza da riqueza não é obtida de forma instantânea ou imediata, senão em virtude de um progressivo processo através do qual se oculta a ilegalidade de sua procedência, a fim de simular sua autêntica natureza e, assim, conseguir fazer com que pareçam legítimos. Isso ocorre depois de uma série de operações pontuais (câmbio de divisas, transferências bancárias, aquisição de imóveis, constituição de sociedades etc.). Não há dúvida de que cada uma dessas operações tende a facilitar a regularização perseguida, mas será preciso efetuar uma série delas até conseguir o nível *de limpeza* desejado: o suficiente grau de ocultação da origem de tais ingressos para que possam ser reintegrados na vida econômica regular sem levantar suspeita ou, ao menos, sem que a origem ilícita dos mesmos possa ser comprovada.[62]

De acordo com esse conceito dinâmico de lavagem, estabelece-se uma série de fases ou estágios (analisados em tópico específico desta obra), ao longo dos quais teria lugar a aparente regularização destes rendimentos ilícitos. Segundo

---

59. Fabián Caparrós, Eduardo. *El Delito de Blanqueo de Capitales*. Madrid: Colex, 1998. p. 49.

60. Bajo Fernandez, Miguel. Derecho Penal Económico: Desarrollo Económico, Protección Penal y Cuestiones Político/Criminales. In: Arroyo Zapatero, Luis; et. al. *Hacia un Derecho Penal Económico Europeo: jornadas en honor del Profesor Klaus Tiedemann*. Madrid: BOE, 1995. p. 63 e ss., critica esta expressão sob o argumento de que o termo não seria técnico, senão que pertencente à linguagem da criminalidade econômica.

61. Fabián Caparrós, Eduardo. *El Delito de Blanqueo de Capitales*. Madrid: Colex, 1998. p. 50.

62. Fabián Caparrós, Eduardo. *El Delito de Blanqueo de Capitales*. Madrid: Colex, 1998. p. 50.

a doutrina, a primeira dessas fases é a de ocultação ou colocação, na qual se procura fazer "desaparecer" a quantidade de dinheiro, geralmente em papel-moeda, derivada de atividades delitivas, o que pode ocorrer por meio do depósito do ativo em contas de intermediários financeiros.[63]

A segunda fase da lavagem é a dissimulação ou encobrimento. Com a redução da vultosa quantidade, o patrimônio resultante seria submetido a um bom número de transações dirigidas a assegurar, na medida do possível, o distanciamento desses bens de sua origem ilícita;[64] ou seja, é preciso fazer desaparecer o vínculo existente entre o delinquente (ou o delito) e o bem procedente de sua atuação, dificultando que as autoridades sigam "a pegada" ou "o rastro" do dinheiro.[65]

O processo de lavagem é concluído com a fase da integração, na qual a riqueza obtém a definitiva aparência de legalidade que se lhe pretendia dar, o que significa que o dinheiro pode ser utilizado no sistema econômico e financeiro regular como se dinheiro obtido licitamente fosse.[66]

Ainda que muito se utilize a expressão *dinheiro sujo* com relação à lavagem, não há como sustentar que somente o dinheiro seja objeto de reciclagem. Por forte influência da grande mídia, as notícias envolvendo lavagem de dinheiro fazem transparecer que esse delito está quase sempre relacionado com dinheiro em espécie. Se esta afirmação fosse verdadeira, teríamos que aceitar que os criminosos não operam com outras formas de vantagem econômica, assim como que não é preciso ocultar a procedência de tais bens de outra natureza para poderem ser introduzidos nos mercados lícitos sem levantar a menor suspeita. Mas todos sabemos que essa não é a realidade.

As operações de lavagem não podem estar vinculadas somente ao dinheiro em notas.[67] O aparecimento de novas instituições mercantis, o avanço tecnológico

---

63. VIDALES RODRIGUEZ, Caty. *Los delitos de receptación y legitimación de capitales en el Código penal de 1995*. Valencia: Tirant lo Blanch, 1997. p. 72; ZARAGOZA AGUADO, Javier. El blanqueo de dinero. Aspectos sustantivos. Su investigación. In: MARTÍNEZ ARRIETA, Andrés (dir.). *El encubrimiento, la receptación y el blanqueo de dinero*. Espanha: Consejo General del Poder Judicial, 1994. p. 134; BLANCO CORDERO, Isidoro. *El delito de blanqueo de capitales*. Pamplona: Aranzadi, 2012. p. 71-72; MARTOS NÚÑEZ, Juan Antonio. Receptación y blanqueo de bienes. *El nuevo Código Penal y la Ley del Jurado: actas del Congreso de Derecho Penal y Procesal*, Sevilla, p. 152, 1998.

64. FABIÁN CAPARRÓS, Eduardo. *El Delito de Blanqueo de Capitales*. Madrid: Colex, 1998. p. 51.

65. VIDALES RODRIGUEZ, Caty. *Los delitos de receptación y legitimación de capitales en el Código penal de 1995*. Valencia: Tirant lo Blanch, 1997. p. 73.

66. VIDALES RODRIGUEZ, Caty. *Los delitos de receptación y legitimación de capitales en el Código penal de 1995*. Valencia: Tirant lo Blanch, 1997. p. 74.

67. ARÁNGUEZ SÁNCHEZ, Carlos. *El Delito de Blanqueo de Capitales*. Madrid: Marcial Pons, 2000. p. 29, assinala que "a lavagem não deve referir-se unicamente ao dinheiro, pois, ainda que as atividades econômicas (lícitas ou ilícitas) normalmente gerem dinheiro em espécie, não se descarta

que permite operações instantâneas entre países, as transações eletrônicas etc., modificaram os intercâmbios econômicos, e o papel-moeda passou a um plano secundário em detrimento de títulos de outra natureza. De acordo com isso, em muitas ocasiões não será o dinheiro em notas o produto obtido com a comissão do delito, senão qualquer outra vantagem patrimonial suficientemente relevante para que seja preciso dotá-la de um disfarce de legalidade. É claro que, em comparação com o dinheiro, tais ganhos costumam ser mais difíceis de lavar.[68]

De todo modo, resulta demasiado restritivo falar exclusivamente de lavagem de dinheiro (papel-moeda), já que a noção de valores patrimoniais permite englobar não só o dinheiro em notas obtido de forma ilícita, como também os títulos, os direitos de crédito, as pedras e metais preciosos, os bens móveis e imóveis etc.[69] Portanto, nem sempre será o dinheiro que deriva das atividades delitivas o objeto a ser lavado, mesmo que se utilize a expressão *lavagem de dinheiro*.

Para além desses esclarecimentos iniciais, a doutrina costuma apontar algumas características gerais que, em regra, constituem o fenômeno da lavagem de dinheiro. Abaixo, destacamos algumas dessas características.

3.2.1. Internacionalização dos atos de lavagem de dinheiro

A doutrina assinala que uma das características do fenômeno da lavagem de dinheiro é a sua internacionalidade,[70] pois costuma transpassar as fronteiras nacionais dos países e se desenvolver também em outros, com a mudança de soberania e jurisdição que leva consigo[71] – fenômeno que é intensificado significativamente com o processo de globalização do final do séc. XX, com o surgimento e a potencialização de inúmeros problemas de natureza global.[72]

a possibilidade de que se obtenha outro tipo de proveito como consequência da atividade ilícita que serve de base à lavagem, como, por exemplo, um título de valor (ações, bônus, letras, cheques etc.), um imóvel, pedras preciosas e uma larga lista de possibilidades".

68. Fabián Caparrós, Eduardo. *El Delito de Blanqueo de Capitales*. Madrid: Colex, 1998. p. 66; Gomez Iniesta, Diego J. *El delito de blanqueo de capitales en Derecho Español*. Barcelona: Cedecs, 1996. p. 47.

69. Renart García, Felipe. El blanqueo de capitales en el derecho suizo. *Revista del Poder Judicial*, Espanha, n. 50, p. 145, 1998; Martínez-Buján Pérez, Carlos. *Derecho Penal Económico. Parte Especial*. Valencia: Tirant lo Blanch, 1999. p. 297; Gomez Iniesta, Diego J. *El delito de blanqueo de capitales en Derecho Español*. Barcelona: Cedecs, 1996. p. 47.

70. Suárez González, Carlos. Blanqueo de capitales y merecimiento de pena: consideraciones críticas a la luz de la legislación española. *Cuadernos de Política Criminal*, Madrid, n. 58, p. 126, 1996. Ainda: Fabián Caparrós, Eduardo. Internacionalización del Lavado de Activos e Internacionalización de la Respuesta. In: Blanco Cordero, Isidoro; *et. al. Combate al Lavado de Activos desde el Sistema Judicial*. 5. ed. Washington: OEA, 2018. p. 11-94.

71. Blanco Cordero, Isidoro. *El delito de blanqueo de capitales*. Pamplona: Aranzadi, 2012. p. 56.

72. A esse respeito: Teubner, Gunther. *Fragmentos constitucionais: constitucionalismo social na globalização*. 2. ed. São Paulo: Saraiva, 2020.

Esta delinquência internacional, que utiliza seus ramos de atividade em diversos países, é um fenômeno próprio de nossa atualidade. Nas palavras de Fabían Caparrós, somente no curso dos últimos vinte anos pode-se falar com propriedade da existência de estruturas criminais que desconhecem as fronteiras e estendem seu âmbito de atuação numa série praticamente ilimitada de jurisdições. O problema é que só recentemente as autoridades e a Comunidade Internacional começaram a se preocupar de forma significativa com este fenômeno.[73]

A característica da internacionalização está relacionada com a própria natureza dos bens ou serviços que constituem o objeto do delito, cujo lugar de origem pode encontrar-se a uma distância enorme de seus destinatários finais. Isso habitualmente acontece com os grupos destinados ao tráfico de drogas que seguem os mesmos traços de empresas multinacionais em suas operações. Também se pode dizer que possuem estas características as redes dedicadas ao tráfico de armas, pedras ou metais preciosos, animais exóticos[74] etc.

Esse fenômeno de internacionalização/globalização produz algumas vantagens para os praticantes do crime de lavagem de dinheiro[75]: *(a)* a possibilidade de escapar da aplicação de normas estritas e, também, da jurisdição de países que mantêm políticas severas de controle da lavagem de dinheiro; *(b)* a obtenção de vantagens através dos problemas de cooperação judicial internacional e de intercâmbio de informação entre países que têm leis diferentes, sistemas penais diferentes e, também, distintas culturas administrativas; *(c)* permite aos lavadores que se beneficiem das deficiências da regulação internacional e de sua aplicação, desviando os bens objetos da lavagem àqueles países com sistemas mais débeis de controle e persecução da lavagem de dinheiro.

Poderíamos enumerar uma série de razões que explicam e justificam aos lavadores utilizarem técnicas que impliquem um movimento de fundos a outros países. Em realidade, todas as razões poderiam ser sintetizadas numa só: a transferência de dinheiro de um a outro país dificulta sua persecução por parte das autoridades e acaba por facilitar sua ocultação. Isso ocorre porque sempre é preferível efetuar as operações mais delicadas e vulneráveis no processo de lavagem naqueles países nos quais a legislação é mais permissiva ou nos quais os meios repressivos com os quais conta a Administração são mais escassos. Também se deve levar em conta o fator da *coordenação internacional* em matéria de repressão à lavagem de dinheiro, pois, ainda que os países adotem

---

73. Fabián Caparrós, Eduardo. *El Delito de Blanqueo de Capitales*. Madrid: Colex, 1998. p. 39.

74. Fabián Caparrós, Eduardo. *El Delito de Blanqueo de Capitales*. Madrid: Colex, 1998. p. 40.

75. Blanco Cordero, Isidoro. *El delito de blanqueo de capitales*. Pamplona: Aranzadi, 2012. p. 56.

medidas crescentes de prevenção, estas se mostram pouco eficientes quando não recebem o apoio da comunidade internacional, permitindo aos lavadores que aproveitem as lacunas existentes entre os mais diversos ordenamentos jurídicos. Por fim, sempre é mais fácil elidir a ação das autoridades que lutam contra a lavagem se os fundos se movem de um a outro país do que quando o processo de lavagem é realizado em um só país, ocasião na qual as medidas judiciais e policiais tendem a ser mais eficazes.[76]

3.2.2. *Profissionalização das atividades de lavagem*

A doutrina menciona que uma organização criminosa é uma entidade ordenada em função de estritos critérios de racionalidade. Seria como peças que se integram numa sólida estrutura em que cada um dos seus membros desempenha um determinado papel para o qual se encontra especialmente capacitado em função de suas aptidões. Assim atuando, a corporação alcança características próprias de uma sociedade de profissionais do crime na qual se manifesta um sistema de relações específicas definidas a partir de deveres e privilégios recíprocos.[77]

Como já mencionamos, a lavagem de dinheiro tem como uma de suas características o fato de ser um delito internacional e, assim, exigir uma configuração profissionalizada. Daí que as técnicas e os procedimentos de lavagem devem ser necessariamente sofisticados no sentido de poderem elidir a ação dos organismos e países que combatem essa prática, e devem cambiar e evoluir continuamente na medida em que os organismos encarregados de sua repressão passam a identificar e neutralizar as vias já existentes. Por isso, afirma-se que os agentes lavadores devem dispor de uma organização altamente profissionalizada.[78] Esta característica se manifesta em duas tendências: maior profissionalismo dos membros da organização e maior emprego de profissionais externos. A explicação deste profissionalismo se justifica no sentido de minimizar os riscos da persecução penal e maximizar as oportunidades e a impunidade.[79]

3.2.3. *Vocação de permanência*

Um setor doutrinal ainda trata da vocação de permanência como uma característica do delito de lavagem de dinheiro. Na maioria dos crimes isso não

---

76. Álvarez Pastor, Daniel; Eguidazu Palacios, Fernando. *La Prevención del Blanqueo de Capitales*. Madrid: Aranzadi Editorial, 1998. p. 28.

77. Fabián Caparrós, Eduardo. *El Delito de Blanqueo de Capitales*. Madrid: Colex, 1998. p. 37.

78. Álvarez Pastor, Daniel; Eguidazu Palacios, Fernando. *La Prevención del Blanqueo de Capitales*. Madrid: Aranzadi Editorial, 1998. p. 29.

79. Blanco Cordero, Isidoro. *El delito de blanqueo de capitales*. Pamplona: Aranzadi, 2012. p. 57; Mingardi, Guaracy. *O Estado e o Crime Organizado*. São Paulo: IBCCRIM, 1998. v. 5. p. 88.

ocorre, já que grande parte deles foi concebida (e isso basta para um juízo de tipicidade) como fato isolado, eleito por algum agente como instrumento idôneo ao alcance de determinado fim mais ou menos imediato – lógica fortemente presente nos delitos clássicos. Nestes casos, a atividade criminal se desenvolve dentro de coordenadas temporais claramente definidas que se concluem tão logo o autor alcance o seu objetivo.

O mesmo não se pode dizer a respeito do delito de lavagem de dinheiro. Na comissão do crime de lavagem, geralmente atuam organizações criminosas e, com diferença da concepção tradicional do delito, a infração criminal cometida pelas organizações criminais não se esgota em si mesma, pois é despojada desta autonomia para passar a ser um elemento a mais de um programa preestabelecido que se prolonga no tempo.[80] Esta vocação de permanência normalmente ocorre nas organizações criminosas, pois se estabelece entre seus membros uma hierarquia que subordina as intervenções de cada um; mas, no marco da operação como um todo, a garantia do sucesso está justamente na organização e confiança existente entre os integrantes do grupo. Existe, portanto, um mandamento de obediência e confiança no contexto de uma atividade que se prolonga no tempo e se materializa por diversos atos – prolongamento que também se costuma verificar no crime de lavagem de dinheiro.

3.2.4. Complexidade ou variedade dos métodos empregados

Como os países e organismos de repressão acabam adotando novas medidas na luta contra a lavagem de dinheiro, os agentes que praticam a lavagem de dinheiro se veem obrigados também a desenvolver novas técnicas de lavagem para fugir à fiscalização e garantir o sucesso da empreitada. Por isso, uma das características principais do crime de lavagem de dinheiro é a sua facilidade de adaptação a novas realidades e a rapidez no desenvolvimento de novos métodos, permitindo que se alcance, em certas ocasiões um alto grau de sofisticação nas operações realizadas. O que facilita também estas complexas operações é o fenômeno da internacionalização, que permite mover bens de um país a outro e a desenhar complicados mecanismos de ocultação de sua origem, dificultando sua detecção pelas autoridades.[81]

O grande problema no combate à lavagem de dinheiro é que as organizações são, muitas vezes, mais ágeis do que as autoridades. Além disso, dispõem de organização e de meios avançados para a prática delitiva. Assim, as técnicas empregadas pelos lavadores superam aquelas exigidas das autoridades para que

80. Fabián Caparrós, Eduardo. *El Delito de Blanqueo de Capitales*. Madrid: Colex, 1998. p. 38.

81. Blanco Cordero, Isidoro. *El delito de blanqueo de capitales*. Pamplona: Aranzadi, 2012. p. 60.

se possa comprovar o delito, tornando difíceis o controle e o descobrimento das operações realizadas.[82]

A respeito das técnicas utilizadas, a doutrina menciona também uma ampla utilização do sistema financeiro para lavar dinheiro; isso porque, em realidade, quase toda atividade econômica pode ser utilizada com fins de lavagem.[83]

3.2.5. Volume do fenômeno

Para um setor doutrinal, o elevado volume de capitais de origem delitiva que é objeto da lavagem é uma das características deste delito. Assim, o que interessa é que a magnitude do fenômeno é tão grande que se converteu, por si só, em uma característica essencial do mesmo, levando este setor a afirmar que a lavagem de dinheiro já não tem conotações quantitativas, senão qualitativas.[84]

Nas palavras de Álvarez Pastor y Eguidazu Palacios, no momento em que as somas objeto da lavagem alcançam uma determinada dimensão, acabam mudando as próprias técnicas de lavagem. Isso porque já não se trata de operações de caráter artesanal, senão de operações massivas ou em grande escala, que requerem uma organização profissional, uma estrutura, uma rede de colaboradores e cúmplices nos mais variados escalões, um conjunto internacional de empresas e entidades em diversos países, inclusive entidades financeiras próprias que operam sob a aparência de legalidade. Enfim, toda uma complexa organização, ampla, sofisticada e financeiramente custosa, que permita realizar esta atividade em grande escala. De outro lado, o enorme volume produzido pela atividade ilícita facilita a compra de cumplicidades ou passividades que em uma importante medida esteriliza o esforço da luta contra o narcotráfico.[85]

---

82. A respeito do tema assinala Solans Soteras, Miguel. Blanqueo de dinero y movimientos financieros. *CJ*, Madrid, ano 1, n. 3, p. 52 e seg., 1992, que "enquanto o dinheiro negro viaja ao redor do mundo, às ordens de um sistema informatizado, as autoridades devem obter documentos que possam apresentar diante de um tribunal. O êxito requer normalmente a cooperação de um amplo conjunto de jurisdições. Para muitas delas a proteção dos segredos bancários e corporativos é questão de sobrevivência econômica. Ademais, por cada refúgio que colabora, há muito mais que não o fazem; e a falta de cooperação de qualquer deles pode perfeitamente bloquear os esforços dos investigadores para seguir o rastro do dinheiro".

83. Álvarez Pastor, Daniel; Eguidazu Palacios, Fernando. *La Prevención del Blanqueo de Capitales*. Madrid: Aranzadi Editorial, 1998. p. 29, mencionam que "são vários os setores sensíveis ou vulneráveis que se pode citar, possuindo todos eles as caracterísitcas comuns da utilização habitual de bilhetes de banco ou outros instrumentos ao portador como meios de pagamento, o alto valor unitário dos objetos ou serviços oferecidos, e um certo grau de anonimato nas transações". Os exemplos seriam as casas e oficinas de câmbio de moeda, os cassinos, os estabelecimentos de venda de joias, pedras e metais preciosos etc.

84. Álvarez Pastor, Daniel; Eguidazu Palacios, Fernando. *La Prevención del Blanqueo de Capitales*. Madrid: Aranzadi Editorial, 1998. p. 28.

85. Álvarez Pastor, Daniel; Eguidazu Palacios, Fernando. *La Prevención del Blanqueo de Capitales*. Madrid: Aranzadi Editorial, 1998. p. 28.

Nos países subdesenvolvidos, o volume de dinheiro lavado acaba influenciando os diversos escalões da luta contra as organizações criminosas, pois muitas delas investem grandes quantias na corrupção policial, de autoridades fiscais, administrativas e judiciais.

De acordo com Kaplan, as grandes somas arrecadadas e a sua concentração em um pequeno número de dirigentes de consórcios, no contexto de países subdesenvolvidos e atingidos pela crise econômica, inflação, desvalorização da moeda, dívida externa, permitem aos traficantes comprar tudo - bens, serviços, consciências e vontades - a preços favoráveis; gozar de uma enorme margem de manobra para pressionar, influenciar, controlar e impor decisões.[86]

3.2.6. Conexão entre redes criminais

Há autores que sustentam, ainda, como característica do delito de lavagem de dinheiro a conexão existente entre as diversas redes criminais, já que as modernas estruturas criminais não atuam de forma isolada. De acordo com isso, as organizações criminais estruturam-se através de uma coordenação e subordinação, ou entre famílias e cartéis empenhados em âmbitos delitivos das mais diversas índoles, que se estendem por todo o mundo, favorecendo o estabelecimento das denominadas "redes corporativas de associações criminais", que, entre seus objetivos, se encontra o de prestação de apoio logístico mútuo.[87] Um dos exemplos do vínculo entre as redes criminais está representado pela intensa relação entre o mercado de drogas e o tráfico ilegal de armas, o que significa uma simbiose entre ambas as organizações que compartilham pessoal, meios e lutas.[88]

No Brasil, esses vínculos de colaboração nem sempre se manifestam entre as organizações dedicadas a um mesmo gênero de atividades ilícitas. Este fato justifica-se porque entre elas existe de forma permanente o desejo de eliminar toda concorrência que lhe impede levar a cabo com a máxima facilidade as suas atividades lucrativas.[89] Normalmente, isso ocorre com o tráfico de drogas, pois no Brasil o controle das organizações é feito por regiões determinadas. Assim, não se manifesta a cooperação quando uma organização começa a ocupar o espaço da outra.

---

86. Kaplan, Marcos. Economía criminal y lavado de dinero. *Boletín Mexicano de Derecho Comparado*, México, n. 85, p. 220, 1996.

87. Fabián Caparrós, Eduardo. *El Delito de Blanqueo de Capitales*. Madrid: Colex, 1998. p. 41; Blanco Lozano, Carlos. El blanqueo de capitales procedentes del tráfico de drogas. In: Cobo Del Rosal, Manuel (dir.). *Comentarios al Código Penal*. Madrid: Edersa, 1996. v. 17. p. 63.

88. Solans Soteras, Miguel. Blanqueo de dinero y movimientos financieros. *CJ*, Madrid, ano 1, n. 3, p. 53, 1992.

89. Fabián Caparrós, Eduardo. *El Delito de Blanqueo de Capitales*. Madrid: Colex, 1998. p. 42.

De uma maneira geral, são estas as características que se destacam no desenvolvimento do fenômeno da lavagem de dinheiro. São características que quase sempre se encontram inter-relacionadas e que se potencializam reciprocamente na medida em que, por exemplo, a internacionalização da lavagem de dinheiro e a maior especialização dos lavadores dão lugar à elaboração de mecanismos cada vez mais sofisticados.

3.3. Técnicas ou fases da lavagem de dinheiro

Há uma quantidade significativa de literaturas a abordar os sistemas e métodos empregados para lavar dinheiro. Diversos autores escreveram sobre esses métodos ou fases que normalmente são utilizados para o processo de lavagem de dinheiro. Não enumeraremos todos os estágios e nomenclaturas encontrados na doutrina, mas apenas aqueles que julgamos mais importantes.

A respeito das fases do delito de lavagem de dinheiro, seguiremos a divisão de três fases.[90] Tais fases são abordadas pela doutrina em geral com algumas diferenciações pontuais, inclusive em relação à nomenclatura utilizada para cada uma, mas podem ser sintetizadas com as palavras de Juan Antonio Lascuraín: "[...] colocar o capital, ensombrecer sua origem e integrá-lo na economia legal."[91]

Fabián Caparrós realiza crítica a essa técnica de compartimentação das fases de lavagem, afirmando que seria fácil comprovar como as distintas fases se sobrepõem em muitas ocasiões e, inclusive, coincidem, realidade que é ainda mais comum no caso das formas mais corriqueiras de criminalidade econômica, âmbito no qual os instrumentos que são utilizados para obter um enriquecimento ilícito também podem ser empregados como meios de lavagem - como meios que facilitem a circulação desse patrimônio, que distanciem de sua origem delitiva, ou que procurem sua reintrodução no mercado legal.[92]

O autor conclui que é a própria entidade de reciclagem que nega validade à citada divisão. Isso porque é certo que o regresso desses capitais no processo econômico regular poderia ser considerado como último degrau de uma escada hipotética, cuja completa ascensão permitiria desvinculá-los completamente de

---

90. Essas três fases encontram aceitação, inclusive, no Judiciário pátrio. Exemplificativamente: "O crime de lavagem de dinheiro corresponde a um processo que pode ser subdividido em três fases – a) introdução ou ocultação; b) transformação ou dissimulação; e c) integração –, praticadas com o objetivo de reintrodução na economia formal de valores obtidos de forma ilícita sob a aparência da licitude." (STJ, APn 922/DF, Rel. Ministra Nancy Andrighi, CORTE ESPECIAL, julgado em 05/06/2019).

91. Antonio Lascuraín, Juan. Blanqueo de Capitales. In: Nieto Martín, Adán; *et al. Derecho Penal Económico y de la Empresa*. Madrid: Editorial Dykinson, 2018. p. 497. (tradução nossa)

92. Fabián Caparrós, Eduardo. *El Delito de Blanqueo de Capitales*. Madrid: Colex, 1998. p. 53.

sua origem e fazê-los abandonar definitivamente a sombra da ilegalidade. De acordo com isso, essa reintrodução não teria natureza distinta de qualquer das fases anteriores. Finalmente, a lavagem deve ser vista como um processo, e não como o resultado deste, pois dificilmente se poderia falar com propriedade de uma meta, que é a total e absoluta desaparição dos traços que pudessem revelar a origem ilícita do capital; diferentemente, a razão leva à conclusão de que essa meta é, de fato, tão perfeita quanto teoricamente inalcançável em sua plenitude. Mesmo que se saiba qual é o ponto de partida dessa hipotética ascensão – a comissão de um fato ilícito economicamente produtivo –, não é possível determinar onde se encontra o seu fim, já que sempre será possível avançar um passo a mais, realizando uma nova operação de lavagem que favoreça um pouco mais o distanciamento dos bens em relação à sua remota procedência.[93]

Apesar de estarmos de acordo com os apontamentos críticos do autor, e também enxergarmos a lavagem de dinheiro não como um simples objetivo ou como um fato pontual, mas sim como um procedimento mais ou menos complexo, entendemos que a distinção das fases desse processo de lavagem contribui para a compreensão do fenômeno como um todo, bem como para a identificação prática de atos de lavagem (o que deve ser, em síntese, uma das primordiais preocupações do jurista diante de um caso concreto).

Desse modo, afirmamos a importância do estudo das fases da lavagem de dinheiro, mesmo que entendamos que a configuração do crime de lavagem de dinheiro não precise conter em si absolutamente todas as fases identificadas pela doutrina.

3.3.1. Fase de ocultação ou colocação

A primeira fase do crime de lavagem de dinheiro corresponde à colocação do material proveniente do crime, e pode ocorrer através de uma série de operações.[94] É nesta fase que os criminosos procuram livrar-se materialmente das importantes somas de dinheiro que geraram suas atividades ilícitas[95] – Juan Antonio Lascuraín se refere, metaforicamente, a essa fase como proveniente do desejo do criminoso de "retirar a maleta com o dinheiro de debaixo de sua cama" e *colocar* o dinheiro em um banco, em uma conta do mercado de

---

93. FABIÁN CAPARRÓS, Eduardo. *El Delito de Blanqueo de Capitales*. Madrid: Colex, 1998. p. 54.

94. ZANCHETTI, Mario. *Il Riciclaggio di Denaro Proveniente da Reato*. Milano: Giuffrè Editore, 1997. p. 10-11.

95. VIDALES RODRIGUEZ, Caty. *Los delitos de receptación y legitimación de capitales en el Código penal de 1995*. Valencia: Tirant lo Blanch, 1997. p. 72; LOURENÇO MARTINS, A.G. Branqueamento de capitais: contra-medidas a nível internacional e nacional. *Revista Portuguesa de Ciência Criminal*, Coimbra, ano 9, fasc. 3, p. 455, 1999.

capitais, adquirir joias etc.[96] O efetivo arrecadado é normalmente transferido a uma zona ou localidade distinta daquela de onde se originou, colocando-se, em seguida, em estabelecimentos financeiros tradicionais ou não-tradicionais (casa de câmbio, cassinos etc.), ou ainda em outros tipos de negócios de variadas condições (hotéis, restaurantes, bares etc.).[97]

A característica principal dessa fase é a intenção dos criminosos de se desfazerem materialmente das somas arrecadadas, todavia sem ocultar a identidade dos titulares.[98] Isso ocorre porque os criminosos têm ciência de que a acumulação de grandes somas de dinheiro em moeda pode chamar a atenção em relação a sua procedência ilícita. Significa também o perigo constante de roubo ou furto, o que, de uma forma ou outra, obriga os criminosos a despachá-los para fora do lugar de obtenção com destino a outros lugares onde seja mais fácil encobrir ou ocultar a origem delitiva dos valores.[99]

3.3.1.1. Colocação através de entidades financeiras por meio de fracionamento

Assinala Aránguez Sánchez que as operações de engenharia financeira supõem um desafio para as autoridades detectarem a comissão de delitos econômicos, fundamentalmente pelo enorme volume de operações (lícitas e ilícitas) realizadas no mercado financeiro e sua complexidade, que exige um profundo conhecimento da realidade econômica e a regulação jurídica do mundo das finanças. Outros fatores do sistema financeiro também favorecem a lavagem, como o segredo bancário ou a disparidade de normas que regulam as entidades situadas em vários países, mas que se conectam por redes de informática que agilizam as operações financeiras até alcançarem um frenético ritmo quase impossível de ser controlado.[100]

Como não é fácil colocar grandes quantidades de dinheiro em papel moeda

---

96. Antonio Lascuraín, Juan. Blanqueo de Capitales. In: Nieto Martín, Adán; *et al*. *Derecho Penal Económico y de la Empresa*. Madrid: Editorial Dykinson, 2018. p. 497. (tradução nossa)

97. Álvarez Pastor, Daniel; Eguidazu Palacios, Fernando. *La Prevención del Blanqueo de Capitales*. Madrid: Aranzadi Editorial, 1998. p. 35; Moreiro González, Carlos J.; O Del Río Moreno, María de la. ¿Hacia un nuevo enfoque en la lucha contra el blanqueo de capitales tras el tratado de la Unión Europea? *Gaceta Jurídica de la C.E. y de la Competencia*, Espanha, nov., p. 370, 1996.

98. Zaragoza Aguado, Javier. El blanqueo de dinero. Aspectos sustantivos. Su investigación. In: Martínez Arrieta, Andrés (dir.). *El encubrimiento, la receptación y el blanqueo de dinero*. Espanha: Consejo General del Poder Judicial, 1994. p. 134; Adriasola, Gabriel. *El Nuevo Derecho Sobre Tóxicos y el Lavado de Dinero de la Droga*. Uruguay: Fundación de Cultura Universitaria, 1994. p. 52.

99. Blanco Cordero, Isidoro. *El delito de blanqueo de capitales*. Pamplona: Aranzadi, 2012. p. 71-72.

100. Aránguez Sánchez, Carlos. *El Delito de Blanqueo de Capitales*. Madrid: Marcial Pons, 2000. p. 46.

sem levantar suspeitas nem provocar investigações oficiais sobre a sua origem, os agentes lavadores de dinheiro utilizam diversos procedimentos.

Um desses procedimentos é o fracionamento, que consiste em dividir as elevadas somas de dinheiro em outras de menor quantia[101] ou fracionar as transações em cédulas (depósitos, aquisição de instrumentos monetários, troca de bilhetes de menor valor por outros de maior valor etc.) e, assim, evitar as obrigações de identificação ou comunicação do titular da operação.[102]

A respeito desse procedimento, ensina Fabian Caparros que uma maneira habitual de amenizar os receios de suspeita de grandes quantidades ingressadas através de uma conta bancária é fracionar artificiosamente o ingresso nesta conta em vários depósitos de menor quantia durante um período determinado, permitindo-se que se utilize de depósitos em dinheiro ou outros instrumentos.[103]

Um exemplo de técnica de fracionamento é a realização de transferências mediante remessas numerosas de cheques bancários, emitidos por um mesmo escritório ou empresa, numa mesma data e em quantidades reduzidas de valores, mas que em seu conjunto representam operações de pagamento ou ingresso de elevadíssimas quantidades de dinheiro, com a finalidade de elidir os controles financeiros e administrativos.[104] Esta técnica é utilizada porque permite o ingresso em uma conta bancária de dinheiro sujo em quantidades inferiores àquelas fixadas pela Administração como piso para a obrigatoriedade de identificação e comunicação a respeito do titular da operação, ou seja, não se enquadram dentro dos valores em que a Administração deve ser informada dos depósitos. No Brasil, há reconhecimento expresso pelo STF da aptidão dessa prática para o cometimento do crime de lavagem de dinheiro.[105]

---

101. Álvarez Pastor, Daniel; Eguidazu Palacios, Fernando. *La Prevención del Blanqueo de Capitales*. Madrid: Aranzadi Editorial, 1998. p. 35.

102. Blanco Cordero, Isidoro. *El delito de blanqueo de capitales*. Pamplona: Aranzadi, 2012. p. 73; Gómez Iniesta, Diego J. Medidas internacionales contra el blanqueo de dinero y su reflejo en el derecho español. In: Arroyo Zapatero, Luis; Tiedemann, Klaus. *Estudios de Derecho Penal Económico*. Espanha: Universidad de Castilla-La Mancha, 1994. p. 139.

103. Fabián Caparrós, Eduardo. *El Delito de Blanqueo de Capitales*. Madrid: Colex, 1998. p. 114.

104. Zaragoza Aguado, Javier. El blanqueo de dinero. Aspectos sustantivos. Su investigación. In: Martínez Arrieta, Andrés (dir.). *El encubrimiento, la receptación y el blanqueo de dinero*. Espanha: Consejo General del Poder Judicial, 1994. p. 135; Cervini, Raúl; Terra De Oliveira, Willian; Gomes, Luiz Flávio. *Lei de Lavagem de Capitais*. São Paulo: RT, 1998. p. 89.

105. Nesse sentido: "O depósito fracionado de valores em conta-corrente, em quantias que não atingem os limites estabelecidos pelas autoridades monetárias à comunicação compulsória dessas operações, apresenta-se como meio idôneo para a consumação do crime de lavagem de capitais. No caso, tal prática foi cabalmente demonstrada pelo conjunto probatório amealhado aos autos." (STF, AP 996, Relator(a): Edson Fachin, Segunda Turma, julgado em 29/05/2018)

Ainda: "Verificada a autonomia entre o ato de recebimento de vantagem indevida oriunda do delito de corrupção passiva e a posterior ação para ocultar ou dissimular a sua origem, possível é a

3.3.1.2. Cumplicidade bancária

Outra das formas de fazer ingressar grandes quantidades de dinheiro sujo em contas bancárias é quando os criminosos podem contar com a cumplicidade dos empregados da instituição bancária ou quando o próprio banco ou a entidade financeira estão sob o controle da organização criminosa.[106] Quando se utiliza essa cumplicidade é possível inserir no circuito financeiro o dinheiro ilícito e, uma vez inserido neste, a ocultação de sua origem será infinitamente mais fácil.[107] Essa técnica permite que os lavadores evitem a primeira linha de defesa em que a lavagem pode ser detectada, que é o empregado do banco ou da instituição financeira.[108]

3.3.1.3. Emprego abusivo das exceções da obrigação de identificar ou de comunicar

A utilização abusiva das normas que permitem aos bancos e outras instituições financeiras eximirem-se da obrigação de identificação de determinadas atividades ou de determinadas categorias de empresas também facilita a ocultação de dinheiro. Isso se deve ao fato de que muitas legislações, com o fim de agilizar a informação, permitem aos bancos eximirem-se da obrigação de identificação daquelas operações resultantes de atividades legítimas desenvolvidas por clientes habituais ou conhecidos. Por isso, a doutrina menciona que a prática dessa relação ou utilização abusiva dela por parte do banco favorece a ação dos lavadores. Também nesse caso os criminosos habitualmente se valem de sociedades fantasmas (ou de fachada), ou da cumplicidade dos empregados do banco.[109] Assim, a criação de sociedades fantasmas ou a cumplicidade dos empregados

configuração do crime de lavagem de capitais. Nesse sentido, o depósito fracionado de valores em conta-corrente de titularidade de dezenas de pessoas vinculadas ao político e ao coacusado revela-se como meio idôneo para a consumação do crime de lavagem de capitais." (STF, AP 1002, Relator(a): Edson Fachin, Segunda Turma, julgado em 09/06/2020)

106. Álvarez Pastor, Daniel; Eguidazu Palacios, Fernando. *La Prevención del Blanqueo de Capitales*. Madrid: Aranzadi Editorial, 1998. 35.

107. Blanco Cordero, Isidoro. *El delito de blanqueo de capitales*. Pamplona: Aranzadi, 2012. p. 74; Nesse sentido, Fabián Caparrós, Eduardo. *El Delito de Blanqueo de Capitales*. Madrid: Colex, 1998. p. 130-131, assinala que "as entidades financeiras que desempenham tarefas de intermediação no mercado de divisas também podem colaborar ativamente na lavagem de capitais". Isso porque "resulta praticamente impossível impedir que uma instituição legalmente habilitada, rompendo flagrantemente tanto a normativa vigente sobre o controle de cambios como os limites de sua autorização, retenha clandestinamente uma parte da moeda estrangeira que lhe chegue a seus mostradores a fim de vendê-la mais tarde a quem possa encontrar-se ante a necesidade de adquiri-la em melhores condições de anonimato".

108. Barros, Marco Antonio. *Lavagem de Dinheiro*. São Paulo: Editora Oliveira Mendes, 1998. p. 51.

109. Álvarez Pastor, Daniel; Eguidazu Palacios, Fernando. *La Prevención del Blanqueo de Capitales*. Madrid: Aranzadi Editorial, 1998. p. 36.

do banco eximem a instituição ou seus clientes do regime de identificação ou de supervisão, o que pode oferecer aos lavadores uma via para evitarem que sejam detectadas pistas sobre as transações em dinheiro por eles efetivadas.[110]

3.3.1.4. Colocação mediante instituições financeiras não-tradicionais

Blanco Cordero leciona que algumas das práticas de lavagem de dinheiro podem ser reconduzidas a instituições financeiras não-tradicionais, que compreendem aqueles negócios que proporcionam serviços similares aos dos bancos (agentes de seguros, vendedores ou agentes de metais preciosos, cassinos, serviços postais etc.). A diferença é que essas instituições costumam ser menos supervisionadas e reguladas que as instituições financeiras tradicionais.[111] Isso permite que todas essas instituições não-tradicionais possam ser utilizadas pelos lavadores essencialmente do mesmo modo que utilizam as instituições bancárias. De acordo com isso, uma pessoa física ou jurídica pode transferir dinheiro ou títulos de valores a outro país sem o mesmo rigor do controle praticado em relação aos bancos.

3.3.1.5. Mescla ou mistura de fundos lícitos e ilícitos

Existem muitas atividades ou negócios nos quais o manejo de grandes somas de dinheiro resulta normal (bares, supermercados, restaurantes, pizzarias, hotéis...). Esses estabelecimentos proporcionam aos lavadores uma fácil introdução dos ativos de origem ilícita no circuito legal de ativos, misturando os ativos procedentes de atividades delitivas com os ativos de origem lícita, para que não se possa mais distinguir aqueles obtidos ilicitamente dos provenientes da atividade empresarial lícita. Em muitos casos, aliás, o negócio lícito sequer é real; ou seja, não se exerce efetivamente a atividade para a qual foi constituído, sendo somente uma mera fachada que tem por objetivo servir de cobertura para os fundos procedentes da atividade ilícita[112] – nesse último caso, não haverá propriamente a mescla de ativos lícitos com ilícitos, mas apenas ativos ilícitos com aparência de licitude.

Essa técnica tem a vantagem de dar uma explicação imediata para grande

---

110. Blanco Cordero, Isidoro. *El delito de blanqueo de capitales*. Pamplona: Aranzadi, 2012. p. 75.

111. Blanco Cordero, Isidoro. *El delito de blanqueo de capitales*. Pamplona: Aranzadi, 2012. p. 75; Solans Soteras, Miguel. Blanqueo de dinero y movimientos financieros. *CJ*, Madrid, ano 1, n. 3, p. 56, 1992; Cervini, Raúl; Terra De Oliveira, Willian; Gomes, Luiz Flávio. *Lei de Lavagem de Capitais*. São Paulo: RT, 1998. p. 92.

112. Álvarez Pastor, Daniel; Eguidazu Palacios, Fernando. *La Prevención del Blanqueo de Capitales*. Madrid: Aranzadi Editorial, 1998. p. 36; Blanco Cordero, Isidoro. *El delito de blanqueo de capitales*. Pamplona: Aranzadi, 2012. p. 75.

volume de dinheiro, fornecendo uma justificativa formal e declarada de sua origem, como se tivesse sido gerado pela atividade-fim do empreendimento lícito.[113]

Deve-se destacar, ainda, que pode haver a concomitância dessa estratégia de lavagem com outra(s). Por exemplo, o agente que realiza o fracionamento de depósitos bancários na conta regular de terceira pessoa, a fim de escapar dos órgãos de controle (desobrigados a um controle mais rígido no caso de depósitos de valores mais baixos), poderá estar, ao mesmo tempo, realizando a mescla desses valores de origem ilícita com os de origem lícita.[114]

3.3.1.6. Contrabando de dinheiro

Segundo a doutrina, o tráfico ilegal de notas de dinheiro através das fronteiras é outro dos métodos utilizados pelas organizações criminosas. São métodos conhecidos e inclusive noticiados pela imprensa (linhas de transporte regular de mercadorias, companhias aéreas de correios internacionais, aviões privados, transportes de carga etc.). Portanto, trata-se de um método muito comum, sem sofisticação, de baixo custo para o agente e que deixa poucos rastros documentais. Como consequência do volume de cargas e pessoas que passam nas fronteiras, é praticamente impossível examinar todas as cargas que cruzam os países, limitando-se o controle somente a uma pequena parte.[115] No Brasil, esse método é fácil de ser utilizado devido à facilidade de transposição das fronteiras de países como Uruguai, Argentina e Paraguai.[116] Como o número de cargas

---

113. Barros, Marco Antonio. *Lavagem de Dinheiro*. São Paulo: Editora Oliveira Mendes, 1998. p. 51.

114. Nesse sentido, já se manifestou o STF, em voto do Min. Roberto Barroso: "Como já mencionado, um dos indícios de recebimento da vantagem indevida pelo Parlamentar é a realização de depósitos em sua conta bancária em valores inferiores a R$ 10.000,00 (dez mil reais) ou a R$ 100.000,00 (cem mil reais), com o objetivo de evitar alertar as autoridades financeiras. A existência de depósitos nas contas bancárias do Parlamentar está comprovada nos autos às fls. 1392/1399, totalizando o valor de R$ R$ 654.224,00. Essa forma de receber a vantagem indevida configura indício do crime de lavagem de dinheiro, na medida em que busca ocultar o seu recebimento, por meio da adoção de estratégias que evitem chamar a atenção das autoridades financeiras. *Essa estratégia visa ainda a mesclar os valores supostamente provenientes de infração penal com valores provenientes de origens lícitas*, dificultando o rastreamento da 'propina'." (STF, Inq 4141, Relator(a): Roberto Barroso, Primeira Turma, julgado em 12/12/2017)

115. Blanco Cordero, Isidoro. *El delito de blanqueo de capitales*. Pamplona: Aranzadi, 2012. p. 76; Álvarez Pastor, Daniel; Eguidazu Palacios, Fernando. *La Prevención del Blanqueo de Capitales*. Madrid: Aranzadi Editorial, 1998. p. 37; Barros, Marco Antonio. *Lavagem de Dinheiro*. São Paulo: Editora Oliveira Mendes, 1998. p. 52; Fabián Caparrós, Eduardo. *El Delito de Blanqueo de Capitales*. Madrid: Colex, 1998. p. 127.

116. Os jornais noticiam que o Uruguai é um dos países que mais exporta ouro na América Latina, mas não o produz. O que significa que grande parte do ouro exportado entra ilegalmente no país. O mesmo ocorre com os bancos, pois há um grande número de contas não declaradas de brasileiros que depositam dólares no Uruguai e que, posteriormente, podem ser repatriados para outros países ou, permanecerem aplicados ali mesmo, operação esta não permitida no Brasil.

que cruza a fronteira aumentou muito nos últimos anos, especialmente a partir da criação do Mercosul, tonou-se praticamente impossível o controle de tudo o que transpõe as fronteiras do país.

Outro fator que favorece o transporte de dinheiro é a grande extensão territorial do Brasil, pois há extensões sem qualquer controle das autoridades, como fazendas com pistas de pouso clandestinas. Por fim, a vantagem deste método é que ele não deixa rastros, sendo bastante efetivo quando se tem êxito, apesar do problema da segurança do transporte, pois habitualmente ocorrem roubos ou denúncias de outros grupos criminosos.

3.3.1.7. Aquisição de bens com dinheiro em espécie

Uma forma importante de lavagem é a aquisição de bens materiais com dinheiro em espécie (barcos, aviões, carros, imóveis etc.). Blanco Cordero assinala que, segundo o GAFI, o objetivo das aquisições pode ser tríplice: *(a)* manter um estilo de vida luxuoso; *(b)* transformar os grandes ganhos em outros bens, quiçá menos valiosos e menos chamativos; *(c)* obter bens que serão empregados para fomentar a empresa criminal.[117]

Ademais, os negócios imobiliários têm para os investidores o atrativo da segura apreciação de seu patrimônio e sua relativa liquidez, unidas aos eventuais incentivos e subvenções que os Estados oferecem para estimular este mercado. Esse tipo de negócio favorece o lavador por meio do sistema de "*compras por preços diferenciados*", consistente em adquirir um bem imóvel por um determinado valor, mas registrando no documento público que contempla a operação um preço inferior ao realmente acordado, sendo para a diferença com dinheiro de fonte ilícita.[118]

3.3.1.8. Outros mecanismos específicos de ocultação ou colocação – câmbio, bolsa, offshores, moedas virtuais, entre outros

a) Câmbios de moeda através dos departamentos de transações de dinheiro dos maiores bancos, ou recorrendo a outro tipo de estabelecimento como as

---

117. Blanco Cordero, Isidoro. *El delito de blanqueo de capitales*. Pamplona: Aranzadi, 2012. p. 76; Barros, Marco Antonio. *Lavagem de Dinheiro*. São Paulo: Editora Oliveira Mendes, 1998. p. 52.

118. Aránguez Sánchez, Carlos. *El Delito de Blanqueo de Capitales*. Madrid: Marcial Pons, 2000. p. 49; Adriasola, Gabriel. *El Nuevo Derecho Sobre Tóxicos y el Lavado de Dinero de la Droga*. Uruguay: Fundación de Cultura Universitaria, 1994. p. 55; Palma Herrera, José Manuel. *Los delitos de blanqueo de capitales*. Madrid: Edersa, 2000. p. 205. Assinala que os investimentos imobiliários constituem um dos mecanismos mais habituais para lavar capitais, convertendo-se, ademais, frequentemente na culminação de um processo de lavagem ao supor a meta ou ponto final de colocação ou investimento do dinheiro já lavado.

casas de câmbio que predominam perto das fronteiras internacionais ou em locais turísticos. Os câmbios efetuados nesses locais podem proporcionar proteção às transações ilícitas nas quais estejam compreendidos movimentos de dinheiro para fora do país. Assim, o dinheiro pode ser trocado num país estrangeiro, por exemplo, a preço mais favorável, e o câmbio de divisas posteriormente devolvido a seu país de origem.[119]

Um exemplo pontual são as casas de câmbio que existem na fronteira entre Brasil, Paraguai e Uruguai, cuja principal função é a troca de reais por dólares e vice-versa, ainda que se possam proporcionar outros serviços financeiros. Um dos métodos empregados pelas casas de câmbio é depositar o dinheiro na conta bancária da casa de câmbio e, uma vez efetuado o depósito no sistema bancário, transferi-lo a qualquer lugar do mundo. A realidade demonstrou que as pequenas casas de câmbio possuem qualidades excepcionais para a administração irregular de divisas. Situadas em zonas turísticas ou perto da fronteira, só estão autorizadas a comprar notas estrangeiras e pagá-las em moeda nacional. Mas, nas condições em que operam, estas casas se converteram nos últimos anos em uma das peças fundamentais sobre as quais se apoiam algumas das redes mais importantes dedicadas à lavagem de dinheiro em grande escala.[120]

b) Agentes da bolsa. Os agentes da bolsa podem ajudar os lavadores de dinheiro e proporcionar-lhes oportunidades para que coloquem os produtos ilícitos no sistema financeiro legal, pois a bolsa é um veículo significativamente atrativo para a lavagem de dinheiro. Isso porque o dinheiro, assim como outros bens ilícitos, como títulos, pode ser convertido em instrumentos financeiros alternativos, como ações e bônus. Outra alternativa é o depósito do dinheiro numa conta de mercado para que seja empregado por agências de valores para aquisição de ações ou outros instrumentos financeiros, ainda que esta operação não seja usual entre os lavadores.[121]

c) Investimento em empresas offshores, em paraísos fiscais. A integração econômica global acaba por abrir espaço para regiões ou países especializados no recebimento e na gestão de investimentos de sujeitos não residentes, estrangeiros, *offshore*. Por mercado *offshore*, "paraíso fiscal", ou "centro financeiro extraterritorial", se compreende os espaços geográficos ou as jurisdições fiscais que oferecem um tratamento privilegiado a investimentos e à manutenção de ativos

---

119. Blanco Cordero, Isidoro. *El delito de blanqueo de capitales*. Pamplona: Aranzadi, 2012. p. 77, citando o GAFI.

120. Fabián Caparrós, Eduardo. *El Delito de Blanqueo de Capitales*. Madrid: Colex, 1998. p. 131.

121. Fabián Caparrós, Eduardo. *El Delito de Blanqueo de Capitales*. Madrid: Colex, 1998. p. 131.

de não residentes no local - o que pode se materializar por um tratamento fiscal benevolente, pela garantia de sigilo de informações sobre os titulares dos ativos, pela permissão de fluxo de capital estrangeiro titularizado por não residente no país, pela inexistência de uma política forte antilavagem de dinheiro etc.[122] É justamente o sigilo de dados do investidor, aliado à ausência (ou à debilidade) de uma política antilavagem local, que serve de maior atrativo à remessa de valores de origem ilícita a determinados paraísos fiscais; o sigilo quanto a titularidade e a origem dos ativos é o que fornece maior segurança na ocultação de um ilício precedente (exploração de jogos de azar, tráfico de drogas etc.). Nesse caso, um cenário comum é a abertura de um empreendimento (empresa *offshore)* em paraíso fiscal, com a remessa sigilosa de valores de origem ilícita para a região.

Por outro lado, o investimento em paraísos fiscais pode decorrer exclusivamente de uma estratégia negocial, do desejo do empresário por maior proteção de seu patrimônio em relação a instabilidades econômicas, da busca por redução de custos tributários, entre outros motivos absolutamente lícitos. Portanto, é preciso que se tenha cautela no exame das circunstâncias de cada caso. O mero envio de valores declarados, com origem lícita, para investimento em destino conhecido como paraíso fiscal, não constitui por si só prática criminosa.

d) Investimento em moedas virtuais (Bitcoin). Existem diversos tipos de criptomoedas, nome atribuído às moedas virtuais por se utilizarem de criptografia (*Riple*, *Ether*, *Dash*, *Litecoin*, *Monero* etc.). Dentre elas, a mais conhecida é o *Bitcoin*, criado no ano de 2009 e que, desde então, tem passado por processos de valorização significativos - motivo pelo qual se tornou forte alvo de especulação.

Tamanha é a importância do *Bitcoin* e de tal forma é conhecido entre os pesquisadores dessa nova tecnologia que, quando se fala em *Bitcoin*, geralmente se está referindo às moedas virtuais em geral que adotem o mesmo sistema de funcionamento. Ou seja, o *Bitcoin* se tornou o principal símbolo da tecnologia das moedas virtuais.

Dentre tanta confusão envolvendo esse tema, um dos conceitos possíveis de moeda virtual pode ser encontrado no Relatório sobre Moedas Virtuais emitido pelo *Financial Action Task Force*/Grupo de Ação Financeira Internacional (FAFT/GAFI) em junho de 2014:

> "A moeda virtual é uma representação digital de valor que pode ser negociada digitalmente e funciona como um meio de troca; e/ou uma unidade de conta; e/ou uma reserva de valor, mas que não tem status de moeda de

122. A esse respeito, ver: Hdez. Vigueras, Juan. *Los Paraísos Fiscales: cómo los centros offshore socavan las democracias*. Madrid: Akal, 2005.

curso legal (ou seja, quando oferecida a um credor, é uma oferta de pagamento válida e legal) em qualquer jurisdição."[123]

Costuma-se referir que esse sistema virtual é caracterizado como sendo um modelo descentralizado. Ou seja, não possui uma autoridade central exercendo a sua administração (um governo, um banco etc.) e nenhum monitoramento ou supervisão central.[124] Por essa razão, é conhecido como um sistema *peer-to-peer*, no qual as transações virtuais são realizadas diretamente entre os dois polos da relação, sem a existência de uma instituição central intermediando essa operação.

Em linhas gerais, portanto, pode-se perceber que o *Bitcoin* nada mais é do que uma espécie dentre as tantas moedas virtuais criptografadas, que serve aos mesmos fins de uma moeda oficial e que se desenvolve em um sistema público que registra cada operação desenvolvida com a utilização dessa moeda. Os titulares dos *bitcoins* e participantes das operações desse sistema apenas são identificados por códigos alfanuméricos, preservando-se dados pessoais como o nome, motivo pelo qual esse sistema favorece o anonimato do usuário.

Mesmo que seja esse um sistema relativamente recente, os agentes do mercado internacional já emitem as mais diversas opiniões a seu respeito. Nesse sentido, no informe de Moedas Virtuais do FATF/GAFI, de junho de 2014, refere-se que duas narrativas principais se produziram em relação a esse tipo de moeda: a de que são o futuro dos sistemas de pagamentos e, em contrapartida, a de que são uma nova ferramenta a serviço de atividades criminosas como o financiamento do terrorismo.[125]

O *Bitcoin* é uma tecnologia significativamente menos sujeita a delitos como a falsificação de moedas, já que se utiliza de um sistema de criptografia de tal forma consistente que torna a falsificação praticamente impossível e, caso se entenda pela sua possibilidade, excessivamente onerosa.

Entretanto, essa não é uma tecnologia imune a práticas ilícitas. Ao contrário, estimula o crescimento da atividade de "cibercriminosos", já havendo notícias de desvios de bitcoins praticados por cibercriminosos contra corretoras dessas criptomoedas (as *exchanges*), resultado de falhas de seus sistemas de segurança, acarretando grandes perdas de valores a seus clientes.

---

123. FINANCIAL ACTION TASK FORCE (FATF/GAFI). "Virtual Currencies: Key Definitions and Potential AML/CFT Risks. June 2014." Disponível em: http://www.fatf-gafi.org/publications/methodsandtrends/documents/virtual-currency-definitions-aml-cft-risk.html. (tradução nossa).

124. FINANCIAL ACTION TASK FORCE (FATF/GAFI). "Virtual Currencies: Key Definitions and Potential AML/CFT Risks. June 2014." Disponível em: http://www.fatf-gafi.org/publications/methodsandtrends/documents/virtual-currency-definitions-aml-cft-risk.html.

125. FINANCIAL ACTION TASK FORCE (FATF/GAFI). "Virtual Currencies: Key Definitions and Potential AML/CFT Risks. June 2014." Disponível em: http://www.fatf-gafi.org/publications/methodsandtrends/documents/virtual-currency-definitions-aml-cft-risk.html.

Dentre as características do Bitcoin que mais estimulam práticas ilícitas, destaca-se o anonimato que esse sistema oferece aos seus usuários. O destaque a esse atributo se justifica em razão do fato de que um dos principais objetivos do criminoso é justamente permanecer impune (ou seja, manter-se anônimo em relação ao delito praticado).

Além disso, diante da inexistência de um intermediário ou administrador para a realização das operações financeiras nesse sistema (modelo *peer-to-peer*), prejudica-se a tarefa de monitoramento preventivo da origem e destino de valores e se dificulta a atuação em casos suspeitos de atividades criminosas.[126]

Desse modo, somando-se a descentralização desse sistema *peer-to-peer* ao anonimato do usuário, considera-se o Bitcoin uma ferramenta atrativa para práticas como o pagamento de atividades ilícitas,[127] seja em relação ao do tráfico de drogas, de armas, de pessoas etc., realizados em um extrato da internet acessível apenas por meios restritos (a *deep web*), seja na exigência de valores para soltura de pessoas sequestradas.

Percebe-se que a preocupação em relação aos crimes praticados na rede Bitcoin não é irrelevante e, por se tratar de uma plataforma que atingiu uma movimentação de valores elevados em tão pouco tempo, se intensifica em relação à prática do crime de lavagem de dinheiro. Justifica-se essa preocupação pela própria sistemática da lavagem de capitais, delito praticado por pessoas desejosas por tornar seguro o uso de quantias significativas de ativos provenientes de infração penal e que enxergam uma ótima oportunidade de atingir esse objetivo no uso de um sistema que possibilite movimentações de valores anônimas entre titulares do mundo inteiro. Por esses motivos, o universo do dinheiro virtual foi classificado por Stephen Platt como "um paraíso para quem lava dinheiro."[128]

Além da possibilidade de movimentações livres e anônimas entre titulares de ativos, outro empecilho ao combate à prática de lavagem de dinheiro nessa rede é a dificuldade de implementação das medidas assecuratórias estabelecidas no artigo 4º da lei brasileira antilavagem,[129] que podem ser decretadas para

126. España Alba, Víctor Manuel. "Criptodivisas: Bitcoin y el blanqueo de capitales." El Derecho. Disponível em: http://www.elderecho.com/tribuna/penal/Criptodivisas-Bitcoin-blanqueo--capitales_11_935305002.html.

127. FINANCIAL ACTION TASK FORCE (FATF/GAFI). "Virtual Currencies: Key Definitions and Potential AML/CFT Risks. June 2014." Disponível em: http://www.fatf-gafi.org/publications/methodsandtrends/documents/virtual-currency-definitions-aml-cft-risk.html.

128. Platt, Stephen. *Capitalismo criminoso: como as instituições financeiras facilitam o crime*. Tradução de Celso Roberto Paschoa. São Paulo: Cultrix, 2017. p. 82.

129. Lei 9.613/98, Art. 4º O juiz, de ofício, a requerimento do Ministério Público ou mediante representação do delegado de polícia, ouvido o Ministério Público em 24 (vinte e quatro) horas, havendo indícios suficientes de infração penal, poderá decretar medidas assecuratórias de bens, direitos ou valores do investigado ou acusado, ou existentes em nome de interpostas pessoas, que sejam instrumento, produto ou proveito dos crimes previstos nesta Lei ou das infrações penais antecedentes.

impedir a disposição do agente lavador sobre o seu próprio patrimônio. Essa dificuldade se dá em razão da codificação privada da *carteira virtual* (ambiente da rede no qual se localizam as moedas virtuais de cada usuário), à qual somente o titular possui acesso.[130]

Apesar de todos esses riscos relacionados às moedas virtuais e dos empecilhos atuais ao combate à lavagem de capitais, não se ignora que se está diante de uma tecnologia que, pela primeira vez, pode identificar publicamente o local e momento de todas as operações envolvendo essa moeda, já que toda a cadeia de operações possui um registro público, característica que contribui para o combate à lavagem de dinheiro.[131] Por isso, se acredita que, se bem aplicada, essa tecnologia pode muito bem satisfazer as obrigações de prevenção a esse delito, já que esse sistema é indissociável do registro de suas operações.

Esse debate ainda é incipiente no Brasil, mas outros países já fornecem material para que, ao menos, se fomente medidas de contenção à lavagem de dinheiro. Nesse sentido, na orientação emitida em 18 de março de 2013 pelo "Financial Crimes Enforcement Network" (*FinCEN*), do Departamento do Tesouro Norte Americano, considerou-se as *exchanges* (pessoa envolvida, na forma de empresa, na troca de moeda virtual por moeda real, fundo ou outra moeda virtual), bem como os *mineradores* que adquiram bitcoins para promover a sua venda como sujeitos aos registros como prestadores de serviços monetários e ao cumprimento das normativas de combate à lavagem de dinheiro e ao financiamento do terrorismo.[132]

A legislação brasileira antilavagem já estabelece órgãos e indivíduos obrigados a procedimentos de controle específicos, com a finalidade de prevenir a prática da lavagem de capitais (Lei nº 9.613/98, art. 9º). Esses órgãos são responsáveis pelo cumprimento de medidas procedimentais em suas atividades, por meio das quais os riscos de práticas ilícitas são diminuídos e, em caso de tentativa de prática criminosa, aumenta-se a possibilidade de se detectar essa atividade. Havendo o descumprimento dessas normas pelas empresas e pessoas obrigadas, podem ser aplicadas sanções como a multa de até 20 milhões de reais (conforme o artigo 12 da Lei de Lavagem de Dinheiro).

---

130. España Alba, Víctor Manuel. "Criptodivisas: Bitcoin y el blanqueo de capitales." El Derecho. Disponível em: http://www.elderecho.com/tribuna/penal/Criptodivisas-Bitcoin-blanqueo-capitales_11_935305002.html.

131. Ramos Suárez, Fernando Mª. Análisis de la sentencia AP de Asturias 37/2015 sobre el blanqueo de capitales y Bitcoin. *DPO & is law*. Disponível em: http://www.dpoitlaw.com/analisis--de-la-sentencia-ap-de-asturias-sobre-el-blanqueo-de-capitales-y-bitcoin/.

132. Financial Crimes Enforcement Network (*FinCEN*). Orientação "FIN-2013-G001", emitida em 18 de março de 2013. Disponível em: https://www.fincen.gov/sites/default/files/shared/FIN-2013--G001.pdf.

Essa mesma sistemática deve ser aplicada, naquilo que for possível, aos operadores de moedas virtuais, estabelecendo-se procedimentos preventivos específicos para cada tipo de operação financeira, sempre a depender do nível de risco que a operação representa. Isso porque, caso procedimentos detalhados e rigorosos sejam estabelecidos inclusive para simples operações de baixo risco, o desenvolvimento dessas mesmas operações poderia ser inviabilizado ou prejudicado significativamente – o que conduziria o combate à lavagem de dinheiro a outro extremo em relação à permissividade completa: a inoperatividade sistemática.

3.3.2. Fase de dissimulação, mascaramento ou encobrimento

A função desta segunda fase é a de dissimular a origem dos produtos ilícitos mediante, por exemplo, a realização de numerosas transações financeiras.[133] Se os lavadores têm êxito na fase de ocultação/colocação, tratarão agora de tornar mais difícil a descoberta dos bens por meio da realização de múltiplas transações que, como camadas, irão se sobrepondo e se complementando umas às outras, distanciando cada vez mais os ativos de sua origem maculada.[134] Portanto, nessa fase, objetiva-se romper o vínculo existente entre o delinquente e o bem procedente de sua atuação delituosa, razão pela qual é usual o recurso da superposição e combinação de complexas operações financeiras que tratam de dificultar o seguimento do que é conhecido como "pegada ou rastro do dinheiro".[135]

Assim, o propósito perseguido nessa fase é o de "desligar os fundos de sua origem, gerando para isso um complexo sistema de amontoamento de transações financeiras destinado a apagar a pegada contábil de tais fundos ilícitos".[136] Portanto, a forma complexa em que as transações são desencadeadas, misturadas e sobrepostas tem a finalidade de tornar extremamente difícil sua descoberta pelas autoridades.

3.3.2.1. A conversão do dinheiro em instrumentos financeiros

Com o êxito na colocação dos produtos ilícitos em um banco ou em uma instituição financeira não-bancária, os ativos podem ser convertidos em outros

---

133. Zaragoza Aguado, Javier. El blanqueo de dinero. Aspectos sustantivos. Su investigación. In: Martínez Arrieta, Andrés (dir.). *El encubrimiento, la receptación y el blanqueo de dinero*. Espanha: Consejo General del Poder Judicial, 1994. p. 135; Lourenço Martins, A.G. Branqueamento de capitais: contra-medidas a nível internacional e nacional. *Revista Portuguesa de Ciência Criminal*, Coimbra, ano 9, fasc. 3, p. 455, 1999.

134. Blanco Cordero, Isidoro. *El delito de blanqueo de capitales*. Pamplona: Aranzadi, 2012. p. 78.

135. Vidales Rodriguez, Caty. *Los delitos de receptación y legitimación de capitales en el Código penal de 1995*. Valencia: Tirant lo Blanch, 1997. p. 73.

136. Álvarez Pastor, Daniel; Eguidazu Palacios, Fernando. *La Prevención del Blanqueo de Capitales*. Madrid: Aranzadi Editorial, 1998. p. 37.

instrumentos financeiros, tais como: cheque de viagem, ordens de pagamento, cheques de caixa, bônus e ações. Estas operações facilitam o transporte para fora do país sem que sejam descobertos, ou realizam-se depósitos em outras contas bancárias sem que se submetam às exigências de identificação aplicáveis a determinadas quantidades de dinheiro.[137]

3.3.2.2. Aquisição de bens materiais com dinheiro e sua posterior troca ou venda

Nos casos em que o lavador tenha adquirido bens materiais com dinheiro (joias, obras de arte, veículos, ouro etc.), tais bens, por sua vez, podem ser revendidos, no mesmo país ou no estrangeiro. Essas operações dificultam a identificação do titular e o rastreamento dos bens com o propósito de sua localização e apreensão.[138] Dessa forma os lavadores ocultam com frequência os ganhos ilicitamente obtidos, transformando-os em outros bens patrimoniais dotados de uma certa significação econômica. Por sua vez, esses bens serão vendidos ou permutados por outros, ocorrendo, assim, um circuito prolongado de transações dirigido a afastar progressivamente a riqueza de sua origem.[139]

Além de dificultar a localização dos bens, Fabian Caparros assinala que esta técnica oferece outras possibilidades no momento em que o preço declarado na transação seja inferior ao valor real do objeto adquirido (prática comum na aquisição de imóveis). De acordo com isso, enquanto a quantia manifestada diante de terceiros é normalmente satisfeita com dinheiro obtido licitamente ou depois de já haver sido submetida a um processo de lavagem, a diferença existente para alcançar o valor efetivo do negócio se completa com a entrega de uma quantidade pendente de regularização (dinheiro em espécie, pedras preciosas etc). Uma vez realizada a operação, o adquirente logra desfazer-se de uma massa patrimonial não declarada, obtendo em troca um bem cujo autêntico valor poderá defender em negociações posteriores.[140]

---

137. Blanco Cordero, Isidoro. *El delito de blanqueo de capitales*. Pamplona: Aranzadi, 2012. p. 80; Álvarez Pastor, Daniel; Eguidazu Palacios, Fernando. *La Prevención del Blanqueo de Capitales*. Madrid: Aranzadi Editorial, 1998. p. 37.

138. Álvarez Pastor, Daniel; Eguidazu Palacios, Fernando. *La Prevención del Blanqueo de Capitales*. Madrid: Aranzadi Editorial, 1998. p. 37; Blanco Cordero, Isidoro. *El delito de blanqueo de capitales*. Pamplona: Aranzadi, 2012. p. 80; Aránguez Sánchez, Carlos. *El Delito de Blanqueo de Capitales*. Madrid: Marcial Pons, 2000. p. 59, neste sentido, assinala que "posto que o dinheiro em espécie é demasiado pesado e volumoso, um bom sistema para ocultar esses fundos de origem delitiva e iniciar as operações de lavagem pode ser sua substituição por joias, que por seu tamanho se prestam com mais facilidade a serem depositadas em caixa de segurança de entidades bancárias, ou inclusive a sua evasão física do país". (tradução nossa)

139. Fabián Caparrós, Eduardo. *El Delito de Blanqueo de Capitales*. Madrid: Colex, 1998. p. 140.

140. Fabián Caparrós, Eduardo. *El Delito de Blanqueo de Capitales*. Madrid: Colex, 1998. p. 140.

3.3.2.3. Transferência eletrônica de fundos

A doutrina menciona que, segundo o GAFI, esse é provavelmente o método mais disseminado da fase de mascaramento utilizado pelos lavadores de dinheiro. Essa técnica é consequência da crescente introdução de novas tecnologias no mercado e da resultante integração financeira global, tornando as fronteiras internacionais um obstáculo cada vez menor, tanto para as atividades lícitas, quanto para as ilícitas. Isso enfraquece a eficácia das normas reguladoras dos mercados financeiros em cada zona geográfica, proporcionando amplas oportunidades para a lavagem de dinheiro.[141] As vantagens dessa técnica são evidentes, especialmente a rapidez nas transações e a distância a que se pode remeter rapidamente os fundos.[142] De outro lado, o volume das transações eletrônicas, tanto em números diários como a respeito de cada uma delas, torna seu controle muito difícil.

Bassiouni e Gualteri, a respeito do controle das transações eletrônicas, assinalam que, entre as razões pelas quais falta o controle internacional das transferências eletrônicas, está o interesse dos governos em preservar o sigilo de uma variedade de transações financeiras. Por exemplo, os governos insistem no sigilo quando os bancos centrais interveem no controle da flutuação de suas moedas nacionais. Se essas transações fossem conhecidas, se frustrariam os objetivos da intervenção e seriam uma fonte primária de informação para os especuladores de divisas que, por isso, poderiam produzir danos à estabilidade das moedas nacionais e aos mercados financeiros. Outras transações governamentais dependem do sigilo, como as transações de armas, grandes transações de petróleo. Um sistema de regulamentação das transferências eletrônicas internacionais deveria fazer (ou ao menos tenderia a isso) com que essas transações fossem conhecidas, o que prejudicaria os governos inseridos nas mesmas. Como resultado, mantém-se o sigilo em alguns aspectos, permitindo que as organizações criminosas se beneficiem do mesmo sigilo que os governos desfrutam no que diz respeito às transações monetárias. Deve-se criar um método no qual o sigilo destinado aos governos possa ser protegido, enquanto, ao mesmo tempo, exerça-se o controle sobre outras transações que compreendem fundos procedentes de delitos. Um método assim concebido será um importante passo na solidificação da vontade política dos governos na aplicação dos controles financeiros.[143]

---

141. Blanco Cordero, Isidoro. *El delito de blanqueo de capitales*. Pamplona: Aranzadi, 2012. p. 81.

142. Álvarez Pastor, Daniel; Eguidazu Palacios, Fernando. *La Prevención del Blanqueo de Capitales*. Madrid: Aranzadi Editorial, 1998. p. 37.

143. Bassiouni y Gualtieri, *Internacional Mechanism*, *apud* Blanco Cordero, Isidoro. *El delito de blanqueo de capitales*. Pamplona: Aranzadi, 2012. p. 82.

3.3.3. Fase de integração, reinserção ou reinversão

Nessa etapa, o capital licitamente obtido conta já com a aparência de legalidade que se pretendia que tivesse. Logo, o dinheiro pode ser utilizado no sistema econômico e financeiro como se se tratasse de dinheiro licitamente obtido.[144] Consumada a etapa de mascaramento, os lavadores necessitam proporcionar uma explicação aparentemente legítima para sua riqueza, logo, os sistemas de integração introduzem os produtos lavados na economia de maneira que apareçam como investimentos regulares, créditos ou investimentos de poupança[145] – em outras palavras, os ativos, nessa fase, emergem no fluxo regular de capitais com um "selo de licitude".[146] Portanto, os procedimentos de integração situam os fundos obtidos com a lavagem na economia de tal forma que, integrando-se no sistema bancário, por exemplo, aparecem como produto normal de uma atividade comercial.

Quando se chega nesse estágio, é muito difícil a descoberta da origem ilícita dos fundos. A menos que se tenha podido seguir seu rastro através das etapas anteriores, será muito difícil distinguir os capitais de origem ilegal dos de origem legal.[147]

Alguns dos métodos utilizados nessa etapa de integração são os seguintes:

3.3.3.1. Venda de bens imóveis

Álvarez Pastor e Eguidazu Palacios mencionam que, de acordo com o Gafi,

> "as variações de preços são frequentes neste setor e podem ser utilizadas para reinjetar os capitais lavados na economia. Assim, um bem imóvel pode ser adquirido por uma sociedade de fachada com capitais de origem ilícita. Este bem é posteriormente vendido, e os fundos produtos desta venda são considerados como fundos legais obtidos pela venda de um imóvel".[148]

---

144. Vidales Rodriguez, Caty. *Los delitos de receptación y legitimación de capitales en el Código penal de 1995*. Valencia: Tirant lo Blanch, 1997. p. 73-74; Fabián Caparrós, Eduardo. *El Delito de Blanqueo de Capitales*. Madrid: Colex, 1998. p. 149; Lourenço Martins, A.G. Branqueamento de capitais: contra-medidas a nível internacional e nacional. *Revista Portuguesa de Ciência Criminal*, Coimbra, ano 9, fasc. 3, p. 455, 1999; Cervini, Raúl; Terra De Oliveira, Willian; Gomes, Luiz Flávio. *Lei de Lavagem de Capitais*. São Paulo: RT, 1998. p. 101.

145. Blanco Cordero, Isidoro. *El delito de blanqueo de capitales*. Pamplona: Aranzadi, 2012. p. 84.

146. Antonio Lascuraín, Juan. Blanqueo de Capitales. In: Nieto Martín, Adán; *et al. Derecho Penal Económico y de la Empresa*. Madrid: Editorial Dykinson, 2018. p. 497.

147. Nesse sentido, Álvarez Pastor, Daniel; Eguidazu Palacios, Fernando. *La Prevención del Blanqueo de Capitales*. Madrid: Aranzadi Editorial, 1998. p. 38; Blanco Cordero, Isidoro. *El delito de blanqueo de capitales*. Pamplona: Aranzadi, 2012. p. 84-85.

148. Álvarez Pastor, Daniel; Eguidazu Palacios, Fernando. *La Prevención del Blanqueo de Capitales*. Madrid: Aranzadi Editorial, 1998. p. 38. (tradução nossa)

Neste método, pode-se adquirir a propriedade dos imóveis com fundos de origem delitiva, seja por uma pessoa física, seja por uma sociedade empresarial real ou fantasma (empresas de "fachada"). Em continuidade, a propriedade é vendida, e o produto da venda é considerado legal, pois teria sido obtido mediante um negócio jurídico regular (a venda do imóvel). É possível, ainda, declarar um preço de venda reduzido, e fazer um pagamento em dinheiro da diferença entre o preço fictício reduzido (objeto de declaração) e o preço verdadeiro, superior ao primeiro. Frequentemente, se estabelecem preços inflados em alguns mercados, fornecendo-se ao último vendedor uma fonte legítima de benefício vultoso, ainda que fictício.[149]

Esse mecanismo é chamado por Zaragoza Aguado de "reinversão das propriedades compradas", e consiste na transferência sucessiva de propriedades imobiliárias a preços diversos, método normalmente utilizado nas esferas hipotecárias. O método segue a mesma tendência daquele anteriormente mencionado, com a prática de uma transferência imobiliária a preço documentalmente subestimado (reduzido), mas com o pagamento de um preço real elevado (superior ao declarado) - ou seja, há um preço fictício e um preço real. O autor cita o seguinte exemplo: um indivíduo adquire uma propriedade com um valor real de dois milhões de dólares, mas declara somente como preço pago o valor de um milhão de dólares e paga "por fora" a diferença ao vendedor. Depois de possuir a propriedade por algum tempo, vende-a pelo valor de três milhões de dólares. De acordo com o negócio realizado, o vendedor não tem inconvenientes em pagar os impostos correspondentes pelos benefícios alcançados, já que os benefícios que obtém são ainda mais vantajosos do que aqueles declarados documentalmente.[150]

Nos últimos anos, os investimentos na compra e venda de imóveis foram um veículo popular para a lavagem de dinheiro de origem ilícita, como também para a reciclagem ou afloramento de fundos subtraídos da Fazenda Pública. Isso ocorre porque são bens de fácil liquidez, e seu valor real é muito difícil de ser estimado, dificultando o trabalho das autoridades fiscais em determinar se o preço declarado da compra e venda coincide ou não com o efetivamente pago pelo comprador. A dificuldade de determinar o preço real dos imóveis torna possível a declaração de um preço inferior ao efetivamente praticado ou, inversamente, a declaração de um preço superior.[151]

---

149. Blanco Cordero, Isidoro. *El delito de blanqueo de capitales*. Pamplona: Aranzadi, 2012. p. 85; Cervini, Raúl; Terra De Oliveira, Willian; Gomes, Luiz Flávio. *Lei de Lavagem de Capitais*. São Paulo: RT, 1998. p. 102-103.

150. Zaragoza Aguado, Javier. El blanqueo de dinero. Aspectos sustantivos. Su investigación. In: Martínez Arrieta, Andrés (dir.). *El encubrimiento, la receptación y el blanqueo de dinero*. Espanha: Consejo General del Poder Judicial, 1994. p. 139-140.

151. Álvarez Pastor, Daniel; Eguidazu Palacios, Fernando. *La Prevención del Blanqueo de*

3.3.3.2. Interposição de testas-de-ferro, empresas fantasmas e empréstimos simulados

Outro dos métodos empregados é a intermediação de "laranjas" para ocultar a titularidade real e a origem dos capitais utilizados.[152] Nesses casos, normalmente se utilizam identidades falsas ou pertencentes a colaboradores da organização de lavagem, indigentes, pessoas de poucas posses etc. Também se costuma recorrer a familiares, mas nesses casos os lavadores tomam precauções como a ausência de um vínculo matrimonial ou uma suposta separação legal, ou, ainda, a alteração da ordem dos sobrenomes dos filhos no Registro Civil, tudo para que se evite a ligação entre o lavador e o "laranja", e o confisco de bens no caso de serem descobertos.[153]

As entidades constituídas pelo lavador são denominadas "empresas fantasmas" ou de "fachada". Isso porque sua função real reside em oferecer cobertura às operações ilícitas. O mecanismo utilizado é denominado de "caixas vazias", que consiste na constituição ou aquisição de sociedades para incluir nelas outras empresas, estratificando, assim, a organização e dificultando a investigação.[154] Por intermédio de uma empresa fantasma (muitas vezes domiciliada em um paraíso fiscal), uma pessoa ou organização criminosa pode emprestar a si mesmo seus próprios fundos de origem ilícita numa transação aparentemente legítima. Os fundos que assim são recebidos podem aparecer legalmente como procedentes de um empréstimo do exterior.[155] Esta técnica é denominada de "empréstimo de regresso" e ocorre quando o lavador estabelece uma sociedade em um paraíso fiscal selecionado, normalmente ocultando a verdadeira propriedade, e abre uma conta em um banco local. Assim, poderá financiar a compra de um negócio similar em seu país através de um empréstimo de sua própria companhia ou de banco estrangeiro. Na realidade, o dinheiro emprestado é seu mesmo. Iniciada esta operação, o lavador continua o processo fazendo os pagamentos regulares

Capitales. Madrid: Aranzadi Editorial, 1998. p. 38; nesse sentido, Blanco Cordero, Isidoro. *El delito de blanqueo de capitales*. Pamplona: Aranzadi, 2012. p. 85-86.

152. Em julgado do STJ: "Embora apenas gastar o dinheiro do crime antecedente não constitua o crime de lavagem de capitais, a alocação desse valor em nome de terceiros (esposas) pode isso configurar e mais ainda o uso de empresas "fantasmas" para o escondimento do patrimônio, valendo a prova dos autos para a definição oportuna (na sentença) da caracterização de atos de escondimento e para a determinação do dolo de lavagem." (STJ, AgRg no HC 558.376/SP, Rel. Ministro Nefi Cordeiro, sexta turma, julgado em 09/06/2020)

153. Aránguez Sánchez, Carlos. *El Delito de Blanqueo de Capitales*. Madrid: Marcial Pons, 2000. p. 47.

154. Aránguez Sánchez, Carlos. *El Delito de Blanqueo de Capitales*. Madrid: Marcial Pons, 2000. p. 47.

155. Blanco Cordero, Isidoro. *El delito de blanqueo de capitales*. Pamplona: Aranzadi, 2012. p. 86; Álvarez Pastor, Daniel; Eguidazu Palacios, Fernando. *La Prevención del Blanqueo de Capitales*. Madrid: Aranzadi Editorial, 1998. p. 38.

do empréstimo como se fosse legítimo. Por isso, o "empréstimo de regresso" não só permite repatriar o dinheiro anteriormente maculado, como também permite que se paguem os juros a si mesmo, ao mesmo tempo que se justificam esses pagamentos como gastos do negócio.[156]

3.3.3.3. Cumplicidade de bancos estrangeiros

A operação de lavagem de dinheiro efetuada com a cumplicidade de bancos estrangeiros resulta especialmente difícil de ser descoberta pelas autoridades. Essa cumplicidade permite efetuar as operações de mascarar e lavar o dinheiro sem dificuldades, é dizer, com as máximas garantias de opacidade para os recicladores. De outro lado, essa cumplicidade supõe um problema muito difícil tanto em nível de técnica de persecução penal como em nível político, já que permite encobrir vários detalhes das operações criminosas relativas aos fundos. Ainda, outro problema é que, se há a participação de empregados bancários bem situados nos sistemas de empréstimos simulados ou de regresso, o lavador pode obter créditos aparentemente legítimos, assegurando-os com produtos ilícitos.[157]

3.3.3.4. Falsas faturas de importação/exportação

Considerado um método habitual, consiste na falsificação de faturas comerciais para lavar o pagamento, como a sobrefaturação ou subfaturação (a depender de para onde se queira direcionar os ativos lavados) de bens realmente importados/exportados.[158] Assim, existe a sobrevaloração dos documentos de entrada, ou a sobrevaloração das exportações para justificar fundos recebidos do estrangeiro. Essa técnica é normalmente utilizada quando os agentes lavadores controlam entidades sociais em diferentes países ou jurisdições, e consiste no pedido da companhia doméstica de mercadorias à empresa radicada no estrangeiro, isso a preços inflados. A diferença entre o preço inflado e o valor real se deposita em uma conta no estrangeiro, normalmente em uma jurisdição totalmente diferente.[159]

Palma Herrera, em similar sentido, se refere também ao exemplo da lavagem de dinheiro por meio de atividades de importação e exportação, assinalando que

156. Zaragoza Aguado, Javier. El blanqueo de dinero. Aspectos sustantivos. Su investigación. In: Martínez Arrieta, Andrés (dir.). *El encubrimiento, la receptación y el blanqueo de dinero*. Espanha: Consejo General del Poder Judicial, 1994. p. 138-139.

157. Blanco Cordero, Isidoro. *El delito de blanqueo de capitales*. Pamplona: Aranzadi, 2012. p. 87.

158. Álvarez Pastor, Daniel; Eguidazu Palacios, Fernando. *La Prevención del Blanqueo de Capitales*. Madrid: Aranzadi Editorial, 1998. p. 39.

159. Zaragoza Aguado, Javier. El blanqueo de dinero. Aspectos sustantivos. Su investigación. In: Martínez Arrieta, Andrés (dir.). *El encubrimiento, la receptación y el blanqueo de dinero*. Espanha: Consejo General del Poder Judicial, 1994. p. 139.

as operações de lavagem levadas a cabo por estas atividades de mercadorias importadas/exportadas têm uma série de traços comuns, como a anuência de servidores das aduanas, que podem facilitar o trabalho. Outros traços comuns são a abertura de contas bancárias em entidades estrangeiras ou entidades nacionais situadas no estrangeiro, e a ideia central da sobrevaloração das mercadorias, que pode fazer referência tanto aos preços quanto ao volume da mercadoria.[160]

3.3.3.5. Outros procedimentos específicos de lavagem de dinheiro

As formas elencadas acima habitualmente são algumas das mais utilizadas pelos lavadores, mas isso não impede a utilização de outros métodos para completar o processo de lavagem de dinheiro.

A doutrina afirma que, além do controle sobre os mecanismos tradicionais de lavagem, tais como as instituições financeiras e os bancos, se deve direcionar a atenção também a outras práticas de lavagem por meio de setores financeiros não regulados, assim compreendidos os negócios que geram grandes quantidades de dinheiro e algumas atividades profissionais.[161] Há uma série de outros exemplos, alguns dos quais enumeramos abaixo.

a) Cassinos ou estabelecimentos de jogos. Cassinos, hipódromos, loterias e concursos com prêmios em dinheiro podem igualmente ser empregados para lavar dinheiro. Aliás, essas modalidades de negócios constituem uma estrutura bastante atrativa e utilizada para a lavagem, em razão da maior segurança que disponibilizam ao agente que deseja reciclar ativos de origem ilícita.[162] O jogo ou as apostas em cassinos geram grandes quantidades de dinheiro, o que possibilita ganhos sem rastros. Nos países em que as apostas se converteram em um fenômeno de massas, a aquisição clandestina de boletos premiados constitui

160. Palma Herrera, José Manuel. *Los delitos de blanqueo de capitales*. Madrid: Edersa, 2000. p. 214. O autor trata da detecção de operações nas quais a organização criminosa criara uma sociedade de importação em cujo nome abria contas-correntes em bancos espanhóis, nas quais ingressava o dinheiro obtido com o tráfico de drogas que previamente havia sido trocado por divisas no mercado informal, contando com a cumplicidade do banco para que as contas não ficassem registradas. Dando continuidade, a sociedade realizava ou simulava um contrato de importação de uma determinada mercadoria nacional do país de onde queria colocar o dinheiro e, assim, superfaturava o valor da operação de importação. O valor era abonado por mecanismos ordinários de pagamento, com um crédito documentado, um cheque ou uma ordem de transferência contra as contas correntes abertas nos bancos espanhóis, e a favor de uma conta corrente aberta no país de onde se queria enviar o dinheiro. Este dinheiro, uma vez posto em outro país, era investido em imóveis.

161. Blanco Cordero, Isidoro. *El delito de blanqueo de capitales*. Pamplona: Aranzadi, 2012. p. 88.

162. Aránguez Sánchez, Carlos. *El Delito de Blanqueo de Capitales*. Madrid: Marcial Pons, 2000. p. 58; Adriasola, Gabriel. *El Nuevo Derecho Sobre Tóxicos y el Lavado de Dinero de la Droga*. Uruguay: Fundación de Cultura Universitaria, 1994. p. 55.

uma das formas mais simples e eficazes de justificar a posse de uma quantidade excessiva de dinheiro em cédulas.[163]

b) Profissionais. Os advogados, notários, contadores, e profissionais assemelhados, normalmente manejam grandes quantidades de dinheiro de seus clientes em razão das atividades legítimas que exercem. Assim, os advogados, por exemplo, podem receber somas elevadas de dinheiro em espécie e de origem delitiva de seus clientes, e depositar estes fundos em contas bancárias especialmente constituídas com o propósito de ocultar os ativos de propriedade de seus clientes, constas das quais a remuneração dos próprios advogados pode ser retirada. Essas contas são mantidas em nome do advogado ou de seu escritório, e normalmente não identificam os nomes de nenhum dos clientes (verdadeiros proprietários dos ativos). Para a operação de lavagem de dinheiro, o advogado devolve o dinheiro através de um cheque ou séries de cheques, ou outros instrumentos monetários, mediante a aquisição de bens imóveis ou outras propriedades, ou por outros meios. Devido ao dever de sigilo profissional entre advogado e cliente, é uma tarefa complexa a avaliação da legitimidade tanto dos fundos, quanto dos serviços profissionais (se efetivamente prestados ou não).[164]

Entretanto, uma advertência é necessária quando se está a tratar da atuação do advogado: o exemplo acima relatado pressupõe uma atuação consciente do advogado voltada à lavagem de dinheiro, ao fornecer ao seu cliente um mecanismo que contribui para o mascaramento da origem ilícita dos ativos. Ou seja, o profissional passa a integrar a engrenagem utilizada para lavagem de dinheiro, e o faz possuindo elemento subjetivo da prática do crime de lavagem.

Situação absolutamente diversa é a do advogado que recebe honorários de fonte suspeita para a prestação de serviço jurídico, como, por exemplo, a defesa em processo criminal. Entendemos que essa exata situação em hipótese alguma pode representar a prática do crime de lavagem de dinheiro. Primeiramente, o mero ato de usufruir dos ativos provenientes de atividade ilícita não caracteriza, por si só, lavagem de dinheiro. A lavagem de dinheiro se caracteriza na prática de atos voltados ao objetivo de ofuscar a origem maculada; a isso não se presta a mera fruição dos ativos, ato natural e, inclusive, esperado do agente que pratica crime com objetivo de lucro. Segundo, o advogado que recebe valores (mesmo que suspeitos) de seu cliente, para atuação jurídica, e declara tal recebimento com a emissão de nota fiscal, não colabora com o mascaramento da origem dos

---

163. Fabián Caparrós, Eduardo. *El Delito de Blanqueo de Capitales*. Madrid: Colex, 1998. p. 120; Aránguez Sánchez, Carlos. *El Delito de Blanqueo de Capitales*. Madrid: Marcial Pons, 2000. p. 59.

164. Blanco Cordero, Isidoro. *El delito de blanqueo de capitales*. Pamplona: Aranzadi, 2012. p. 89; Santiago, Rodrigo. O branqueamento de capitais e outros produtos do crime. In: Direito Penal Económico Europeu: Textos Doutrinários, v. 2, Coimbra Editora, 1999. p. 368.

valores; ao contrário, leva ao conhecimento do Estado a realização do negócio jurídico, inclusive da propriedade anterior dos valores, então pertencentes a seu cliente. Terceiro, além do dever de sigilo que possui o advogado em relação a seu cliente (só por isso, já não se pode exigir dele qualquer dever de controle sobre a fonte pagadora), é garantido constitucionalmente o exercício do direito de defesa, direito esse de caráter fundamental, não se podendo criar entraves a esse exercício. Mesmo que o cliente confesse a seu advogado a prática criminosa da qual originou sua fortuna, tal confissão estaria tutelada pelo dever de sigilo, além de compor o amplo material de dados que servirá de subsídio para o melhor exercício de sua defesa.

c) Comércio cruzado. É um dos métodos mais sofisticados de lavagem de dinheiro e foi empregado durante anos em atividades comerciais ilegais. Nesse método, o lavador cria, no estrangeiro, uma sociedade cuja propriedade permaneça em segredo, para que atue como o outro polo na atividade comercial, com o propósito de repatriar dinheiro em poder da companhia no estrangeiro sob a cobertura de benefícios comerciais legítimos, ganhos no mercado livre.[165] Zaragoza Aguado assinala o exemplo de um cidadão espanhol com uma companhia *holding* que possui secretamente em Hong-Kong com a intenção de lavar dinheiro mediante *contrato futuro* de mercadorias. O sujeito compra um contrato por 50 milhões de dólares proposto pela companhia *holding*. Se a mercadoria sofre uma valorização de 10% sobre os termos do contrato, o lavador terá obtido um benefício de 5 milhões de dólares, descontada a comissão do intermediário. A companhia *holding* no estrangeiro sofrerá uma perda de 5 milhões de dólares, mas, como este dinheiro pertence ao lavador, não lhe produzirá nenhum prejuízo econômico. Desta forma, o lavador alcança seu objetivo, pois o dinheiro é repatriado de uma forma que lhe confere aparência de mero benefício de atividades mercantis legítimas. Se, contudo, a mercadoria sofre uma desvalorização, o lavador terá uma perda comercial, mas esta será compensada pelo benefício correspondente obtido pela companhia *holding* em Hong-Kong, a outra parte do contrato. Assim, o dinheiro continua disponível para uma nova tentativa de repatriação, e a vantagem desse procedimento é que o reciclador pode contabilizar esta perda em seu balanço de outras atividades mercantis no que diz respeito aos impostos.[166]

---

165. Zaragoza Aguado, Javier. El blanqueo de dinero. Aspectos sustantivos. Su investigación. In: Martínez Arrieta, Andrés (dir.). *El encubrimiento, la receptación y el blanqueo de dinero.* Espanha: Consejo General del Poder Judicial, 1994. p. 140.

166. Zaragoza Aguado, Javier. El blanqueo de dinero. Aspectos sustantivos. Su investigación. In: Martínez Arrieta, Andrés (dir.). *El encubrimiento, la receptación y el blanqueo de dinero.* Espanha: Consejo General del Poder Judicial, 1994. p. 140.

d) Sistemas bancários subterrâneos ou irregulares.[167] São sistemas criados por grupos étnicos que não confiam no sistema bancário comercial tradicional dos países, dispondo de sistemas próprios que podem utilizar para transferir dinheiro das drogas. As historicamente mais conhecidas são as bancas "Hawalla" e "Hundi" por sua origem asiática.[168] Nas palavras de Aránguez Sánchez, trata-se de grupos organizados dedicados a gerir uma forma de "bolsa de investimentos ilícitos", que muitas vezes não possuem implantação em todos os países em que operam, mas são utilizadas pelas mais distintas organizações criminosas com conexão entre si, funcionando entre elas um mecanismo de compensação similar ao que existe entre as entidades que operam legalmente.[169]

Essas operações normalmente ocorrem por meio de lojas de compra e venda de ouro, cambistas de dinheiro e companhias comerciais controladas em vários países pela mesma família ou por pessoas associadas, possibilitando, assim, a transferência de fundos de um país a outro. Nesse sistema, pode ocorrer o simples depósito em dinheiro em um dos negócios controlados pela família ou seus associados em seu país, compensando-se tal investimento com a destinação do mesmo valor a outro dos negócios familiares em país diverso. Para se evitar a necessidade de o gerenciador dessas transações utilizar registros documentais, os depósitos informais desse sistema normalmente são representados por recibos em forma de cartas de baralho partidas pela metade, ou por outros meios similares. Assim, essas instituições elaboram uma dupla contabilidade: a oficial, que aparentemente reflete a atividade do negócio que se encobre, e a real, que habitualmente é codificada, permitindo que se mantenha um fluxo monetário clandestino pelos quais seus clientes podem investir seu dinheiro sujo em negócios ilegais.[170] Através desse sistema, transferiu-se grande parte do dinheiro gerado pela heroína do sudeste asiático.[171]

---

167. Aránguez Sánchez, Carlos. *El Delito de Blanqueo de Capitales*. Madrid: Marcial Pons, 2000. p. 68, refere que "este não é sempre um método de lavagem, pois na maioria dos casos não se dá o definitivo transpasso dos capitais da economia ilegal à legal". (tradução nossa)

168. Zaragoza Aguado, Javier. El blanqueo de dinero. Aspectos sustantivos. Su investigación. In: Martínez Arrieta, Andrés (dir.). *El encubrimiento, la receptación y el blanqueo de dinero*. Espanha: Consejo General del Poder Judicial, 1994. p. 141.

169. Aránguez Sánchez, Carlos. *El Delito de Blanqueo de Capitales*. Madrid: Marcial Pons, 2000. p. 69.

170. Aránguez Sánchez, Carlos. *El Delito de Blanqueo de Capitales*. Madrid: Marcial Pons, 2000. p. 69; Lourenço Martins, A.G. Branqueamento de capitais: contra-medidas a nível internacional e nacional. *Revista Portuguesa de Ciência Criminal*, Coimbra, ano 9, fasc. 3, p. 458-459, 1999.

171. Zaragoza Aguado, Javier. El blanqueo de dinero. Aspectos sustantivos. Su investigación. In: Martínez Arrieta, Andrés (dir.). *El encubrimiento, la receptación y el blanqueo de dinero*. Espanha: Consejo General del Poder Judicial, 1994. p. 107-142. Nesse sentido, Fabián Caparrós, Eduardo. *El Delito de Blanqueo de Capitales*. Madrid: Colex, 1998. p. 138; Blanco Cordero, Isidoro. *El delito de blanqueo de capitales*. Pamplona: Aranzadi, 2012. p. 90-91.

e) Compra ou estabelecimento de companhias privadas. Essas operações ocorrem com empresas que operam com grandes somas de dinheiro em cédulas. É usual a compra de bares, restaurantes, hotéis, lojas de carros, agências de viagem, empresas de construção etc. Esses são os setores de atividade econômica nos quais se manifesta com maior intensidade a presença de dinheiro em papel-moeda, pois neles converge uma massa anônima e indeterminada de consumidores que demandam bens ou serviços de primeira necessidade.[172] Assim, os lavadores os utilizam como um de seus instrumentos para atribuir aparência de legalidade a suas fortunas, ou para aproximá-las do numerário lícito arrecadado diariamente. Um exemplo dessa modalidade de lavagem é a utilização de uma grande cadeia de armazéns ou de hipermercados, pois nesses estabelecimentos é significativamente difícil estabelecer um controle minucioso de todas as transações efetuadas.[173] De acordo com isso, através desses mecanismos, é possível lavar grandes quantidades de dinheiro em notas, mas a rede de estabelecimentos utilizada para lavagem deverá ser complexa e, por isso, torna-se mais sujeita a ser detectada pelas autoridades. Isso porque os gastos elevados com a estrutura da engrenagem, as faturas falsas, os empregados fantasmas etc., deixam um rastro documental que exige o comprometimento de contadores e outras pessoas. A consequência disso é que cada vez mais as autoridades oficiais se interessem por investigar tais negócios. Também o custo financeiro da lavagem por esses meios é maior quando comparado com outros.[174]

Nessa modalidade, Fabián Caparrós se refere também às atividades de organizações esportivas como uma das mais importantes dedicadas à lavagem de dinheiro ilícito. Isso porque uma das principais fontes de financiamento das entidades esportivas decorre de ingressos de caixa realizados em espécie pelos torcedores que adquirem as entradas para os eventos. De forma semelhante com o que ocorre com os hotéis, restaurantes, supermercados etc., o elevado movimento mais ou menos encoberto de dinheiro que se produz nas atividades esportivas (futebol, boxe, automobilismo...), contratação de jogadores, organização de campeonatos, acordos milionários de publicidade, normalmente fornece diversas possibilidades para que se justifique a posse de dinheiro em espécie. inclusive quando procedente de atividades ilegais.[175]

---

172. Fabián Caparrós, Eduardo. *El Delito de Blanqueo de Capitales*. Madrid: Colex, 1998. p. 123.

173. Fabián Caparrós, Eduardo. *El Delito de Blanqueo de Capitales*. Madrid: Colex, 1998. p. 123.

174. Blanco Cordero, Isidoro. *El delito de blanqueo de capitales*. Pamplona: Aranzadi, 2012. p. 90.

175. Fabián Caparrós, Eduardo. *El Delito de Blanqueo de Capitales*. Madrid: Colex, 1998. p. 125.

3.4. O bem jurídico tutelado pela norma penal

3.4.1. Aproximações à teoria do bem jurídico

É disseminado, atualmente, o entendimento de que o Direito Penal possui, como missão primordial, a proteção de vens jurídicos,[176] ainda que outros autores não atribuam a essa missão um papel de destaque em suas construções teóricas, afirmando a proteção ou garantia de expectativas normativas,[177] ou, ainda, os valores de ato da consciência jurídica.[178]

Segue por esse primeiro caminho Santiago Mir Puig, para quem uma concepção democrática do Direito impõe que o Direito se destine a servir ao cidadão. A partir disso, se o Direito Penal está a serviço das pessoas, deverá ele garantir interesses reais dessas pessoas, sejam individuais ou gerais (vida, integridade física, administração da justiça etc.) - ou seja, garantir bens jurídico-penais.[179]

Assim, para essa doutrina, em um Direito Penal orientado às consequências, não basta ao legislador, à justiça penal e à execução penal se pautarem pela perseguição ao injusto e pela expiação da culpa, devendo-se pautar todas essas atividades também no objetivo de correção do agente e de contenção da criminalidade.[180]

Com esse objetivo de contenção da criminalidade, o Direito Penal pode ser visto como um instrumento de controle social, destinado a obter determinados comportamentos das pessoas por meio da declaração de que alguns comportamentos são indesejáveis e sua prática ameaçada com sanção.[181] Por isso, pode-se conceber o Direito Penal como destinado à manutenção do equilíbrio social,[182]

---

176. Roxin, Claus. *Derecho Penal. Parte General. Tomo I.* Trad. de Diego-Manuel Luzón Peña, Miguel Díaz y Garcia Conlledo y Javier de Vicente Remesal. Madrid: Civitas, 1997. p. 52; Jescheck, Hans-Heinrich; Weigend, Thomas. *Tratado de Derecho Penal.* Parte General. 4. ed. Trad. de José Luis Manzanares Samaniego. Granada: Editorial Comares, 1993. p. 6.

177. Jakobs, Günther. *Derecho Penal. Fundamentos y teoría de la imputación.* Trad. de Joaquin Cuello Contreras y Jose Luis Gonzalez de Murillo. Madrid: Marcial Pons, 1997. p. 44 e ss., para quem a missão do Direito Penal consiste na manutenção da vigência das normas.

178. Welzel, Hans. *Derecho Penal Alemán.* Trad. de Juan Bustos Ramírez y Sergio Yáñez Pérez. Santiago: Editorial Jurídica Comares, 1993. p. 3, onde o autor afirma que mais essencial que a proteção de determinados bens jurídicos concretos é a missão de assegurar a real vigência (observância) dos valores de ato da consciência jurídica; eles constituiriam o fundamento mais sólido que sustenta o Estado e a sociedade.

179. Mir Puig, Santiago. Límites del normativismo en Derecho penal. *Revista electrónica de ciencia penal y criminología*, Granada, n. 7, p. 11-13, 2005. Disponível em: <http://criminet.ugr.es/recpc/07/recpc07-18.pdf>. Acesso em: 7 dez. 2021.

180. Hassemer, Winfried. *Introdução aos fundamentos do Direito Penal.* Trad. de Pablo Rodrigo Alflen da Silva. Porto Alegre: Sergio Antonio Fabris, 2005. p. 53.

181. Bacigalupo, Enrique. *Manual de Derecho Penal. Parte general.* Colômbia: Editorial Temis S.A., 1996. p. 1.

182. Bacigalupo, Enrique. *Manual de Derecho Penal. Parte general.* Colômbia: Editorial Temis S.A., 1996. p. 2.

à regulação da convivência humana[183] ou à proteção da convivência das pessoas em comunidade.[184]

Desse modo também se posiciona Roxin, para quem a tarefa primordial do Direito Penal é a proteção de bens jurídicos.[185] Em suas palavras, "a função do Direito Penal reside em assegurar aos cidadãos uma vida em comum pacífica e livre, sob a salvaguarda de todos os direitos humanos reconhecidos internacionalmente."[186]

Esse fim do Direito Penal é deduzido por Roxin da Constituição de um país e dos próprios fundamentos teórico-estatais da democracia, e, para que seja possível essa vida em comum pacífica, alguns bens como a vida, a integridade corporal, a autodeterminação sexual etc., necessitam de proteção.[187] Nesse raciocínio, então, a função do Direito Penal é proteger bens jurídicos de acordo com seu papel subsidiário (por possuir as mais severas sanções, o Direito Penal apenas protege os bens jurídicos quando as demais formas de proteção, menos severas, não se mostrem suficientes), constituindo-se uma doutrina da proteção subsidiária de bens jurídicos.[188-189]

Por isso, hoje, na literatura contemporânea a respeito da política criminal e da dogmática, o bem jurídico é uma das expressões que mais ocupam espaço. Ao menos para a política criminal contemporânea em um Estado Social e De-

---

183. Baumann, Jürgen. *Derecho penal: conceptos fundamentales y sistema*. Trad. de Conrado A. Finzi. Buenos Aires: Ediciones Depalma, 1973. p. 7.

184. Jescheck, Hans-Heinrich; Weigend, Thomas. *Tratado de Derecho Penal*. Trad. de Miguel Olmedo Cardenete. 5. ed. Granada: Editorial Comares, 2002. p. 212.

185. Para Miguel Tedesco Wedy, é nessa sustentação do Direito Penal na proteção de bens jurídicos mais relevantes que se encontra uma premência humanista da proposta de Roxin. (Wedy, Miguel Tedesco. *A eficiência e sua repercussão no direito penal e no processo penal*. Porto Alegre: Elegantia Juris, 2016. p. 134).

186. Roxin, Claus. El nuevo desarrollo de la dogmática jurídico-penal en Alemania. *Indret*: Revista para el Análisis del Derecho, Espanha, n. 4, p. 4-5, 2012. Disponível em: <https://dialnet.unirioja.es/servlet/articulo?codigo=4085818&orden=369235&info=link>. Acesso em: 13 jan. 2017. (tradução nossa)

187. Esse mesmo entendimento é encontrado em Laura Zúñiga Rodríguez, que defende que a função social da responsabilidade penal se encontra na atribuição de pena de acordo com os parâmetros constitucionais de proteção preventiva de bens jurídicos. (Zúñiga Rodríguez, Laura. *Bases para un modelo de imputación de responsabilidad penal a las personas jurídicas*. 3. ed. Espanha: Editorial Aranzadi, 2009. p. 291).

188. Roxin, Claus. El nuevo desarrollo de la dogmática jurídico-penal en Alemania. *Indret: Revista para el Análisis del Derecho*, Espanha, n. 4, p. 5, 2012. Disponível em: <https://dialnet.unirioja.es/servlet/articulo?codigo=4085818&orden=369235&info=link>. Acesso em: 13 jan. 2017.

189. Para uma concepção atual de bem jurídico, Roxin, Claus. *A proteção de bens jurídicos como função do Direito Penal*. Tradução de André Luís Callegari e Nereu José Giacomolli. Porto Alegre: Livraria do Advogado Editora, 2006. p. 16 e ss.

mocrático de Direito,[190] vale como um axioma a afirmação de que é a tutela do bem jurídico que simultaneamente define a função do Direito Penal e demarca os limites da legitimidade de sua intervenção.

Parece-nos importante o que afirma Bustos Ramírez ao tratar dos limites materiais do *jus puniendi* e fazer referência ao bem jurídico em sentido de que o princípio da necessidade da pena corre o perigo de ser demasiado abstrato e vago, requerendo, pois, uma base concreta de sustentação que assinale os pontos e limites do sistema.[191] É que não basta o princípio da necessidade da pena; resulta indispensável assinalar o que é protegido, problema que a teoria penal procura solucionar por meio do desenvolvimento da teoria do bem jurídico. Nesse sentido, a intervenção do Estado só é possível e necessária quando se trata da proteção de bens jurídicos.[192] Assim, não se pode estabelecer penas que não tenham o seu fundamento na existência de um bem jurídico protegido, e, também, não se pode estabelecer delitos que não estejam construídos sobre a existência de um bem jurídico.[193]

Portanto, entre os limites que hoje habitualmente impõem-se ao *jus puniendi* do Estado, ocupa um lugar destacado o expresso pelo princípio de exclusiva proteção de bens jurídicos. Reforça-se a exigência de que o Direito Penal tutele unicamente ataques aos bens jurídicos.[194] Isso é uma das manifestações de uma colocação político-criminal mais global: a que parte da necessidade de postular o uso mais restritivo possível do Direito Penal (princípio da intervenção penal mínima). Supõem a concepção do Direito Penal como um mal menor que só é admissível na medida em que resulte de todo necessária sua intervenção.[195]

---

190. Sobre a relação entre Estado de Direito e o Direito Penal: Callegari, André Luís; Linhares, Raul Marques. O direito penal do inimigo como quebra do Estado de Direito: a normalização do Estado de Exceção. *Revista Opinião Jurídica*, Fortaleza, v. 14, p. 74-88, 2016.

191. Bustos Ramírez, Juan. *Manual de Derecho Penal Español: parte general.* Barcelona: Editorial Ariel, 1984. p. 50.

192. Bustos Ramírez, Juan. *Manual de Derecho Penal Español: parte general.* Barcelona: Editorial Ariel, 1984. p. 154.

193. Bustos Ramírez, Juan. *Manual de Derecho Penal Español: parte general.* Barcelona: Editorial Ariel, 1984. p. 154. Nesse sentido Luzón Peña, Diego-Manuel. *Curso de Derecho Penal: parte general I.* Madrid: Editorial Universitas, 1996. p. 82, afirma que "o limite ao *ius puniendi* se depreende do fundamento funcional, do princípio geral de necessidade da pena para a proteção da sociedade, pois recorrer a algo tão grave como a sanção penal frente a condutas que não ataquem bens jurídicos seria inecessário porque em todo o caso basta com meios extra-penais, mas também se dilatando, por infundado ou ao menos desproporcionado, seria ineficaz".

194. Mir Puig, Santiago. *El Derecho penal en el Estado social y democrático de derecho.* Barcelona: Editorial Ariel, 1994. p. 159.

195. Mir Puig, Santiago. *El Derecho penal en el Estado social y democrático de derecho.* Barcelona: Editorial Ariel, 1994. p. 159.

Assim, não se concebe a existência de uma conduta típica que não afete (ou possa afetar) um bem jurídico, uma vez que os tipos penais não passam de particulares manifestações de tutela jurídica desses bens.

Alguns autores tratam de um *princípio de exclusiva proteção de bens jurídicos*, o que significa que o controle social penal somente deve intervir quando ocorre lesão ou perigo de lesão aos bens jurídicos concretos.[196] Não cabe, portanto, acionar esse instrumento estatal de controle se o comportamento de alguém não é lesivo (nesse conceito incluído o perigo de lesão). O princípio da exclusiva proteção de bens jurídicos, no Estado Social e Democrático de Direito, constitui uma clara limitação ao poder punitivo do Estado, na medida em que circunscreve a atuação do mecanismo repressor à tutela de bens jurídicos relevantes, de natureza coletiva ou individual, e aos ataques mais graves a esses bens.

A aceitação do princípio de exclusiva proteção de bens jurídicos significa, desde logo, que as criminalizações não podem visar a proteção de meros valores éticos ou morais, nem a sanção de condutas socialmente inofensivas. A intervenção punitiva do Estado somente legitima-se quando para salvaguardar interesses ou condições que reúnam duas características: em primeiro lugar, a da generalidade (deve tratar-se de bens ou condições que interessem à grande parte da sociedade, e não a uma parte ou setor exclusivo dessa); em segundo lugar, a da transcendência (a intervenção penal somente se justifica para tutelar bens essenciais ao homem e à sociedade, bens vitais); o contrário constitui um uso sectário ou frívolo do Direito Penal: sua perversão.[197]

Além disso, Luzón afirma que esse princípio pode se fundamentar desde a perspectiva do moderno Estado Social e Democrático, considerando que os bens jurídicos são condições básicas para o funcionamento social, e para o desenvolvimento e a participação dos cidadãos na vida social.[198]

Dos vários sinais que poderiam ser impressos à ideia de bem jurídico, o que consideramos mais importante é a sua serventia para a construção de um

---

196. Luzón Peña, Diego-Manuel. *Curso de Derecho Penal*: *parte general I*. Madrid: Editorial Universitas, 1996. p. 82; Silva Franco, Alberto. *Código Penal e sua Interpretação Jurisprudencial*. 6. ed. São Paulo: Editora Revista dos Tribunais, 1997. p. 37.

197. García-Pablos De Molina, Antonio. *Derecho Penal: introducción*. Madrid: Universidad Complutense, 1995. p. 2.

198. Luzón Peña, Diego-Manuel. *Curso de Derecho Penal*: *parte general I*. Madrid: Editorial Universitas, 1996. p. 82.

sistema penal fundado na Constituição (dela se retiram os bens jurídicos a serem tutelados[199]),[200] como instrumento limitador da intervenção estatal.

Sob a perspectiva da política criminal, a noção de bem jurídico é importante para a definição do direcionamento do Direito Penal, principalmente em tempos de reformas da legislação penal, em que o Estado muitas vezes intervém em áreas nas quais não se encontra verdadeira necessidade, especialmente porque existem outros ramos do Direito que oferecem uma tutela suficiente[201] – fato que, por si só, já deveria dispensar o apelo ao Direito Penal, dada a sua característica de instrumento *subsidiário*.

Aliás, Roxin adverte que a exigência de que o Direito Penal só possa proteger "bens jurídicos" desempenhou um importante papel na discussão das reformas legislativas das últimas décadas.[202]

Desse modo, sempre que se forma, ou que se pensa na formação de um tipo penal, deve-se pensar em um bem jurídico. Todo tipo descreve uma ação dirigida contra bens jurídicos.[203-204] Proteção por meio do Direito Penal signi-

---

199. Roxin, Claus. *Derecho Penal.* Parte General. Tomo I. Trad. de Diego-Manuel Luzón Peña, Miguel Díaz y Garcia Conlledo y Javier de Vicente Remesal. Madrid: Civitas, 1997. p. 55-56. Cfr. Blanco Cordero, Isidoro. *El delito de blanqueo de capitales*. Pamplona: Aranzadi, 2012. p. 157 e ss., A vinculação do bem jurídico à Constituição começa pela doutrina alemã no final dos anos sessenta e princípio dos setenta, quando os autores tentam buscar um conceito material de bem jurídico sobre a base de critérios aptos para vincular o legislador na hora de criar incriminações. Surge, assim, a vinculação do bem jurídico à Constituição como ponto de referência limitador da atividade do legislador no momento de definir infrações penais. Nesse sentido, Palazzo, Francesco. *Valores Constitucionais e Direito Penal.* Trad. de Gerson Pereira dos Santos. Porto Alegre: Sergio Antonio Fabris Editor, 1989. p. 103 e ss.

200. Mapelli Caffarena, Borja; Terradillos Basoco, Juan. *Las Consecuencias Jurídicas del Delito*. 3. ed. Madrid: Editorial Civitas, 1996. p. 83 e ss.

201. Essa consideração merece atenção quando os governos tentam reformar os Códigos Penais, pois a função político-criminal do bem jurídico constitui um dos critérios principais de individualização e de delimitação da matéria destinada a ser objeto da tutela penal. Cfr. Roxin, Claus. *Problemas básicos del derecho penal.* Trad. de Diego-Manuel Luzón Peña. Madrid: Reus, 1976. p. 22, assinala que "se deveria examinar desta maneira toda a ordem jurídica, a fim de empregar o Direito penal para proteger bens jurídicos a assegurar as metas das prestações vitalmente necessárias somente onde não bastem para sua consecução meios menos enérgicos. Naturalmente que isso pressupõe uma ampla investigação da realidade do Direito, assim como muita reflexão sobre as sanções extrapenais adequadas. Mas, se não nos damos esse trabalho ante a reforma do Direito penal que nos incumbe, haveremos omitido colocar ao Direito penal uma das exigências mais urgentes do Estado de Direito. Porque é evidente que nada favorece tanto a criminalidade como a penalização de qualquer injusto consistente numa insignificância". (tradução nossa)

202. Roxin, Claus. *Derecho Penal.* Parte General. Tomo I. Trad. de Diego-Manuel Luzón Peña, Miguel Díaz y Garcia Conlledo y Javier de Vicente Remesal. Madrid: Civitas, 1997. p. 52.

203. Rodriguez Mourullo, Gonzalo. *Derecho Penal: parte General.* Madrid: Editorial Civitas, 1978. p. 276.

204. Assim também: Muñoz Conde, Francisco; García Arán, Mercedes. *Derecho Penal: parte general.* 2. ed. Valencia: Tirant lo Blanch, 1996. p. 278. Nesse sentido: Wessels, Johannes. *Direito Penal: parte geral*, Trad. de Juarez Tavarez. Porto Alegre: Editora Sergio Antonio Fabris, 1976.

fica que, mediante normas jurídicas, proíbem-se com ameaça de pena as ações capazes de diminuir de modo particularmente perigoso os interesses vitais da comunidade. O tipo parte, assim, da norma, e a norma do bem jurídico.[205] Assim também Welzel, ao conceituar o bem jurídico, assinalou que é um bem vital da comunidade ou do indivíduo que, por sua significação social, é protegido juridicamente.[206]

O bem jurídico demonstra diversas funções que se manifestam no âmbito dogmático e político-criminal, e que tomam como ponto de referência o caráter posterior ou prévio ao Direito positivo. De um ponto de vista político-criminal, o bem jurídico serve de inspirador do Direito positivo futuro; em relação ao presente, cumpre uma função crítica ou de valoração da adequação do Direito posto ao princípio de exclusiva proteção de bens jurídicos.[207]

De um ponto de vista dogmático, destaca-se a função interpretativa (interpretação teleológica dirigida a excluir condutas não lesivas e nem perigosas a bens jurídicos), e a função sistemática (dirigida à classificação das infrações penais). A determinação do âmbito de proteção ou alcance do tipo pressupõe uma decisão político-criminal prévia: a valoração e a ponderação levada a cabo pelo legislador, antes de promulgar os distintos tipos penais, recai sobre quais são os casos em que existem boas razões para limitar a liberdade geral de atuação (norma de valoração).[208] Esse momento valorativo prévio à norma se encontra estreitamente relacionado com o caráter fragmentário do Direito Penal, que não defende os bens jurídicos contra todos os ataques possíveis.

Resulta evidente que indagar sobre a noção de bem jurídico supõe, igualmente, tratar de entrar no jogo das relações existentes entre o Direito Penal e a realidade social. O ordenamento punitivo que não trate de encontrar em si mesmo o porquê de sua existência, senão que esteja inspirado na ideia de servir às necessidades da comunidade, haverá de transcender mais além de seus limites e esforçar-se por determinar os objetos dignos de tutela na sociedade e no jogo de relações que ela implica em cada momento histórico.[209]

p. 3, quando afirma que a tarefa do Direito penal é a de proteger os valores elementares da vida comunitária no âmbito da ordem social e garantir a manutenção da paz jurídica como ordenamento de proteção e pacificação serve o Direito penal para a proteção dos bens jurídicos e a manutenção da paz jurídica.

205. Jescheck, Hans-Heinrich; Weigend, Thomas. *Tratado de Derecho Penal.* Parte General. 4. ed. Trad. de José Luis Manzanares Samaniego. Granada: Editorial Comares, 1993. p. 231.

206. Welzel, Hans. *Derecho Penal Alemán.* Trad. de Juan Bustos Ramírez y Sergio Yáñez Pérez. Santiago: Editorial Jurídica Comares, 1993. p. 5.

207. Blanco Cordero, Isidoro. *El delito de blanqueo de capitales.* Pamplona: Aranzadi, 2012. p. 154.

208. Feijoo Sanchez, Bernardo. *Homicidio y Lesiones Imprudentes: requisitos y límites materiales.* Madrid: Editorial Edijus, 1999. p. 70-71.

209. Fabián Caparrós, Eduardo. *El Delito de Blanqueo de Capitales.* Madrid: Colex, 1998. p. 164-165.

Ocorre que, se observamos a legislação punitiva atual e o movimento de criação de tipos penais, sobretudo o que se vem denominando moderno Direito Penal, o mais característico e surpreendente é que se invoque o conceito de bem jurídico para criminalizar uma pluralidade de novas ações, sendo, em contrapartida, cada vez menos utilizado como limite a criminalizações, modificando a função originária que se lhe atribuiu.[210]

3.4.2. O bem jurídico tutelado no crime de lavagem de dinheiro

A partir das construções teóricas a respeito da concepção de bem jurídico (e de Direito Penal orientado à tutela de bens jurídicos), devemos determinar qual o bem jurídico tutelado pela criminalização da lavagem de dinheiro. A importância dessa determinação é evidente, na medida em que não há como se admitir um objeto de criminalização que não se fundamente em um bem jurídico a ser penalmente tutelado a partir de um critério de necessidade e subsidiariedade.

A esse respeito, não existe em nosso país uma disposição expressa, como ocorre com os crimes previstos no Código Penal, que pudesse servir de indicativo sobre qual o bem jurídico tutelado pela criminalização da lavagem de dinheiro; ou seja, não foi localizado tal criminalização dentro de algum capítulo específico que pudesse identificar seu âmbito de tutela (crime contra o patrimônio, contra a administração da justiça, contra a economia etc.). Como nosso Código Penal data de 1940, as disposições penais que tratam dos delitos econômicos foram amplamente introduzidas em nosso sistema jurídico por meio de leis especiais. O mesmo fenômeno ocorreu com a lavagem de dinheiro: a disciplina desse ilícito penal ficou a cargo da Lei nº 9.613, de 3 de março de 1998.

À falta de critério legal a indicar qual o bem jurídico tutelado pela criminalização da lavagem se soma a ampla e antiga divergência doutrinária a respeito dessa delimitação. Alguns autores defendem, por exemplo, que a criminalização da lavagem de dinheiro objetiva a tutela do mesmo bem jurídico violado pela infração penal antecedente; outros, que se destina ao resguardo da administração da Justiça; ainda, os que defendem a proteção da ordem econômica, posicionamento ao qual nos filiamos; ou mesmo aqueles que defendem uma mescla dos posicionamentos anteriores, referindo uma pluriofensividade.

---

210. HASSEMER, Winfried. Rasgos y crisis del Derecho penal moderno. *Anuario de Derecho Penal y Ciencias Penales*, Espanha, t. 45, fasc. 1, maio-ago., p. 238-239, 1992. Nesse sentido, para Hassemer, "a proteção de bens jurídicos se transformou de um princípio negativo a um positivo de criminalização. O que se formulava classicamente como uma crítica ao legislador, de que não podia criar delitos onde não existisse um bem jurídico, transformou-se em uma exigência de que criminalize determinadas condutas. Com isso, modifica-se de forma sub-reptícia o princípio de proteção de bens jurídicos". (tradução nossa)

Diante da complexidade dessa temática e da diversidade de posicionamentos distintos na doutrina, abordaremos os entendimentos acima mencionados, que entendemos serem os mais difundidos na doutrina nacional e estrangeira.

3.4.2.1. O bem jurídico prévio

O delito de lavagem de dinheiro surgiu como figura acessória no combate à prática de alguns delitos específicos de especial gravidade. Pretendeu-se, nesse contexto, fortalecer a capacidade repressiva estatal em relação a esses delitos, por meio da criminalização da prática de atos destinados a atribuir aparência de licitude aos ativos resultantes dessas práticas criminosas. Ou seja, a criminalização da lavagem surge como uma técnica de combate à criminalidade, focada no aspecto financeiro das organizações – voltada a impedir que os criminosos conseguissem utilizar o dinheiro obtido ilicitamente.

Nesse período embrionário, existia o que se conhece por *primeira geração* do crime de lavagem, na qual o rol de crimes antecedentes era significativamente restritivo (rol taxativo e reduzido). Um delito que recebeu grande parte da atenção nessa estratégia *financeira* de combate foi o tráfico de drogas.

Percebe-se, nessa fase, uma relação bastante significativa entre o delito de lavagem de dinheiro e o delito antecedente à lavagem. Como havia um rol taxativo e reduzido de crimes antecedentes, as práticas destinadas a *lavar* ativos de origem ilícita provenientes de infrações não inseridas nesse rol taxativo não configuravam o crime de lavagem. Para haver crime de lavagem, necessariamente os ativos a serem *lavados* deveriam ser fruto de algum dos poucos crimes elencados no rol legal (tráfico de drogas, terrorismo etc.).

Consequentemente, concebendo-se o crime de lavagem de dinheiro como meramente acessório ao crime antecedente, em uma relação de verdadeira dependência, entendeu-se que o bem jurídico tutelado pela criminalização da lavagem seria o mesmo bem jurídico violado com a prática do delito antecedente. Em outras palavras, "o castigo da hipótese de lavagem [...] se criou com a finalidade de reforçar a proteção do bem jurídico previamente violado".[211]

Como mencionado no início deste tópico, o crime de lavagem se constitui, segundo esse posicionamento, como mero instrumento potencializador do combate ao crime antecedente. A lavagem é dependente da infração penal antecedente, subordinada a ela, existe em razão dela, e, consequentemente, tutela o mesmo bem jurídico protegido por ela. Esse posicionamento é o adotado por Juarez

---

211. Fabián Caparrós, Eduardo. Internacionalización del Lavado de Activos e Internacionalización de la Respuesta. In: Blanco Cordero, Isidoro; *et. al. Combate al Lavado de Activos desde el Sistema Judicial*. 5. ed. Washington: OEA, 2018. p. 37. (tradução nossa)

Tavares e Antonio Martins, para quem "o bem jurídico do crime de lavagem de capitais é o bem jurídico do crime antecedente."[212]

Há uma série de críticas direcionadas a esse posicionamento (assim como há em relação aos demais). Como bem adverte Juan Antonio Lascuraín,[213] se o bem jurídico tutelado pela criminalização da lavagem de dinheiro fosse (somente) o mesmo bem jurídico violado pela infração penal antecedente, deveria haver uma necessária correspondência entre as penas aplicadas ao crime de lavagem e as penas aplicadas à infração antecedente - em síntese, a pena do crime de lavagem deveria ser inferior ou, no máximo, igual à pena da infração antecedente).

Atualmente, com a exclusão do rol taxativo de infrações penais antecedentes, essa exigência de proporcionalidade não é respeitada pela legislação brasileira: ao se admitir, como hoje se admite, que qualquer infração penal possa ser antecedente à lavagem (inclusive uma contravenção penal, como a exploração de jogos de azar, sancionada com uma pena de prisão simples, de três meses a um ano, e multa), constata-se que pode ser aplicada ao agente, pela lavagem de dinheiro, uma pena substancialmente mais elevada do que a pena aplicada pela infração prévia. Ou seja, o crime acessório (lavagem) recebe uma reprovação do sistema penal substancialmente mais severa do que a reprovação da infração principal que lhe serve de causa. Afirmar-se, portanto, que o bem jurídico tutelado pelo delito de lavagem é (somente) o mesmo que o bem jurídico violado na infração penal antecedente importa em uma evidente e inadmissível desproporcionalidade sistemática.

Essa incompatibilidade se acentuou historicamente a partir da progressiva desvinculação do crime de lavagem em relação à infração antecedente. Exemplo desse movimento se encontra no fato de que, pela legislação atual, o processamento do agente pela prática do crime de lavagem de dinheiro independe até mesmo de comprovação da infração prévia; basta a demonstração de indícios suficientes de sua existência.[214] Aliás, pode ocorrer de o agente que pratica os atos de lavagem de dinheiro não possuir qualquer relação com o delito antecedente à lavagem; pode, inclusive, desconhecê-lo em detalhes. Entendemos que

---

212. Tavares, Juarez; Martins, Antonio. *Lavagem de capitais: fundamentos e controvérsias*. São Paulo: Tirant lo Blanch, 2020. p. 66.

213. Antonio Lascuraín, Juan. Blanqueo de Capitales. In: Nieto Martín, Adán; *et al*. *Derecho Penal Económico y de la Empresa*. Madrid: Editorial Dykinson, 2018. p. 500.

214. Lei 9.613/1998, Art. 2°, § 1° A denúncia será instruída com indícios suficientes da existência da infração penal antecedente, sendo puníveis os fatos previstos nesta Lei, ainda que desconhecido ou isento de pena o autor, ou extinta a punibilidade da infração penal antecedente.

No STJ: "Para a configuração do delito de lavagem de capitais não é necessária a condenação pelo delito antecedente, tendo em vista a autonomia do primeiro em relação ao segundo. Basta, apenas, a presença de indícios suficientes da existência do crime antecedente, o que, no caso, restou fartamente configurado." (STJ, AgRg no HC 514.807/SC, Rel. Ministro Reynaldo Soares Da Fonseca, quinta turma, julgado em 17/12/2019, DJe 19/12/2019)

essa circunstância dificulta a afirmação de que sua conduta seja um atentado ao bem jurídico violado pelo delito antecedente.

Também formula crítica a esse posicionamento Pierpaolo Cruz Bottini, por exemplo, ao entender que a tutela, pela norma antilavagem, do bem jurídico já atingido pela infração penal antecedente caracterizaria *bis in idem*.[215] Ou, ainda, quando afirma que esse posicionamento impediria a punição da autolavagem (lavagem praticada pelo mesmo agente da infração antecedente); afinal, os atos de lavagem caracterizariam mero exaurimento do delito precedente - novamente concluindo pela caracterização de *bis in idem*.[216]

3.4.2.2. A administração da Justiça

Um setor minoritário na doutrina defende que o bem jurídico protegido pela criminalização da lavagem de dinheiro seria a administração da Justiça, ainda que não ignore que a respectiva legislação também proteja a ordem socioeconômica, afirmando que o comportamento do lavador é, de fato, prejudicial ao livre mercado, muitas vezes comprometendo a livre concorrência entre as empresas, pois, ao beneficiar-se de capitais ilícitos, o lavador não necessita recorrer aos canais legítimos para buscar dinheiro, como, por exemplo, o crédito bancário.[217]

Nesse sentido se posiciona Leandro Paulsen, ao afirmar a administração da Justiça como o *principal* bem jurídico afetado pela lavagem de dinheiro, crime que poderia ofender também, a depender das circunstâncias, as ordens econômica e financeira. A lesão à administração da Justiça decorreria do fato de os atos de lavagem dificultarem "a descoberta e o combate aos crimes antecedentes".[218]

Rodolfo Tigre Maia refere, portanto, que o bem jurídico protegido seria a administração da Justiça, pois as condutas descritas no tipo atacariam a Justiça como instituição e como função, prejudicando-a em sua realização e diminuindo seu prestígio e confiança. Segundo o autor, os comportamentos incriminados vulneram o interesse do Estado em identificar a origem dos bens e, também, os sujeitos ativos que os geraram, o que afetaria o regular funcionamento da Justiça.[219]

Esse é o posicionamento defendido, ainda, por Pierpaolo Cruz Bottini, ao afirmar, por exemplo, que "As condutas do *caput* do art. 1º afetam a investi-

---

215. Badaró, Gustavo Henrique; Bottini, Pierpaolo Cruz. *Lavagem de dinheiro: aspectos penais e processuais penais*. 3. ed. São Paulo: Revista dos Tribunais, 2016. p. 83.
216. Badaró, Gustavo Henrique; Bottini, Pierpaolo Cruz. *Lavagem de dinheiro: aspectos penais e processuais penais*. 3. ed. São Paulo: Revista dos Tribunais, 2016. p. 83-84.
217. Tigre Maia, Rodolfo. Lavagem de Dinheiro. São Paulo: Malheiros, 1999. p. 58.
218. Paulsen, Leandro. *Crimes federais*. São Paulo: Saraiva, 2017. p. 266.
219. Tigre Maia, Rodolfo. Lavagem de Dinheiro. São Paulo: Malheiros, 1999. p. 57

gação da origem dos bens escamoteados da mesma forma que aquelas previstas nos parágrafos do mesmo dispositivo."[220]

Nesse sentido, com a criminalização da lavagem, tutelar-se-ia o exercício estatal de investigação, persecução e responsabilização de agentes pela prática de infrações prévias à lavagem.[221] De certa forma, entendemos que esse posicionamento reforça um vínculo entre o delito de lavagem e a infração penal antecedente, vínculo que historicamente tem se procurado enfraquecer, com a crescente autonomia do delito de lavagem. No mesmo sentido, refere Juan Antonio Lascuraín, ao entender que, para esse posicionamento, "A lavagem é uma certa forma de contribuição ao delito original, e um modo de dificultar seu sancionamento (um delito contra a administração da Justiça)."[222]

Justamente em razão dessa circunstância, acreditamos que esse posicionamento contraria um caminho legislativo que foi adotado em nosso país (mas não só nele), de desvinculação cada vez mais intensa do delito de lavagem em relação ao delito anterior – inclusive, por independer, para uma condenação por lavagem, de prova cabal da infração anterior, ou mesmo a admissão dessa condenação quando extinta a punibilidade da infração prévia.

Em sentido semelhante, no entendimento de Lyonel Fernando Calderón Tello, esse posicionamento examina as consequências da lavagem de dinheiro sob uma perspectiva menos determinante, na medida em que não deve importar à lavagem tanto a infração penal antecedente e seus autores e partícipes; importa deixar de ingressar os valores ilícitos no fluxo econômico regular.[223]

Além disso, é interessante a referência à crítica formulada por Faria Costa, para quem "Criar um tipo legal de delito para, desse modo, desenvolver melhor ou mais facilmente, de maneira legal, qualquer tipo de atividade persecutória constitui uma atitude político-legislativa pouco clara que, ademais disso, pode ter efeitos perversos."[224]

---

220. Badaró, Gustavo Henrique; Bottini, Pierpaolo Cruz. *Lavagem de dinheiro: aspectos penais e processuais penais*. 3. ed. São Paulo: Revista dos Tribunais, 2016. p. 91.

221. Calderón Tello, Lyonel Fernando. Bien jurídico protegido por los delitos de blanqueo: blanqueo y receptación, *Revista penal México*, México, n. 11-12, p. 30, 2016-2017. Disponível em: <http://rabida.uhu.es/dspace/bitstream/handle/10272/17081/bien%20jur%c3%addico.pdf?sequence=2>. Acesso em: 19 out 2021.

222. Antonio Lascuraín, Juan. Blanqueo de Capitales. In: Nieto Martín, Adán; *et al*. *Derecho Penal Económico y de la Empresa*. Madrid: Editorial Dykinson, 2018. p. 499.

223. Calderón Tello, Lyonel Fernando, Bien jurídico protegido por los delitos de blanqueo: blanqueo y receptación, *Revista penal México*, México, n. 11-12, p. 30, 2016-2017. Disponível em: <http://rabida.uhu.es/dspace/bitstream/handle/10272/17081/bien%20jur%c3%addico.pdf?sequence=2>. Acesso em: 19 out 2021.

224. Costa, Jose de Faria. El blanqueo de capitales. In: Arroyo Zapatero, Luis; et. al. *Hacia un Derecho Penal Económico Europeo: jornadas en honor del Profesor Klaus Tiedemann*. Madrid: BOE, 1995. p. 668.

3.4.2.3. A ordem econômica

Como mencionado anteriormente, ao passar do tempo, o rol de delitos antecedentes à lavagem de dinheiro experimentou uma ampliação progressiva, operando-se uma emancipação cada vez maior da lavagem em relação ao delito prévio. Nesse caminho, operou-se igualmente uma autonomização do bem jurídico tutelado pela lavagem, disseminando-se o entendimento de que o objeto de tutela dessa criminalização é a ordem socioeconômica.

O legislador constitucional brasileiro fez referência expressa aos crimes econômicos na Constituição de 1988,[225] buscando assim reprimir o abuso do poder econômico que vise à dominação de mercado, à eliminação da concorrência, ao aumento arbitrário dos lucros,[226] à quebra da credibilidade dos mecanismos do mercado.[227] Portanto, claramente há aqui um objeto a ser tutelado pelo Direito Penal, com expressa dignidade constitucional.

Esse é o posicionamento adotado, por exemplo, por Luiz Regis Prado, ao afirmar como bens jurídicos protegidos pela lei antilavagem "a ordem econômico-financeira, o sistema econômico e suas instituições ou a ordem socioeconômica em seu conjunto (bem jurídico *categorial*), em especial a licitude do ciclo ou tráfego econômico-financeiro (estabilidade, regularidade e credibilidade do mercado econômico)".[228]

A alegação de que a lavagem de dinheiro produziria efeitos negativos diretamente ao sistema financeiro também encontra objeções, aqui no sentido de que, na verdade, não haveria necessariamente uma afetação negativa ao sistema financeiro com a introdução de ativos de origem ilícita. Conforme Fabián Caparrós, "há aqueles que negam - ou, ao menos, relativizam - a incidência negativa dessa avalanche de riqueza suja no mercado lícito, alegando uma série de razões de caráter objetivo que, pelo contrário, inclusive aconselhariam sua integração ao mesmo."[229]

---

225. CF, Art. 109. Aos juízes federais compete processar e julgar: (...) VI - os crimes contra a organização do trabalho e, nos casos determinados por lei, contra o sistema financeiro e a ordem econômico-financeira;

CF, Art. 173, § 4º A lei reprimirá o abuso do poder econômico que vise à dominação dos mercados, à eliminação da concorrência e ao aumento arbitrário dos lucros.

226. Nesse sentido: Lopes, Maurício Antonio Ribeiro. *Critérios Constitucionais de Determinação dos Bens Jurídicos Penalmente Relevantes*. Tese (Livre Docência). Faculdade de Direito da Universidade de São Paulo, 1999. p. 824.

227. Schmidt, Andrei Zenkner. *Direito penal econômico: parte geral*, 2. ed., Porto Alegre: Livraria do Advogado, 2018.

228. Prado, Luiz Regis. *Direito Penal Econômico*. 8. ed. Rio de Janeiro: Forense, 2019. p. 453.

229. Fabián Caparrós, Eduardo. Internacionalización del Lavado de Activos e Internacionalización de la Respuesta. In: Blanco Cordero, Isidoro; *et. al. Combate al Lavado de Activos desde el Sistema Judicial*. 5. ed. Washington: OEA, 2018. p. 39. (tradução nossa)

O que se entende, portanto, é que a introdução de elevada quantia de ativos, não importando a sua origem, acarretaria (ou poderia acarretar) efeitos positivos no sistema econômico, pelo aumento de investimentos em indústrias, geração de empregos etc. Uma confirmação dessa afirmativa se encontraria nos países que não aderem a sistemas rigorosos de combate à lavagem de dinheiro, com o objetivo de atrair investimentos de origem ilícita - chamados por Fabián Caparrós de "paraísos da lavagem".[230]

Entretanto, como adverte o mesmo autor, essa afirmação é fruto de um exame incompleto, a respeito de benefícios produzidos em curto prazo; mas que ignora graves danos provocados a médio e longo prazo.[231]

Além disso, é disseminado o entendimento doutrinário de que os efeitos da lavagem no sistema econômico se produziriam, também, na quebra da igualdade de concorrência. A grande ofensa do delito de lavagem de capitais ao sistema econômico, nesse caso, se manifestaria na (des)lealdade da concorrência. Nas palavras de Juan Antonio Lascuraín, "quem tem recursos financeiros gratuitos ou baratos competirá deslealmente com quem tem de os procurar licitamente."[232] No mesmo sentido, Fabián Caparrós, quando afirma:

> "o custo dos recursos disponíveis por via ilegal é - ao menos, desde a perspectiva estritamente pecuniária - muito inferior ao daqueles outros obtidos de maneira lícita. Por isso, a reintrodução desta riqueza suja nos canais regulares da economia sempre gera distorções no funcionamento normal dos mercados, anomalias que, em último estremo, podem conduzir a uma progressiva supressão da competição."[233]

Para a ampliação de suas atividades delitivas e a consequente consolidação de sua estrutura de organização, a criminalidade organizada, ao se utilizar de técnicas de lavagem, acaba participando da vida econômica normal de um país, através de operações financeiras e da constituição de empresas destinadas a receber fluxos de capitais, que passarão a ser utilizados nas atividades de comércio, indústria etc. Esse financiamento ilegal acaba por contaminar a normalidade

---

230. Fabián Caparrós, Eduardo. Internacionalización del Lavado de Activos e Internacionalización de la Respuesta. In: Blanco Cordero, Isidoro; *et. al. Combate al Lavado de Activos desde el Sistema Judicial*. 5. ed. Washington: OEA, 2018. p. 39. (tradução nossa)

231. Fabián Caparrós, Eduardo. Internacionalización del Lavado de Activos e Internacionalización de la Respuesta. In: Blanco Cordero, Isidoro; *et. al. Combate al Lavado de Activos desde el Sistema Judicial*. 5. ed. Washington: OEA, 2018. p. 40.

232. Antonio Lascuraín, Juan, Blanqueo de Capitales, In: Nieto Martín, Adán; *et al.*, *Derecho Penal Económico y de la Empresa*, Madrid: Editorial Dykinson, 2018. p. 501. (tradução nossa)

233. Fabián Caparrós, Eduardo. Internacionalización del Lavado de Activos e Internacionalización de la Respuesta. In: Blanco Cordero, Isidoro; *et. al. Combate al Lavado de Activos desde el Sistema Judicial*. 5. ed. Washington: OEA, 2018. p. 42. (tradução nossa)

do contexto econômico e a sua fisiologia natural, pois produz uma situação de intensa desigualdade entre, de um lado, os investidores com ativos de origem lícita, e, de outro lado, aqueles que possuem como fonte de investimento a prática de delitos e os posteriores atos de lavagem. Assim, estabelece-se uma competição desleal entre os atores da economia, e uma deturpação da realidade do mercado, o que, ao final, irá produzir um nefasto efeito sobre as bases da economia, comprometendo a estabilidade econômica.[234]

Esse resultado se manifesta sobretudo na última fase do procedimento de lavagem (fase de integração/reinserção), momento no qual os ativos de origem delitiva são efetivamente integrados no fluxo econômico regular com aparência de licitude.[235]

Portanto, é costume afirmar que a conduta de lavagem de dinheiro tem repercussão nos interesses meta-pessoais e, por essa razão, o bem jurídico protegido não poderia ser outro senão a ordem socioeconômica.[236] O fundamento dessa ideia é que o sistema econômico seria, na realidade, o substrato global de interesses individuais, tratando-se de um bem jurídico individual e autônomo, entretanto, de características coletivas. Atribui-se esse perfil meta-individual ao objeto de proteção da norma para impedir o comprometimento dos destinos econômicos de toda uma sociedade.

Esse mesmo posicionamento é encontrado em Aránguez Sánchez, para quem a lesividade da lavagem não estaria centrada na ordem socioeconômica em si, pois centrar-se nela seria desconhecer outros efeitos perniciosos determinantes da lavagem. O interesse fundamental que seria tutelado com a criminalização da lavagem de capitais seria a *leal concorrência* na ordem socioeconômica.[237]

De fato, quando o lavador obtém valores através da comissão de determinados delitos, pode investir em sua empresa ou organização sem que necessite

---

234. Cervini, Raúl; Terra De Oliveira, Willian; Gomes, Luiz Flávio. *Lei de Lavagem de Capitais*. São Paulo: RT, 1998. p. 323.

235. Fabián Caparrós, Eduardo. Internacionalización del Lavado de Activos e Internacionalización de la Respuesta. In: Blanco Cordero, Isidoro; *et. al. Combate al Lavado de Activos desde el Sistema Judicial*. 5. ed. Washington: OEA, 2018. p. 42.

236. Barros, Marco Antonio. *Lavagem de Dinheiro*. São Paulo: Editora Oliveira Mendes, 1998. p. 5, em opinião semelhante, afirma que os bens jurídicos que a lei brasileira tutela são o sistema financeiro e econômico do País, pois busca-se garantir a mínima segurança das operações e transações de ordem econômica. Afirma também o autor que a lei visa impedir a oculta ou dissimulada inserção no mercado de dinheiro, bens e direitos provenientes de alguns crimes graves que são costumeiramente praticados pelos criminosos ou por associações criminosas organizadas. Por isso, a lei teria sido estabelecida com a intenção de prevenir a utilização dos sistemas financeiros e econômico do País para fins ilícitos, sobretudo com o propósito de legalização do patrimônio de origem criminosa, isto é, do produto ou resultado das infrações antecedentes.

237. Aránguez Sánchez, Carlos. *El Delito de Blanqueo de Capitales*. Madrid: Marcial Pons, 2000. p. 98.

recorrer ao sistema legal (muito mais custoso para que se consiga elevadas quantias de ativos). Com isso, o agente lavador consegue utilizar em sua atividade empresarial uma elevada quantia de ativos, convertidos em investimentos para seu empreendimento, ativos esses que foram obtidos à margem dos órgãos de controle, bem como da incidência de ônus comuns como a tributação.

Ainda é afirmado, por um setor da doutrina que defende ser a Administração da Justiça o bem jurídico tutelado pela criminalização da lavagem de dinheiro, que a administração da Justiça seria vulnerada em qualquer das fases de lavagem, o que não ocorreria com os outros bens jurídicos indiretamente protegidos, como o sistema econômico.[238]

A essa conclusão (de que a ordem socioeconômica não seria lesada em todas as fases já puníveis da lavagem) também chega Gustavo Henrique Badaró:

> "[...] sob a ótica do bem penalmente tutelado, a lesão à ordem socioeconômica se dará, especificamente, no momento da reinserção dos produtos originariamente ilícitos, no ciclo econômico normal, com aparência de licitude. Ainda que o legislador brasileiro tenha optado por punir, antecipadamente, a simples ocultação ou a dissimulação, não exigindo para a consumação – do ponto de vista dos elementos objetivos – a efetiva reintegração do bem ilícito na economia formal, isso tem que ser levado em conta, sob a ótica de afetação do bem jurídico. A ordem econômica em nada é afetada se alguém – mesmo que com a intenção futura de reinserir o produto do crime na economia formal – enterra grande soma em dinheiro; ou dissimula a propriedade da coisa, transferindo formalmente sua titularidade a terceira pessoa."[239]

Essa mesma crítica aparece em outro exemplo, a partir do comparativo de uma simples compra de bem, com dinheiro ilícito, a preço de mercado (mero exaurimento da infração antecedente); e a mesma compra, mas por interposta pessoa (lavagem). Detalhadamente:

> "Imagine-se um roubo a banco em consequência do qual seu autor adquira dinheiro suficiente para comprar um barco. Caso ele o compre diretamente, em seu nome, não haverá *lavagem de dinheiro*, mas mero exaurimento do crime. Por outro lado, se o valor for depositado em conta de terceiro, que efetua a compra em nome de empresa *laranja*, existirá *lavagem de dinheiro*.

Note-se que, se o barco for comprado pelo preço de mercado, em condições

---

238. Tigre Maia, Rodolfo. Lavagem de Dinheiro. São Paulo: Malheiros, 1999. p. 58.

239. Badaró, Gustavo Henrique. O momento consumativo dos crimes do *caput* e do inciso I do § 1° do art. 1° da Lei n° 9.613/1998: lavagem de dinheiro como "crime de estado". In: Bottini, Pierpaolo Cruz; Borges, Ademar (coord.), *Lavagem de dinheiro*. São Paulo: Thompson Reuters Brasil, 2021. p. 95.

idênticas à aquisição do mesmo bem com recursos lícitos, a *ordem econômica* não será afetada por qualquer das condutas assinaladas."[240]

Em relação ao exemplo daquele que simplesmente enterra grande soma em dinheiro, não consideramos uma crítica adequada à defesa da ordem econômica como bem jurídico tutelado, justamente porque entendemos que esse bem jurídico (ordem econômica) é um dos aspectos que servem de filtro para se afirmar que a ação de enterrar dinheiro não constitui o crime de lavagem. A configuração da lavagem (e a afetação da ordem econômica) demanda a utilização de ato complexo o suficiente para caracterizar o "ocultar" do tipo penal. Isso sem mencionar o elemento subjetivo do tipo, que pressupõe que o agente possua um plano criminoso apto ao alcance do resultado (atribuição de aspecto lícito à origem do patrimônio), resultado que nos parece inalcançável nesse exemplo. Se o plano do agente é dissimular a origem ilícita do patrimônio unicamente enterrando-o, no mínimo se estará diante de pós-fato impunível da infração antecedente (ou mesmo de crime impossível em relação à lavagem). Por fim, o "ocultar" da lavagem de dinheiro não se refere ao bem físico (como ocorre no crime de receptação), mas a características do bem (natureza, origem etc.).[241]

Sobre o restante da crítica (de que as fases iniciais da lavagem não afetariam a ordem econômica), Fabián Caparrós apresenta conclusão diversa, ao afirmar que a prática de lavagem de dinheiro produz seus efeitos danosos à ordem econômica também nos estágios iniciais do procedimento, nas fases de ocultação/colocação e de dissimulação/mascaramento, quando se corrompe uma série de instituições do sistema financeiro. Afinal, no curso do procedimento de lavagem, por exemplo, o agente não constitui uma pessoa jurídica para alcançar objetivos jurídicos lícitos inalcançáveis à pessoa física, mas para a finalidade espúria de dissimular a propriedade do capital; não se utiliza do sigilo bancário para proteger sua intimidade, mas para ofuscar a origem ilícita dos ativos. Com práticas como essa, o lavador atenta contra o sistema econômico a partir do uso anormal dos mecanismos à disposição desse sistema.[242]

Justamente nesse sentido é que se pode afirmar que a lavagem produz um dano, já em suas fases iniciais, em um dos valores essenciais para o funciona-

---

240. Badaró, Gustavo Henrique; Bottini, Pierpaolo Cruz. *Lavagem de dinheiro: aspectos penais e processuais penais*. 3. ed. São Paulo: Revista dos Tribunais, 2016. p. 90.

241. Nas palavras de Blanco Cordero, a partir dessa afirmação: "Não se englobam, portanto, os casos nos quais os bens procedentes de m delito são materialmente escondidos. Desta maneira, não se admite que o enterramento dos bens de origem delitiva possa dar lugar ao delito de lavagem de dinheiro." (Blanco Cordero, Isidoro. *El delito de blanqueo de capitales*. Pamplona: Aranzadi, 2012. p. 515. tradução nossa)

242. Fabián Caparrós, Eduardo. Internacionalización del Lavado de Activos e Internacionalización de la Respuesta. In: Blanco Cordero, Isidoro; *et. al. Combate al Lavado de Activos desde el Sistema Judicial*. 5. ed. Washington: OEA, 2018. p. 40-41.

mento saudável do sistema econômico: a confiança. A utilização dos diversos mecanismos que compõem o sistema econômico com finalidades ilícitas (ocultar a propriedade de ativos, dissimular a sua origem ilícita etc.), produz uma perda de credibilidade desses mecanismos e, consequentemente, do sistema como um todo.[243]

A lavagem de dinheiro, portanto, já em suas fases primeiras, corrompe o modelo econômico instituído pelo Estado (em nosso caso, veja-se o art. 170 da Constituição Federal[244]). Como refere Lyonel Calderón Tello,

> "A enorme lesividade e o enorme ataque, que envolve um dos direitos estabelecidos na Constituição, que corresponde ao modelo econômico do Estado liberal moderno e que sustenta o desenvolvimento da vida econômica e social do mundo desenvolvido [...], é a razão de ser deste concreto tipo penal. [...] As condutas de lavagem de dinheiro supõem uma interferência ilegítima no exercício da liberdade econômica e empresarial, e condicionam a estabilidade e o correto funcionamento da economia de mercado constitucionalizada."[245]

Em uma perspectiva semelhante, ainda, desse modelo de sistema econômico estabelecido na constituição (mas não só nela; também em normativas de outros países e organismos internacionais), há um valor que pode ser extraído como objeto de tutela com a criminalização da lavagem: a transparência. Esse é um postulado fundamental, incorporado às pautas político-econômicas, me-

---

243. Fabián Caparrós, Eduardo. Internacionalización del Lavado de Activos e Internacionalización de la Respuesta. In: Blanco Cordero, Isidoro; *et. al. Combate al Lavado de Activos desde el Sistema Judicial*. 5. ed. Washington: OEA, 2018. p. 41.

244. "Constituição Federal, Art. 170. A ordem econômica, fundada na valorização do trabalho humano e na livre iniciativa, tem por fim assegurar a todos existência digna, conforme os ditames da justiça social, observados os seguintes princípios:

I - soberania nacional;

II - propriedade privada;

III - função social da propriedade;

IV - livre concorrência;

V - defesa do consumidor;

VI - defesa do meio ambiente;

VI - defesa do meio ambiente, inclusive mediante tratamento diferenciado conforme o impacto ambiental dos produtos e serviços e de seus processos de elaboração e prestação;

VII - redução das desigualdades regionais e sociais;

VIII - busca do pleno emprego;

IX - tratamento favorecido para as empresas de pequeno porte constituídas sob as leis brasileiras e que tenham sua sede e administração no País.

Parágrafo único. É assegurado a todos o livre exercício de qualquer atividade econômica, independentemente de autorização de órgãos públicos, salvo nos casos previstos em lei."

245. Calderón Tello, Lyonel Fernando, Bien jurídico protegido por los delitos de blanqueo: blanqueo y receptación, *Revista penal México*, México, n. 11-12, p. 33, 2016-2017. Disponível em: <http://rabida.uhu.es/dspace/bitstream/handle/10272/17081/bien%20jur%c3%addico.pdf?sequence=2>. Acesso em: 19 out 2021.

recedor de tutela penal e que pode igualmente ser apontado como razão de ser da criminalização da lavagem. Como referido por Andrei Zenkner Schmidt: "a *transparência* também é um valor a ser protegido no amplo segmento dos fluxos financeiros que são regulamentados institucionalmente. O direito penal econômico, no particular, tem dedicado um importante instrumento de tutela: o delito de 'lavagem' de dinheiro."[246]

No entendimento desse autor, portanto, a criminalização da lavagem tutela a ordem econômica não em sua face de livre concorrência, mas a partir do critério ético de transparência, havendo a necessidade de que a conduta típica se apresente como um descumprimento dos deveres gerais de *compliance* estabelecidos nos artigos 10 e 11 da Lei Antilavagem brasileira.[247]

3.4.2.4. Pluriofensividade

Parte da doutrina defende, também, a pluralidade ofensiva na conduta criminosa destinada a reciclar capitais ilícitos, já que uma série de interesses, inclusive individuais, seria ofendida pela prática desse crime.[248] Nesse sentido, exemplificativamente, Marcelo Batlouni Mendroni, ao entender como bens jurídicos tutelados pela criminalização da lavagem de dinheiro, concomitantemente, a administração da Justiça e a Ordem Socioeconômica.[249]-[250]

Ainda, Juan Antonio Lascuraín defende que o crime de lavagem de dinheiro lesionaria sobretudo o mesmo bem jurídico violado pela infração penal antecedente praticada (se a infração penal antecedente é o tráfico de drogas, o bem jurídico lesionado pelo ato de lavagem também seria a saúde pública), mas admite que não só ele, aproximando-se à tese da pluriofensividade. Essa lesão, para o autor, ocorreria de três formas: *(a)* pela criação de um ambiente fértil para a

246. Schmidt, Andrei Zenkner. *Direito penal econômico: parte geral*, 2. ed., Porto Alegre: Livraria do Advogado, 2018, p. 101.

247. Schmidt, Andrei Zenkner. *Direito penal econômico: parte geral*, 2. ed., Porto Alegre: Livraria do Advogado, 2018, p. 228.

248. Zaragoza Aguado, Javier. El Delito de Blanqueo de Capitales. Legislacion, Doctrina y Jurisprudencia. in: Blanco Cordero, Isidoro, *et. al.*, *Combate al Lavado de Activos desde el Sistema Judicial*. 5. ed., Washington: OEA, 2018. p. 303.

249. Mendroni, Marcelo Batlouni. *Crime de lavagem de dinheiro*. 2. ed. São Paulo: Atlas, 2013. p. 75.

250. A defesa da pluriofensividade pode ser encontrada, inclusive, em precedente do STF: "Se o crime de lavagem de dinheiro é uma conduta que lesiona as ordens econômica e financeira e que prejudica a administração da justiça; se o numerário objeto do crime em foco somente pode ser usufruído pela sua inserção no meio circulante; e se a constrição que a Lei Antilavagem franqueia é de molde a impedir tal inserção retroalimentadora de ilícitos, além de possibilitar uma mais desembaraçada investigação quanto à procedência das coisas, então é de se indeferir a pretendida substituição, por imóveis, do numerário apreendido." (STF, Inq 2248 QO, Relator(a): Carlos Britto, Tribunal Pleno, julgado em 25/05/2006)

prática da infração penal antecedente (já que o agente conseguiria usufruir da vantagem econômica); *(b)* pela garantia de impunidade pela infração antecedente (aqui, afirma haver uma certa tutela da administração da Justiça); *(c)* e pelo aprofundamento e prolongamento da lesão de algumas infrações antecedentes (como ocorre com o delito de receptação da coisa furtada, há um prolongamento da restrição dos direitos de disposição do verdadeiro proprietário da coisa).[251]

Entendemos que a face pluriofensiva do crime de lavagem de dinheiro é inegável, mas que isso não é característica exclusiva desse delito. A ofensa (direta e reflexa) a uma pluralidade de bens jurídicos é algo verificável em diversas espécies delitivas. Mesmo assim, é necessário que se estabeleça qual o bem jurídico singular a sustentar o conteúdo incriminatório, a servir de referencial interpretativo do tipo penal material.

Afirmar, portanto, que existe uma pluralidade de bens jurídicos tutelados pela criminalização da lavagem de dinheiro implica em uma perda do referencial limitador da tipicidade material.

3.4.2.5. Conclusivamente: tomada de posição

Enquanto a nossa Constituição Federal delimita as bases de configuração do sistema econômico (veja-se o seu artigo 170, citado anteriormente), entendemos que a lavagem de dinheiro se apresenta como uma violação justamente a essa estrutura, e uma ameaça ao desenvolvimento saudável desse sistema. Trata-se de um atentado sobretudo à credibilidade dos organismos que compõem a ordem econômica, ao valor da confiança que é indispensável ao funcionamento da economia, e à livre concorrência entre os mais diversos atores econômicos.

Esse é, no nosso entendimento, o bem jurídico tutelado pela criminalização da lavagem de dinheiro, extraído da própria Constituição Federal, que deixa evidente a sua relevância social e, por isso mesmo, a dignidade constitucional de sua tutela.

Isso não significa que a lavagem de dinheiro não atinja ou não possa atingir outros valores ou bens dignos de tutela jurídica (do que pode ser exemplo a administração da Justiça). Ao contrário, admitimos que há um conjunto de interesses possivelmente violados por essa prática, motivo pelo qual é fácil compreender o posicionamento de alguns autores para os quais a lavagem de dinheiro é um crime pluriofensivo. Não compartilhamos, entretanto, desse posicionamento, porque entendemos que a ofensa (reflexa) a uma pluralidade de interesses é um elemento natural em boa parte das figuras criminais – e de boa parte das

---

251. Antonio Lascuraín, Juan, Blanqueo de Capitales, In: Nieto Martín, Adán; *et al.*, *Derecho Penal Económico y de la Empresa*, Madrid: Editorial Dykinson, 2018. p. 498-499.

próprias condutas sociais; bem como porque, com esse posicionamento, há um enfraquecimento do referencial interpretativo do tipo penal - a partir da função do bem jurídico enquanto critério limitador da amplitude do tipo.

Estamos, portanto, com Fabián Caparrós, quando afirma que "a criminalização da reciclagem representa um claro expoente da atuação dos poderes públicos que, longe de absterem-se, intervêm sobre o mercado com o objetivo de salvaguardar a credibilidade dos agentes que nele participam, ao mesmo tempo que a iniciativa privada e o regime de livre concorrência."[252]

Com a criminalização da lavagem, portanto, está-se a tutelar a ordem econômica, enquanto bem jurídico coletivo ou universal (ou, ainda, "bem comum"), categoria compreendida como bem jurídico que sirva aos interesses de um amplo grupo de pessoas.[253]

Nesse marco, vai além Isidoro Blanco Cordero[254] ao entender que o delito de lavagem de dinheiro pode inclusive se configurar como um delito de acumulação, classe delitiva que prescinde da necessária demonstração de lesão ou de perigo a partir da análise do fato isolado. Ou seja, individualmente considerada, a conduta pode não representar lesão ou perigo ao bem jurídico. Tal lesividade se extrai não do fato isolado, mas de uma avaliação conjunta, pressupondo-se um contexto de repetição do mesmo delito por diversos autores.[255] Adverte-se que, para essa teoria, o contexto de reiteração do fato delitivo por diversos autores não é algo simplesmente presumido como de possível ocorrência; exige-se certeza da repetição, que seja ela uma realidade.[256]

A adoção dessa teoria decorre da alegada dificuldade de se pensar em uma situação concreta na qual possa ser constatado que um bem jurídico coletivo tenha sofrido um dano real e imediato (ou mesmo um perigo de dano). Ou seja, em regra, a proteção de bens jurídicos coletivos se projetaria como tutela contra

---

252. Fabián Caparrós, Eduardo. Internacionalización del Lavado de Activos e Internacionalización de la Respuesta. In: Blanco Cordero, Isidoro; *et. al. Combate al Lavado de Activos desde el Sistema Judicial*. 5. ed. Washington: OEA, 2018. p. 54.

253. Hefendehl, Roland. ¿Debe ocuparse el Derecho penal de riesgos futuros? Bienes jurídicos colectivos y delitos de peligro abstracto. *Anales de Derecho*, Múrcia, n. 19, p. 149, 2001. Disponível em: <https://revistas.um.es/analesderecho/article/view/56531/54501>. Acesso em: 16 jun 2020.

254. Blanco Cordero, Isidoro. *El delito de blanqueo de capitales*. Pamplona: Aranzadi, 2012, p. 233.

255. Maldonado Fuentes, Francisco. Reflexiones sobre las tecnicas de tipificacion de los llamados "delitos de peligro" en el moderno Derecho penal. *Revista de Estudios de la Justicia*, Chile, n. 7, p. 47, 2006. Disponível em: <https://rej.uchile.cl/index.php/RECEJ/article/view/15082/15500>. Acesso em: 17 jun 2020.

256. Silva Sánchez, Jesús-María. *La expansión del derecho penal*. 2. ed. Madrid: Civitas, 2001. p. 131.

riscos futuros.[257] Pense-se, exemplificativamente, em uma empresa a despejar resíduos no mar: dificilmente o ato solitário da empresa produzirá uma imediata degradação do meio ambiente; sequer de perigo relevante de dano se poderia cogitar. A ideia de dano passa a ser mais plausível quando outras empresas adotam a mesma prática, uma somando-se à outra, contexto no qual se recorreria a essa categoria dos chamados delitos por acumulação.

3.5. O momento consumativo: crime instantâneo ou permanente?

A lavagem de dinheiro não significa exclusivamente o procedimento que produza uma desvinculação total do ativo com o seu verdadeiro titular e/ou com sua origem. Os atos que simplesmente dificultem tal vinculação, mesmo que não produzam uma desvinculação completa, devem ser considerados já como atos de lavagem de dinheiro. Em outras palavras, não é necessário, para a sua consumação, que se complete todo o ciclo de lavagem, todas as suas fases.[258]

Sendo concebida, portanto, como um processo mais ou menos prolongado, a delimitação do momento consumativo da lavagem é uma matéria que divide posicionamentos: alguns afirmam se tratar de crime permanente, outros afirmam se tratar de crime instantâneo. Essa definição é de importância capital para uma correta aplicação da Lei de Lavagem, refletindo, por exemplo, no caso de sucessão de leis penais no tempo, bem como na contagem do prazo prescricional - se concebida a lavagem como crime permanente, não haverá contagem de prazo prescricional enquanto durar a permanência, situação que pode se prolongar por anos após a conduta do agente.

3.5.1. Lavagem enquanto crime permanente

Entende-se por crime permanente (ou, ainda, contínuo[259]) aqueles no qual o tipo penal se manifesta em um período de tempo prolongado, figura classicamente representada pelo exemplo do crime de sequestro[260] - enquanto o agente continua a privar a vítima de sua liberdade, o delito segue a se consumar, até

---

257. HEFENDEHL, Roland. ¿Debe ocuparse el Derecho penal de riesgos futuros? Bienes jurídicos colectivos y delitos de peligro abstracto. *Anales de Derecho*, Múrcia, n. 19, p. 150-151, 2001. Disponível em: <https://revistas.um.es/analesderecho/article/view/56531/54501>. Acesso em: 16 jun 2020.

258. Nesse sentido, nas palavras de Jose Manuel Palma Herrera: "Como lavagem de dinheiro podem se qualificar também aquelas operações nas qual somente se trata de dificultar a vinculação existente, ainda quando não chegue a se romper por completo." (PALMA HERRERA, José Manuel. *Los delitos de blanqueo de capitales*. Madrid: Edersa, 2000. p. 659).

259. FONTAN BALESTRA, Carlos. *Derecho penal. Introducción y parte general*. Buenos Aires: Abeledo-Perrot, 1998. p. 207.

260. BELING, Ernst von. *Esquema de Derecho Penal*. Trad. de Sebastián Soler. Buenos Aires: Editorial Depalma, 1944. p. 80.

que cesse a privação da liberdade. Ou seja, é o próprio momento consumativo que se prolonga no tempo.[261] Mais do que o simples prolongamento no tempo do momento consumativo, a doutrina ainda afirma que tal prolongamento ocorre por vontade do autor. Assim, nas palavras de Faria Costa (que prefere a designação "crime duradouro" a "crime permanente"), "se um estado antijurídico típico tiver uma certa duração e se protrair no tempo enquanto tal for a vontade do agente, que tem a faculdade de pôr termo a esse estado de coisas, o crime será duradouro. Nestes crimes a consumação, anote-se, ocorre logo que se cria o estado antijurídico; só que ela persiste (ou dura) até que um tal estado tenha cessado."[262]

Parte considerável da doutrina considera o crime de lavagem de dinheiro como possuindo essa natureza permanente, referindo que o verbo *ocultar*, presente também em outras figuras delitivas do nosso ordenamento jurídico (como na receptação,[263] por exemplo), representaria uma conduta que se protrai no tempo. É justamente a analogia com outros crimes que possuem o elemento típico "ocultar", compreendidos como crimes permanentes, um dos principais para se afirmar essa natureza também em relação à lavagem de dinheiro.[264]

Consideramos equivocada essa equiparação. Diferentemente do delito de receptação, que volta seu âmbito de reprovação à ocultação física de objeto, o "ocultar" da lavagem não constitui uma conduta prolongada no tempo, mas um resultado relacionado a uma qualidade do bem (não ao bem em si). Ou seja, esse "ocultar" se refere não ao ativo, por exemplo, mas à sua natureza, à sua origem etc.

Nesse sentido, nas palavras de José Manuel Palma Herrera, "Diferentemente do favorecimento real do 451.2.º, não se trata de ocultar fisicamente os bens, senão tão somente de desvincula-los de sua origem ilícita, criando, assim, a aparência de que os mesmos tenham sido obtidos de maneira legal."[265]

---

261. Bustos Ramírez, Juan J.; Hormazábel Malarée, Hernán. *Lecciones de derecho penal*. Madrid: Editorial Trotta, 1999. v. 2. p. 42.

262. Dias, Jorge de Figueiredo. *Direito Penal. Parte geral*. São Paulo: Revista dos Tribunais, 2007. t. 1. p. 314.

263. Código Penal, Art. 180 – Adquirir, receber, transportar, conduzir ou ocultar, em proveito próprio ou alheio, coisa que sabe ser produto de crime, ou influir para que terceiro, de boa-fé, a adquira, receba ou oculte: Pena – reclusão, de um a quatro anos, e multa.

264. Nas palavras de Marcelo Mendroni: "A partir dessa analogia, inatacável o fato de que, assim como o 'ocultar' da receptação caracteriza-se pela permanência delituosa, o 'ocultar' da lei de lavagem de dinheiro também prima pela sua manutenção ou sustentação no decurso do tempo, vale dizer, admite a ocorrência de 'estar' ou 'manter' – ocultando." (Mendroni, Marcelo Batlouni. *Crime de lavagem de dinheiro*. 2. ed. São Paulo: Atlas, 2013. p. 197).

265. Palma Herrera, José Manuel. *Los delitos de blanqueo de capitales*. Madrid: Edersa, 2000. p. 440. (tradução nossa)

Essa problemática, como era de se esperar, chegou ao Supremo Tribunal Federal, que teve oportunidade para definir seu posicionamento no ano de 2011, o que não fez em razão do momento processual da decisão àquela oportunidade (fase de recebimento de denúncia, em processo posteriormente remetido a instância inferior).[266]

No ano de 2017, entretanto, a natureza do crime de lavagem quanto ao momento consumativo foi expressamente examinada pela Primeira Turma da Suprema Corte, o que ocorreu nos autos da Ação Penal nº 863, de relátoria do Min. Edson Fachin.[267] Cada um dos ministros votantes expressou seu posicionamento, motivo pelo qual faremos referência a todos separadamente.

Min. Edson Fachin: entendeu como sendo permanente o crime de lavagem na modalidade *ocultação*.[268] Nas suas palavras:

> "Tratar essa modalidade delitiva como crime permanente decorre da constatação segundo a qual quem oculta a natureza, origem, localização, disposição, movimentação ou propriedade de bens, direitos ou valores provenientes de crime, enquanto os mantiver oculto, ou seja, escondidos, permanece realizando a conduta correspondente a esse verbo núcleo do tipo. Ocultar, portanto, não é uma ação que se realiza apenas no momento inicial do encobrimento, mas é ação que perdura enquanto escondido estiver o objeto material do crime, máxime quando o autor detém o poder de fato sobre referido objeto. [...] A caracterização de crimes cujo verbo núcleo do tipo é ocultar como permanente não é exclusividade do delito de lavagem de dinheiro. O direito penal pátrio tipifica a ocultação de uma série de objetos materiais, em circunstâncias várias, com a consequente majoritária classificação doutrinária dessas condutas como modalidades permanentes de violação dos respectivos bens jurídicos. Tome-se, por exemplo, o delito de receptação, previsto no art. 180 do Código Penal [...]. Da mesma forma, o art. 211 do Código Penal prevê, dentre os verbos núcleos do crime de ocultação de cadáver, justamente o 'ocultar'. [...] O crime de lavagem de

---

266. Conforme trecho da ementa: "Não fixada ainda pelo Supremo Tribunal Federal a natureza do crime de lavagem de dinheiro, se instantâneo com efeitos permanentes ou se crime permanente, não há que falar-se em prescrição neste instante processual inaugural." (STF, Inq 2471, Relator(a): Min. Ricardo Lewandowski, Tribunal Pleno, julgado em 29/09/2011).

267. STF, AP 863, Relator(a): Min. Edson Fachin, Primeira Turma, julgado em 23/05/2017. As citações seguintes são todas referentes a essa ação penal, motivo pelo qual, para evitar repetição, deixamos de indicar a referência em nota de rodapé.

268. No STJ, a referência ampliada da permanência do crime de lavagem de dinheiro também na forma típica "dissimulação": "Nos termos da jurisprudência firmada nesta Corte e no Supremo Tribunal Federal, o crime de lavagem de bens, direitos ou valores, quando praticado na modalidade típica de 'ocultar' ou 'dissimular', é permanente, protraindo-se sua execução até que os objetos materiais do branqueamento se tornem conhecidos." (STJ, AgRg no AREsp 1523057/RS, Rel. Ministro Ribeiro Dantas, Quinta Turma, julgado em 02/06/2020)

dinheiro na modalidade ocultar, portanto, é igualmente permanente e subsiste até o instante em que os valores provenientes dos crimes antecedentes sejam descobertos."

Min. Marco Aurélio: à época integrante da Suprema Corte, adotou a concepção do crime de lavagem de dinheiro enquanto crime instantâneo de efeitos permanentes. Nas suas palavras:

> "A lavagem de capitais é crime de natureza instantânea, com efeitos permanentes. O ato de ocultar ou dissimular, tipificado no artigo 1° da Lei n° 9.613/1998, configura o delito no momento do cometimento. A manutenção do bem é decorrência ou desdobramento da conduta inicial. A consumação ocorre no instante do ato, mas os efeitos perduram no tempo. Em outras palavras, o crime consuma-se imediatamente, com a ação de emprestar ao dinheiro a aparência própria a origem lícita, funcionando a manutenção e uso como mero efeito permanente da conduta inicial."

Min. Luís Roberto Barroso: afirmou ser o crime de lavagem de dinheiro um crime permanente, a partir da analogia com o crime de ocultação de cadáver. Aliás, seu voto é centrado na concepção do ato de lavagem enquanto ocultação de objeto material (dinheiro), com o que não concordamos; afinal, a lavagem, na modalidade "ocultar" do *caput*, se refere a qualidades (natureza, origem etc.) do objeto (bens, direitos ou valores). Nas suas palavras:

> "O verbo 'ocultar' é indicativo de permanência, em razão de a lesão ao bem jurídico tutelado ocorrer a cada momento, enquanto permanecer oculto o que se pretendeu ocultar, ou seja, enquanto durar a permanência. Assim, enquanto o dinheiro, objeto material do crime, estiver oculto, considera-se que o crime está sendo consumado. De modo que, apenas quando cessar a atividade criminosa, a prescrição começará a correr, nos termos do art. 111, III, do Código Penal. Raciocínio análogo a este já foi utilizado por este Supremo Tribunal Federal no julgamento do HC 76.678, sob relatoria do Min. Maurício Corrêa quanto ao crime de ocultação de cadáver, que possui o mesmo núcleo (verbo: ocultar) que um dos núcleos do tipo de lavagem de dinheiro."

Min. Luiz Fux: igualmente entendeu ser o crime de lavagem de dinheiro um delito permanente, mas forneceu como possível marco interruptivo da permanência a conclusão das fases da lavagem, com a integração dos ativos ao sistema regular com aparência de legalidade. Nas suas palavras:

> "Cuidando-se de crime de lavagem de dinheiro, definido no art. 1° da Lei 9.613/98, verifica-se que as ações típicas nucleares são as de 'ocultar' ou 'dissimular', portanto, condutas de natureza permanente, porquanto uma vez oculta a verdadeira natureza, origem, movimentação ou propriedade dos

bens de origem ilícita, o estado antijurídico permanece por vontade do agente. [...] Assim, a ocultação de recursos de origem criminosa em contas titularizadas por offshores, como forma de dissimular sua real natureza, origem e propriedade, configura crime de natureza permanente, cuja cessação ocorre com a assunção da titularidade dos recursos e da cadeia das operações realizadas até a final (e eventual) integração na economia com aparência lícita."

Min. Rosa Weber: compondo o entendimento majoritário, também defendeu a natureza permanente da lavagem, apontando como marco interruptivo da permanência, no caso concreto, a descoberta dos valores. Nas suas palavras:

"[...] a cessação do estado de permanência do delito - verbo nuclear ocultação - ocorreu em 2006, data em que descobertos, por fiscalização estatal, os recursos no exterior (artigo 111, III, do CP). Só a partir desse evento - a descoberta dos recursos - o que era oculto deixou de ser oculto, portanto, só a partir dai a inércia, predicado da prescrição, iniciou seu fluxo."

Em outras oportunidades, o Supremo Tribunal Federal reafirmou o seu entendimento majoritário de que o crime de lavagem de dinheiro, na modalidade "ocultar", é crime permanente.[269] Pelos julgados, entretanto, não nos parece haver segurança a respeito de quais devem ser considerados os marcos finais da permanência.

Em breve síntese a respeito do posicionamento adotado pela Suprema Corte, consideramos equivocado afirmar que, na modalidade *ocultação*, a permanência do crime de lavagem de dinheiro apenas cesse quando conhecido o objeto ocultado (natureza, origem, localização etc.) - mesmo que seja isso literalmente afirmado em algumas oportunidades.[270] Considerar essa como a única circunstância a fazer cessar a permanência da lavagem implica, por lógica, em admitir a situação de permanência delitiva mesmo que o agente não mais possua os ativos lavados (pode tê-los gastado, pode ter investido em empresa posteriormente falida etc.).

Deve-se ler, portanto, essa hipótese de cessação da permanência não como simples conhecimento das autoridades a respeito do objeto ocultado, mas como descobrimento ou encerramento do estado antijurídico criado pelo ato de lavagem. Com esse critério, a permanência se esgota não só quando descoberto o

---

269. Veja-se: STF, RHC 144295, Relator(a): Min. Edson Fachin, Segunda Turma, julgado em 28/11/2017; STF, HC 143333, Relator(a): Edson Fachin, Tribunal Pleno, julgado em 12/04/2018. Ainda: "O crime de lavagem de dinheiro, pelo menos na modalidade de ocultar, configura crime de natureza permanente, uma vez que, enquanto os bens ou valores encontrarem-se escondidos ou camuflados por obra do agente, a consumação do delito projeta-se no tempo, pois remanesce íntegra a agressão ao objeto jurídico protegido pelo legislador, em especial a administração da justiça." (STF, HC 167132 AgR, Relator(a): Ricardo Lewandowski, Segunda Turma, julgado em 14/06/2019)

270. Por exemplo, em voto do Min. Edson Fachin: "Quem oculta e mantém ocultada alguma coisa, permanece ocultando-a até que conhecida a coisa se torne." (STF, AP 863, Relator(a): Min. Edson Fachin, Primeira Turma, julgado em 23/05/2017).

objeto de ocultação, mas também em outros casos, como o referido exemplo do agente que não mais possui os ativos lavados.[271]

Para além desse encerramento do estado antijurídico criado pelo início do processo de lavagem, igualmente se encontra, como anteriormente referido (na análise de voto do Min. Luiz Fux), menção à conclusão do processo de lavagem (com a reinserção dos ativos na economia) como marco final da permanência.

Como reflexo prático desse entendimento do delito de lavagem enquanto crime permanente, a contagem do prazo prescricional apenas terá início quando cessado o estado antijurídico instituído pelo processo de lavagem. Antes disso, não haverá contagem de prescrição, não importando quando tenha sido praticada a conduta específica da qual decorreu, por exemplo, a ocultação da origem de bem proveniente de infração penal.

Outra decorrência prática desse entendimento é a aplicação de lei nova mais gravosa ao agente (por exemplo, que eleve as penas ao delito de lavagem), se sua vigência teve início em momento anterior à cessação da permanência.[272]

Por fim, destacamos ainda a repercussão direta desse entendimento na possibilidade de decretação de prisão preventiva ao agente lavador, mesmo que tenha decorrido um longo período de tempo desde o pontual ato de lavagem. Nessa situação, poder-se-ia cogitar de falta de contemporaneidade para essa modalidade de prisão cautelar, que exige um contexto atual de prática delitiva e de risco (para a ordem pública, para a instrução processual etc.). Concebida a lavagem, entretanto, como crime permanente, entende-se que o requisito da contemporaneidade estaria satisfeito[273] – exceto se decorrido longo período desde a cessação do estado de ilicitude.

---

271. Novamente em voto do Min. Edson Fachin: "Segundo o apontado no decreto preventivo, parcela dos recursos identificados como depositados no exterior foi consumida até 2.4.2015, ocasião em que, diante da cessação da subsistência do estado antijurídico gerado pela ocultação, a infração, no particular, deixou de ser praticada." (STF, RHC 144295, Relator(a): Min. Edson Fachin, Segunda Turma, julgado em 28/11/2017).

272. Justamente o que ocorreu em caso julgado pelo STJ, em operação deflagrada dois dias após a entrada em vigor da reforma legislativa de 2012: "A lavagem de dinheiro teria sido praticada entre o início de 2010 até 12.7.2012, quando deflagrada a ação penal em apreço, o que revela que os fatos teriam ocorrido já na vigência da Lei 12.683/2012, que alterou a Lei 9.613/1998 para tipificar, como crime de lavagem de dinheiro, a ocultação ou dissimulação da natureza, origem, localização, disposição, movimentação ou propriedade de bens, direitos ou valores provenientes, direta ou indiretamente, de infração penal." (STJ, RHC 43.947/RJ, Rel. Ministro Jorge Mussi, Quinta Turma, julgado em 18/02/2016)

273. Sobre isso, o seguinte caso julgado pelo STJ: "Agravo regimental em *habeas corpus*. Lavagem de dinheiro e furtos praticados por fraude eletrônica. (...) Contemporaneidade. Natureza permanente do crime de lavagem de dinheiro. (...) Dada a natureza permanente do crime de lavagem de dinheiro, não há falar em ausência de contemporaneidade." (STJ, AgRg no HC 574.573/RJ, Rel. Ministro João Otávio De Noronha, Quinta Turma, julgado em 22/06/2021).

Ainda, também no STJ: "Quanto ao *periculum libertatis*, na hipótese dos autos, um dos crimes

3.5.2. Lavagem enquanto crime instantâneo ou "crime de estado"

Instantâneo é o delito com realização total imediata,[274] que se consuma no momento de produção do resultado,[275] com a produção de uma situação antijurídica determinada[276] - como exemplos clássicos são mencionados o homicídio, o furto, o dano etc.

Dentro dessa classificação, alguns autores referem existir crimes instantâneos com efeitos permanentes, nos quais os efeitos se prolongam no tempo, conquanto sua consumação ocorra em momento determinado no tempo. Como afirmado por Eugenio Raúl Zaffaroni, "Não se deve confundir a permanência da conduta consumativa com a do resultado: há tipos instantâneos com resultado permanente [...]."[277] Também Sebastián Soller: "[...] há também delitos instantâneos de efeitos permanentes, e estes, que são tão comuns, deverão ser cuidadosamente distinguidos dos verdadeiros delitos permanentes, nos quais o que permanece não é um mero efeito do delito, senão o estado mesmo da consumação.[278]

Para Pierpaolo Cruz Bottini, o delito de lavagem de dinheiro se enquadraria nessa classificação, como crime instantâneo de efeitos permanentes, consumado no momento de sua prática, mesmo que seus efeitos se prolonguem.[279]

Concordamos com a referência acima, apesar de preferirmos a designação *delito de estado* para qualificar o crime de lavagem. Igualmente defende se estar diante de um *delito de estado* José Manuel Palma Herrera (conquanto se utilize também da expressão "delito de consumação instantânea cujos efeitos antijurídicos se prolongam no tempo" como sinônima).[280]

imputados aos custodiados é o da lavagem de dinheiro, crime permanente em relação ao qual apenas a total segregação social dos investigados é capaz de estancar a dinâmica criminosa, que se pratica muitas vezes a distância, através do uso das modernas ferramentas digitais de comunicação." (STJ, QO no PePrPr 4/DF, Rel. Ministra Nancy Andrighi, Corte Especial, julgado em 16/06/2021)

274. Bustos Ramírez, Juan J.; Hormazábel Malarée, Hernán. *Lecciones de derecho penal.* Madrid: Editorial Trotta, 1999. v. 2. p. 42.

275. Mir Puig, Santiago. *Derecho Penal. Parte general.* 10. ed. Barcelona: Editorial Reppertor, 2016. p. 232.

276. Hilgendorf, Eric; Valerius, Brian. *Direito Penal. Parte Geral.* Trad. de Orlandino Gleizer. São Paulo: Marcial Pons, 2019. p. 53.

277. Zaffaroni, Eugenio Raúl. *Tratado de derecho penal. Parte general.* Buenos Aires: Ediar, 1981. t. 3. p. 293. (tradução nossa)

278. Soller, Sebastián. *Derecho penal argentino.* Buenos Aires: Editorial La Ley, 1945. t. 2. p. 191. (tradução nossa)

279. "O ato de ocultar ou dissimular torna consumado o delito no instante de sua prática. A manutenção do bem mascarado é mera decorrência ou desdobramento do ato inicial. Trata-se de crime instantâneo de efeitos permanentes, no qual a consumação ocorre no instante do ato, mas seus efeitos perduram no tempo." (Badaró, Gustavo Henrique; Bottini, Pierpaolo Cruz. *Lavagem de dinheiro: aspectos penais e processuais penais.* 3. ed. São Paulo: Revista dos Tribunais, 2016. p. 134)

280. Palma Herrera, José Manuel. *Los delitos de blanqueo de capitales.* Madrid: Edersa, 2000. p. 687.

O conceito de delito de estado é encontrado, de forma resumida, em Ernst von Beling,[281] ou, com maior profundidade, em Santiago Mir Puig, ao diferenciá-lo de delito permanente:

> "O delito permanente supõe a manutenção de uma situação antijurídica de certa duração pela vontade do autor (por exemplo, detenções ilegais, art. 163 CP); dita manutenção segue realizando o tipo, motivo pelo qual o delito segue se consumando até que se abandone a situação antijurídica. Diferentemente, no delito de estado, apesar de também criar um estado antijurídico duradouro, a consumação cessa desde a aparição deste, porque o tipo somente descreve a produção do estado, e não sua manutenção (exemplos: falsificação de documentos, arts. 390 e ss., matrimônios ilegais, arts. 217 e ss.)."[282]

Em Claus Roxin, igualmente se encontra referência ao delito de estado, conquanto esse autor confira a esse conceito uma maior amplitude, incluindo nessa classificação uma série de delitos considerados instantâneos, como o homicídio, a lesão corporal, e o dano. Porém, uma passagem de sua obra evidencia a aplicabilidade dessa categoria ao delito de lavagem de dinheiro:

> "Entre los delitos de estado habrá que incluir también tipos como la bigamia (§ 171) o la falsificación del estado civil (§ 169); aunque en los mismos el autor sigue aprovechándose del estado creado por su hecho, ello no supone contraer con constante reiteración un matrimonio bígamo, y en la mayoría de los casos tampoco una repetición de la falsificación ya consumada del estado civil."[283]

Diferentemente dos crimes permanentes e dos crimes instantâneos, portanto, consideramos a lavagem de dinheiro na modalidade "ocultar" um *crime de estado*, a se consumar quando instaurada a situação antijurídica exigida pelo tipo penal. Diferentemente de outros tipos penais, nos quais o "ocultar" se refere a uma conduta prolongada de ocultação de objeto físico (por isso, crimes permanentes), o "ocultar" do tipo de lavagem de dinheiro se refere à criação de um estado antijurídico em relação a um objeto (bens, direitos ou valores). Não se oculta o objeto, mas característica do objeto (natureza, origem etc.),[284] instituindo um

---

281. Em suas palavras, delitos de estado são "aqueles nos quais da realização do tipo resulta um estado antijurídico duradouro." (BELING, Ernst von. *Esquema de Derecho Penal.* Trad. de Sebastián Soler. Buenos Aires: Editorial Depalma, 1944. p. 80. tradução nossa)

282. MIR PUIG, Santiago. *Derecho Penal. Parte general.* 10. ed. Barcelona: Editorial Reppertor, 2016. p. 232. (tradução nossa). Em mesmo sentido: VILLAVICENCIO TERREROS, Felipe A. *Derecho penal. Parte general.* Lima: Grijley, 2006. p. 311.

283. ROXIN, Claus. *Derecho Penal.* Parte General. Tomo I. Trad. de Diego-Manuel Luzón Peña, Miguel Díaz y Garcia Conlledo y Javier de Vicente Remesal. Madrid: Civitas, 1997. p. 329.

284. Nas palavras de Isidoro Blanco Cordero: "a consumação da ocultação se produzirá quando efetivamente, mediante condutas ativas ou omissivas, se esconda, disfarce ou encubra dolosamente a

estado antijurídico que se prolonga no tempo independentemente da vontade do agente. Não há, na lavagem, por consequência, a necessidade de prolongamento da conduta do agente, como há nos crimes permanentes.

Destaca-se, ainda, que essa concepção do crime de lavagem de dinheiro como *crime de estado* é também encontrada em Gustavo Henrique Badaró. Nas suas palavras,

> "[...] no crime de estado, embora haja também um estado antijurídico duradouro, a consumação cessa com a aparição desse estado, porque o tipo penal somente descreve a produção de tal estado, e não a sua manutenção. Seriam exemplos desses a falsidade documental (CP, art. 296) e registro de nascimento inexistente (CP, art. 241)."[285]

Esclarecemos, entretanto, que o posicionamento por nós defendido não significa que cada ato do processo de lavagem importe em novo crime de lavagem. Como já referido anteriormente, a lavagem é, sobretudo, um procedimento prolongado, um conjunto de atos destinados a modificar (ao menos no plano da aparência) a situação jurídica de determinado bem. Desse modo, cada ato que complementa o mesmo procedimento não representa crime novo, mas continuação do mesmo crime. Cada novo ato de lavagem, quando pertencente ao mesmo contexto, importa em nova consumação do mesmo crime.

3.6. Sujeito ativo: autoria e participação no delito de lavagem de dinheiro

3.6.1. Autoria

A doutrina penal brasileira assinala que, numa concepção estritamente formal, o autor do delito seria o anônimo, "aquele que" ou "quem", figura disposta nos tipos da Parte Especial do Código Penal. Assim, sucintamente, o autor é o executor material do fato criminoso. Entretanto, essa conceituação não é suficiente para delimitar o conceito de autor e tampouco para estabelecer uma distinção entre autoria e participação.[286]

O nosso Código Penal não oferece um conceito de autoria, pois o artigo 29 limita-se a estabelecer uma forma de ampliação da figura típica, que pode

natureza, a origem, a localização, o destino, a movimentação ou os direitos sobre os bens procedentes de um delito ou a propriedade dos mesmos." (BLANCO CORDERO, Isidoro. *El delito de blanqueo de capitales*. Pamplona: Aranzadi, 2012, p. 805)

285. BADARÓ, Gustavo Henrique. O momento consumativo dos crimes do *caput* e do inciso I do § 1º do art. 1º da Lei nº 9.613/1998: lavagem de dinheiro como "crime de estado". In: BOTTINI, Pierpaolo Cruz; BORGES, Ademar (coord.), *Lavagem de dinheiro*. São Paulo: Thompson Reuters Brasil, 2021. p. 91.

286. SILVA FRANCO, Alberto. *Código Penal e sua Interpretação Jurisprudencial*. 6. ed. São Paulo: Editora Revista dos Tribunais, 1997. p. 445.

abranger tanto a autoria quanto a participação. Como esse preceito do concurso de pessoas não define um conceito de autor, ficou ao encargo da doutrina assinalar dito conceito.[287]

Tem-se discutido qual a melhor teoria para conceituar quem são os autores de um delito. Em princípio, era a causalidade a determinar a autoria em nosso país, é dizer, era considerado autor todo aquele que realizava uma contribuição causal para o fato. Por conseguinte, não existia distinção entre autoria e participação.[288] O conceito unitário então adotado considera autor todos os intervenientes que forneçam uma contribuição causal para a realização do tipo, independente da importância correspondente de sua colaboração no marco da totalidade do fato criminoso. As críticas da doutrina brasileira coincidem com as realizadas pela doutrina estrangeira; por exemplo, que a causalidade não pode constituir o único critério de relevância jurídico-penal de um comportamento. De outro lado, nos delitos de mão-própria e nos delitos especiais (próprios), também haveria que se considerar como autores, pela mera causalidade de suas contribuições, os intervenientes estranhos, ainda que eles não atuem pessoalmente ou não se encontrem qualificados como autores.[289-290]

Utilizando-se o conceito unitário de autor com referência ao delito de lavagem de dinheiro, qualquer contribuição causal para este delito constituiria autoria, já que o importante, para essa conceituação, é somente uma contribuição causal para o fato. Ainda que fosse pequena ou quase insignificante a sua contribuição para a realização do delito, seria o agente considerado também autor do delito de lavagem de dinheiro.

Essa teoria unitária, entretanto, não possui aplicação em nosso ordenamento, pois o próprio Código Penal estabeleceu regras expressas nos §§ 1º e 2º do artigo 29, delimitando a relevância intervenção no fato delitivo, quando se refere à "participação de menor importância" ou à "cooperação dolosamente distinta". Assim, o legislador reconheceu a necessidade de distinguir, em alguns casos, autores e partícipes.[291]

Portanto, se a própria lei estabelece casos em que as contribuições, ainda que representem uma contribuição causal ao fato delitivo, não possam ser vistas

287. Callegari, André Luís. *Imputação Objetiva*. Porto Alegre: Livraria do Advogado, 2001. p. 77 e ss.

288. Pierangelli, José Henrique. *Escritos Jurídico-Penais*. São Paulo: RT, 1992. p. 45; Batista, Nilo. *Concurso de Agentes*. Rio de Janeiro: Liber Juris, 1979. p. 30.

289. Batista, Nilo. *Concurso de Agentes*. Rio de Janeiro: Liber Juris, 1979. p. 44 e ss.

290. Callegari, André Luís. *Imputação Objetiva*. Porto Alegre: Livraria do Advogado, 2001. p. 112 e ss.

291. Mirabete, Julio Fabbrini. *Manual de Direito Penal. Parte Geral*. 7. ed. São Paulo: Atlas, 1992. p. 220.

como possuindo relevância suficiente à qualificação da autoria, não tem aplicação a teoria unitária no Brasil.

Com a evolução das teorias a respeito do conceito de autor, a doutrina brasileira majoritária passou a adotar o conceito restritivo de autoria. Ou seja, só é autor quem realiza por si mesmo a ação típica, enquanto qualquer outra forma de contribuição à causação do resultado não representa a condição de autoria. De acordo com o conceito restritivo de autor, as outras formas de participação, como a indução e a cumplicidade, significam uma ampliação da punibilidade situadas fora do tipo,[292] posto que, de acordo com o tipo penal básico, unicamente caberia castigar a quem pessoalmente realiza a ação típica. A punibilidade dos outros intervenientes, os que auxiliam o autor a realizar o fato ou o determinam a isso, deve-se à norma de ampliação prevista no artigo 29 do CP Brasileiro, que estabelece a expressão ampliativa de responsabilidade "quem de qualquer modo".

O conceito restritivo de autor conecta com a teoria objetiva da participação, que é defendida em duas variantes. A primeira, denominada teoria objetivo-formal, considera autor aquele que realiza a ação executiva ou a ação principal descrita no tipo penal.[293] Autor é aquele cujo comportamento entrou no círculo que o tipo pretende abarcar e, dessa forma, qualquer outra contribuição causal para o fato só pode ser participação.[294] Assim, só pode ser autor quem executa pessoalmente a ação descrita nos tipos da Parte Especial do Código ou de uma Lei Especial; todos os demais são partícipes.

Um setor da doutrina brasileira adotou o conceito objetivo-formal de autor, ainda que aceite a autoria mediata.[295] Quem adota o conceito objetivo-formal no Brasil aceita a autoria mediata, mas é tarefa dificultosa explicar tal aceitação por meio desse referencial teórico, já que o autor mediato não realiza pessoalmente a ação descrita no tipo penal. Ademais, para que ocorra a coautoria, é necessário que os coautores também realizem uma parte do tipo, o que nem sempre ocorre. Nesses casos, somente haveria participação se um dos intervenientes não realizasse ao menos uma parte da conduta descrita no tipo, não podendo ser coautor.

---

292. De Jesus, Damásio. *Direito Penal. Parte Geral.* São Paulo: Saraiva, 1998. p. 289.

293. Batista, Nilo. *Concurso de Agentes.* Rio de Janeiro: Liber Juris, 1979. p. 45; Mirabete, Julio Fabbrini. *Manual de Direito Penal. Parte Geral.* 7. ed. São Paulo: Atlas, 1992. p. 221; Pierangelli, José Henrique. *Escritos Jurídico-Penais.* São Paulo: RT, 1992. p. 48.

294. Jescheck, Hans-Heinrich; Weigend, Thomas. *Tratado de Derecho Penal.* Parte General. 4. ed. Trad. de José Luis Manzanares Samaniego. Granada: Editorial Comares, 1993. p. 590; Roxin, Claus. *Autoría y Dominio del Hecho en Derecho Penal.* Madrid: Marcial Pons, 1998. p. 52.

295. Mirabete, Julio Fabbrini. *Manual de Direito Penal. Parte Geral.* 7. ed. São Paulo: Atlas, 1992. p. 221; Fragoso, Heleno. *Lições de Direito Penal.* 10. ed. Rio de Janeiro: Forense, 1986. p. 264; De Jesus, Damásio. *Direito Penal. Parte Geral.* São Paulo: Saraiva, 1998. p. 354.

A adoção do conceito objetivo-formal de autor pode trazer problemas em relação à lei brasileira de lavagem de dinheiro. Existem disposições expressas, como a contida no artigo 1º, § 2º, inciso II, que estabelece expressamente que "incorre, ainda, na mesma pena quem [...] participa de grupo, associação ou escritório tendo conhecimento de que sua atividade principal ou secundária é dirigida à prática de crimes previstos nesta Lei.". A Lei não estabeleceu a forma dessa participação, e, ao adotar-se o conceito formal-objetivo, somente seriam autores os que realizassem, ao menos, uma parte do tipo. O problema é que não fica claro se o sujeito que participa do grupo é justamente o que fornece as ordens, ou seja, se é quem detém o comando das operações de lavagem, ainda que pessoalmente não realize a conduta típica. Nesses casos, a partir do conceito objetivo-formal, a intervenção só pode ser a de participação, o que não parece correto quando se fala do delito de lavagem de dinheiro.

Outro setor da doutrina brasileira não está de acordo com a adoção do conceito objetivo-formal e, de acordo com as teorias desenvolvidas na Alemanha, adota o conceito de autoria enquanto domínio do fato.[296] Como em outros países, a doutrina não abandona, desde logo, o conceito restritivo de autor, com sua vinculação à Parte Especial do Código Penal (ou de legislação especial), pois este é o ponto de partida do conceito de autor. A adoção desse outro conceito de autor ocorre no sentido de que a ação típica não pode ser entendida unicamente como uma atuação com determinada atitude pessoal, nem como mero acontecimento do mundo exterior, senão como unidade de sentido objetivo. O fato deve aparecer como obra de uma vontade que dirige o acontecimento fático, mas também é determinante o peso objetivo da parte do fato assumida por cada interveniente. De acordo com isso, será autor quem, segundo a importância de sua contribuição objetiva, compartilhe o domínio do fato.[297]

Como a doutrina brasileira segue, em regra, os conceitos elaborados pela doutrina alemã a respeito do domínio do fato, considera autor aquele sujeito que possui o domínio final do fato em razão de sua decisão volitiva. O autor é aquele que tem em suas mãos o curso típico dos acontecimentos, ao qual se estende o dolo. De acordo com a teoria do domínio do fato, não só o sujeito que entre em contato com os bens objeto da lavagem será autor, como também será autor aquele que possui o curso causal do evento final em suas mãos.

296. Batista, Nilo. *Concurso de Agentes*. Rio de Janeiro: Liber Juris, 1979. p. 150; Pierangelli, José Henrique. *Escritos Jurídico-Penais*. São Paulo: RT, 1992. p. 53; Silva Franco, Alberto. *Código Penal e sua Interpretação Jurisprudencial*. 6. ed. São Paulo: Editora Revista dos Tribunais, 1997. p. 446; Regis Prado, Luiz. *Curso de Direito Penal Brasileiro. Parte Geral*. 2. ed. São Paulo: RT, 2000. p. 317.

297. Jescheck, Hans-Heinrich; Weigend, Thomas. *Tratado de Derecho Penal*. Parte General. 4. ed. Trad. de José Luis Manzanares Samaniego. Granada: Editorial Comares, 1993. p. 594.

De toda sorte, não cabe aqui adentrar nas discussões relacionadas ao conceito de autoria, mas estabelecer um conceito como ponto de partida para analisar os delitos de lavagem de dinheiro estabelecidos na lei brasileira. Assim, o ponto de partida segue sendo o estabelecido nos tipos penais, mas deve-se utilizar o complemento da teoria do domínio do fato para estabelecer as distinções entre autores e partícipes, além da autoria mediata.

Para delimitar a autoria no delito de lavagem de dinheiro previsto na lei brasileira, é necessário analisar os preceitos estabelecidos no Código Penal e, sobretudo, na Lei de Lavagem. Afinal, o sujeito que realiza pessoalmente a ação típica contida no artigo 1º da Lei 9.613/98 será considerado autor. Mas, de acordo com o adotado conceito de autor, também será autor o indivíduo que se vale de outra pessoa para realizar a ação típica de lavagem. E, finalmente, será autor o sujeito que, de comum acordo com os demais, realiza conjuntamente o fato e, ainda, detém o domínio deste, ainda que não realize diretamente a conduta descrita no verbo nuclear do tipo.

Assim, o autor direto do delito de lavagem, em princípio, é quem realiza as atividades descritas no artigo 1º da Lei 9.613/98, é dizer, aquele que oculta ou dissimula a natureza, origem, localização, disposição, movimentação ou propriedade de bens, direitos ou valores, provenientes, direta ou indiretamente, de infração penal antecedente. Mas também pode ser autor direto do delito de lavagem aquele que realiza as atividades descritas no artigo 1º, § 1º, da Lei 9.613/98; ou seja, quem, para ocultar ou dissimular a utilização de bens, direitos ou valores provenientes de infração penal, converte-os em ativos lícitos; adquire-os, recebe, troca, negocia, dá ou recebe em garantia, guarda, tem em depósito, movimenta ou transfere; importa ou exporta bens com valores não correspondentes aos verdadeiros. E, finalmente, serão igualmente autores diretos, de acordo com o artigo 1º, § 2º da Lei de Lavagem, quem utiliza, na atividade econômica ou financeira, bens, direitos ou valores provenientes de infração penal

O artigo 1º, § 2º, ainda estabelece a participação, é dizer, faz referência ao sujeito que participa de grupo, associação ou escritório tendo conhecimento de que sua atividade principal ou secundária é dirigida à prática de crimes previstos na Lei de Lavagem. Referido inciso pode dar a falsa impressão de que não abrange os casos de autoria, mas, tão-somente, os de participação. Porém, serão autores diretos todos os que participam do grupo, associação ou escritório que se destina à lavagem de dinheiro, desde que tenham o domínio funcional do fato, ou seja, que possuam em conjunto as rédeas da situação sob as suas mãos e que a falta de um deles impeça (ou dificulte sobremaneira) o êxito da operação de lavagem.[298]

---

298. Callegari, André Luís. *Imputação Objetiva*. Porto Alegre: Livraria do Advogado, 2001.

Destaca-se que é absolutamente dispensável que o agente tenha participado da prática da infração penal antecedente para que seja considerado autor do delito de lavagem. Como sabido, a lavagem de dinheiro possui, atualmente, uma considerável autonomia em relação à infração prévia, é crime autônomo, com elementos típicos próprios. Desse modo, para um juízo de autoria pelo crime de lavagem de dinheiro, não se deve questionar a participação ou não do agente na infração antecedente; tal participação é irrelevante para sua responsabilização pelo delito posterior de lavagem.[299]

3.6.2. Autoria mediata

Diferentemente do legislador espanhol, que estabeleceu o conceito de autoria mediata no artigo 28 do Código Penal Espanhol,[300] o legislador brasileiro não fez menção em nosso Código aos casos de autoria mediata. Assim, a doutrina e a jurisprudência admitem a autoria mediata com base em conceitos desenvolvidos pela doutrina estrangeira. A autoria mediata é uma forma de autoria que também se caracteriza pelo domínio do fato. O autor mediato realiza o tipo penal utilizando-se de outra pessoa como "instrumento". O que caracteriza a autoria mediata, nesse sentido, é que todo o evento criminoso deve aparecer como obra da vontade reitora do "homem de trás", que deve ter o controle sobre o indivíduo executor da conduta.[301]

Batista refere que o nosso Código Penal recolhe quatro casos de autoria mediata: o erro determinado por terceiro; a coação moral irresistível; a obe-

p. 112 e ss.; CALLEGARI, André Luís. *Teoria Geral do Delito*. Porto Alegre: Livraria do Advogado, 2005. p. 116 e ss.

299. Nesse sentido, em julgado do STJ: "O fato de um dos ora denunciados não haver sido denunciado pelo crime antecedente é irrelevante para a responsabilização por lavagem de dinheiro. Conforme orientação deste Superior Tribunal de Justiça, a participação no crime antecedente não é indispensável à adequação da conduta de quem oculta ou dissimula a natureza, origem, localização, disposição, movimentação ou propriedade de bens, direitos ou valores provenientes direta ou indiretamente, de crime, ao tipo do art. 1°, da Lei 9.613/98." (STJ, HC 545.395/RO, Rel. Ministro REYNALDO SOARES DA FONSECA, Quinta Turma, julgado em 05/03/2020)

No mesmo sentido: "O fato de um dos ora denunciados não haver sido denunciado pelo crime antecedente é irrelevante para a responsabilização por lavagem de dinheiro. Conforme orientação deste Superior Tribunal de Justiça, a participação no crime antecedente não é indispensável à adequação da conduta de quem oculta ou dissimula a natureza, origem, localização, disposição, movimentação ou propriedade de bens, direitos ou valores provenientes direta ou indiretamente, de crime, ao tipo do art. 1°, da Lei 9.613/98." (STJ, APn 458/SP, Rel. Ministro FERNANDO GONÇALVES, Rel. p/ Acórdão Ministro GILSON DIPP, Corte Especial, julgado em 16/09/2009)

300. Nos seguintes termos: "São autores aqueles que realizam o fato por si, conjuntamente, ou por meio de outro do qual se sirvam como instrumento." (tradução nossa)

301. JESCHECK, Hans-Heinrich; WEIGEND, Thomas. *Tratado de Derecho Penal*. Parte General. 4. ed. Trad. de José Luis Manzanares Samaniego. Granada: Editorial Comares, 1993. p. 604; No Brasil, BATISTA, Nilo. *Concurso de Agentes*. Rio de Janeiro: Liber Juris, 1979. p. 98.

diência hierárquica e o caso do instrumento impune em virtude de condição ou qualidade pessoal.[302]

No delito de lavagem de dinheiro previsto na Lei nº 9.613/98 pode-se verificar a ocorrência da autoria mediata em diversas hipóteses. Assim, se o sócio de um escritório que atua na bolsa de valores determina a seu empregado, que pode nada saber sobre o intento criminoso do primeiro, a realização de uma determinada transação de dinheiro de origem ilícita, haverá autoria mediata, pois o sócio do escritório realiza o tipo através de outro que lhe serve como instrumento. A lei brasileira menciona como crime de lavagem a participação em escritório destinado à prática dos crimes previstos na Lei nº 9.613/98. Mas, se o empregado desconhece a atividade principal do grupo e, obedecendo às ordens do chefe ou diretor, converte em ativos lícitos dinheiro de origem delitiva, não será nem autor, nem partícipe. Se o chefe controla seu intermediário, todo o sucesso da obra ilícita lhe pertence e será ele, então, o autor mediato do delito realizado. Nesse caso, o empregado atua atipicamente, pois desconhece a origem ilícita do dinheiro e o plano criminoso de seu superior; atua, portanto, sem dolo. O empregado só pode ser considerado como um "instrumento que atua sem dolo";[303] e o sócio, que determina dolosamente a prática delitiva e obtém o resultado através do instrumento não-doloso, será o autor mediato. Ademais, o legislador brasileiro, prevendo os casos de autoria mediata, determina expressamente a agravação da pena aplicada ao autor mediato, conforme o artigo 62, inciso II, do Código Penal.

Definitivamente, o que caracteriza a autoria mediata é que o domínio do fato esteja nas mãos do "homem de trás", é dizer, o fato deve estar sob seu controle, o que demonstra o domínio do fato.

3.6.3. Coautoria

Já vimos que a doutrina brasileira não é unânime ao conceituar quem é autor para efeitos do Direito Penal. Um setor segue utilizando a teoria formal-objetiva[304] e outro, a teoria do domínio do fato.[305]

Somos partidários da teoria do domínio do fato. Assim, a coautoria também

---

302. BATISTA, Nilo. *Concurso de Agentes*. Rio de Janeiro: Liber Juris, 1979. p. 103.

303. JESCHECK, Hans-Heinrich; WEIGEND, Thomas. *Tratado de Derecho Penal*. Parte General. 4. ed. Trad. de José Luis Manzanares Samaniego. Granada: Editorial Comares, 1993. p. 607; BATISTA, Nilo. *Concurso de Agentes*. Rio de Janeiro: Liber Juris, 1979. p. 108.

304. MIRABETE, Julio Fabbrini. *Manual de Direito Penal. Parte Geral*. 7. ed. São Paulo: Atlas, 1992. p. 221; FRAGOSO, Heleno. *Lições de Direito Penal*. 10. ed. Rio de Janeiro: Forense, 1986. p. 264.

305. Vide por todos, BATISTA, Nilo. *Concurso de Agentes*. Rio de Janeiro: Liber Juris, 1979. p. 76 e ss.

se baseia neste domínio, mas, como em uma execução podem intervir diversas pessoas, o domínio do fato tem de ser comum, compartilhado entre todas elas.[306] A ideia de divisão de trabalho encontra na coautoria sua adequação máxima, pois é onde se percebe a fragmentação operacional de uma atividade em comum visando ao mais seguro e satisfatório desempenho de tal atividade.[307] O fundamento da coautoria, que reside também no domínio final do fato, é determinado agora pelo domínio funcional do fato. Isso significa que é autor quem tem o domínio funcional do fato, pois se o cooperador não possui tal domínio, será partícipe. O domínio funcional do fato não se subordina à execução pessoal da conduta típica ou de uma parte desta, nem deve ser pesquisado como uma divisão aritmética de um domínio "integral" do fato, no qual cada coautor teria uma fração. O importante é que cada coautor possua o domínio sobre o desenvolvimento do fato, conduzindo também o sucesso deste.[308]

A coautoria não vem estabelecida expressamente no Código Penal Brasileiro, o que se observa pelo exame do artigo 29 de nosso diploma legal. Portanto, através dos conceitos doutrinários utilizados é que se considera quem são os autores e quem são os partícipes na realização de um delito. Como já ficou consignado, utilizamos o conceito do domínio do fato para estabelecer a coautoria, e o mesmo deve ser aplicado aos casos de lavagem de dinheiro.

Assim, aqueles que, no marco de um plano global unitário, acordam levar a cabo as condutas descritas na lei de lavagem, são coautores, de forma que cada coautor é considerado responsável a título de autoria pela totalidade do delito praticado.[309]

Nos casos de lavagem de dinheiro realizadas por organizações criminosas e comandadas pelo chefe da organização, deve-se distinguir a intervenção deste. Um setor da doutrina brasileira, seguindo a estrangeira, com base no critério do domínio do fato, também considera coautor o chefe da organização, ainda que esse não dirija ou não participe pessoalmente da execução do delito.[310] O que caracteriza a coautoria, nesse caso, é o co-domínio funcional do fato; ou seja, ainda que o chefe não o execute pessoalmente, deverá também possuir o controle da situação sob suas mãos, deve ser visto como uma peça fundamental

---

306. Jescheck, Hans-Heinrich; Weigend, Thomas. *Tratado de Derecho Penal.* Parte General. 4. ed. Trad. de José Luis Manzanares Samaniego. Granada: Editorial Comares, 1993. p. 614; Batista, Nilo. *Concurso de Agentes.* Rio de Janeiro: Liber Juris, 1979. p. 76.

307. Batista, Nilo. *Concurso de Agentes.* Rio de Janeiro: Liber Juris, 1979. p. 76.

308. Batista, Nilo. *Concurso de Agentes.* Rio de Janeiro: Liber Juris, 1979. p. 77.

309. Pierangelli, José Henrique. *Escritos Jurídico-Penais.* São Paulo: RT, 1992. p. 55; Batista, Nilo. *Concurso de Agentes.* Rio de Janeiro: Liber Juris, 1979. p. 76 e ss.

310. Silva Franco, Alberto. *Código Penal e sua Interpretação Jurisprudencial.* 6. ed. São Paulo: Editora Revista dos Tribunais, 1997. p. 446; Batista, Nilo. *Concurso de Agentes.* Rio de Janeiro: Liber Juris, 1979. p. 80; Leal, João José. *Direito Penal Geral.* São Paulo: Atlas, 1998. p. 421.

para o êxito da empreitada criminosa. Outra parte da doutrina adota o conceito restritivo de autor e assim considera o chefe só como partícipe, pois não está presente na ação típica, isto é, não a realiza pessoalmente.[311] Consideram a intervenção do chefe como uma forma de participação e se agrava a sua pena de acordo com o artigo 62, inciso II, do Código Penal Brasileiro.[312]

De acordo com a posição que assumimos, nos casos de lavagem de dinheiro, o chefe da organização será coautor ainda que se encontre ausente no momento da execução, desde que também tenha o domínio do fato, é dizer, que o controle da execução também esteja sob suas mãos. A autoria do chefe ou organizador está fundada no domínio funcional do fato e subsiste sempre que ele também tenha esse domínio.

3.6.4. Participação

A participação consiste na livre e dolosa colaboração no delito de outro(s). Essa forma de colaboração no delito alheio pressupõe que o partícipe não tenha, de nenhuma forma, o domínio do fato,[313] ou que não tenha realizado a ação típica. A participação é sempre acessória, isto é, depende do fato principal típico e antijurídico. Isso significa que na participação vigora o princípio da acessoriedade limitada. Assim, para que exista a punibilidade da participação é necessária a existência de um fato principal típico e antijurídico, não importando a falta de culpabilidade do autor.[314]

O legislador brasileiro faz referência à participação nos §§ 1° e 2° do artigo 29 CP. Nesses dispositivos legais, o legislador estabeleceu que as hipóteses de participação, em alguns casos, são de menor gravidade, e, portanto, têm uma atenuação da pena. Os §§ 1° e 2° do artigo 29 do CP somente se referem aos casos de participação, pois o tipo faz expressa referência à "*participação* de menor importância" e ao caso no qual o sujeito quis "*participar* de crime menos grave". A nosso juízo, se o autor possui o domínio do fato, não se pode afirmar haver de sua parte participação de menor importância, pois será considerado autor (a partir da teoria do domínio do fato). Ainda, se o agente executa pessoalmente a ação descrita no tipo, tampouco poderá se afirmar uma participação de menor importância, pois realiza uma parte essencial da execução (teoria restritiva

---

311. FRAGOSO, Heleno. *Lições de Direito Penal*. 10. ed. Rio de Janeiro: Forense, 1986. p. 264; MIRABETE, Julio Fabbrini. *Manual de Direito Penal. Parte Geral*. 7. ed. São Paulo: Atlas, 1992. p. 221.

312. FRAGOSO, Heleno. *Lições de Direito Penal*. 10. ed. Rio de Janeiro: Forense, 1986. p. 270.

313. BATISTA, Nilo. *Concurso de Agentes*. Rio de Janeiro: Liber Juris, 1979. p. 120-121.

314. BATISTA, Nilo. *Concurso de Agentes*. Rio de Janeiro: Liber Juris, 1979. p. 127; DE JESUS, Damásio. *Direito Penal. Parte Geral*. São Paulo: Saraiva, 1998. p. 361; LEAL, João José. *Direito Penal Geral*. São Paulo: Atlas, 1998. p. 422.

da autoria). Assim, ainda que o legislador não tenha estabelecido a diferença entre autoria e participação, entendemos que os casos previstos nos parágrafos mencionados são tipicamente de participação.

O legislador brasileiro ainda criou um dispositivo próprio para incriminar as pessoas que se vinculam de algum modo ao delito de lavagem de capitais; porém, em nosso entender, ampliou demasiadamente a tipicidade das condutas previstas no tipo, desrespeitando, além disso, os princípios que norteiam o concurso de pessoas.

Veja-se que o § 2º do art. 1º da Lei 9.613/98 refere que incorre na mesma pena do delito previsto no *caput* do art. 1º quem: "II – participa de grupo, associação ou escritório tendo conhecimento de que sua atividade principal ou secundária é dirigida à prática de crimes previstos nesta Lei."

Note-se que a norma que incrimina a conduta leva em consideração tão--somente o conhecimento do sujeito, não fazendo referência a qualquer outro requisito para sua incriminação como participante do delito de lavagem. O preceito é tão ou mais abrangente do que o próprio art. 29 do Código Penal, embora em relação a este a doutrina tenha fixado alguns requisitos que são necessários para configuração do concurso de pessoas.[315]

Na interpretação desse dispositivo que regula a participação criminal, acreditamos que os mesmos requisitos tradicionais do concurso de pessoas deverão ser observados. Isto significa ao menos que o partícipe, para que assim seja considerado, deva, além de ter o conhecimento de que participa do grupo, associação ou escritório destinado à lavagem, ter contribuído causalmente para o resultado e possua vínculo subjetivo com os demais agentes.

Dito de outro modo, não basta que ocorra a participação, por exemplo, em um escritório destinado à lavagem de capitais, tendo conhecimento de que a atividade deste é a ocultação de valores proveniente de delitos previstos na lei de lavagem. Para além disso, é necessário que o sujeito tenha um vínculo psicológico e que contribua causalmente para a produção do resultado.[316]

Para que se empreste validade ao dispositivo que regula a participação criminal no delito de lavagem de dinheiro, entendemos que a leitura só pode ser esta; do contrário, estaríamos punindo qualquer funcionário que possuísse conhecimento do que se passa dentro do grupo, associação ou escritório, e nada fizesse para impedir o resultado, ou, ainda, não denunciasse referidas práticas.

---

315. CALLEGARI, André Luís. *Teoria Geral do Delito*. Porto Alegre: Livraria do Advogado, 2005. p. 135 e ss.

316. CALLEGARI, André Luís, *Teoria Geral do Delito*. Porto Alegre: Livraria do Advogado, 2006. p. 135-136.

Além disso, basta que se utilize o raciocínio existente para os demais delitos; ou seja, se um sujeito comum assiste inerte a comissão de um delito, e nada faz, a sua omissão não o transforma em partícipe ou em coautor deste delito, a não ser que seja considerado garantidor, caso no qual a regra de imputação seria outra.

Diante da amplitude do tipo penal em comento, a interpretação deve ser restritiva, observando-se os critérios tradicionais reservados ao concurso de pessoas, no sentido de que se evite o cometimento de injustiças ao incluir-se no rol de participante do delito de lavagem meros funcionários sem qualquer ligação subjetiva com os verdadeiros lavadores de capitais do grupo, associação ou escritório que se destine ao cometimento deste crime.

3.6.4.1. Formas de participação: instigação e cumplicidade

O legislador brasileiro não fez referência no Código Penal às formas de participação. A doutrina habitualmente utiliza como ponto de referência as espécies previstas no artigo 31 CP[317] (ajuste, determinação ou instigação e o auxílio). Assim, a doutrina recolhe do artigo 31 CP os tipos de participação, ainda que majoritariamente só se faça menção à instigação e à cumplicidade.[318]

a) A instigação: segundo a doutrina, a instigação é a dolosa colaboração de ordem espiritual objetivando a comissão do crime doloso. Abarca também a determinação, que significa a conduta daquele que faz surgir na mente do autor direto a resolução de cometer o crime.[319] Assim, o instigador é o que faz surgir no outro a resolução de executar dolosamente uma conduta típica e antijurídica.[320] Nesse sentido, o que caracteriza a instigação, que a doutrina estrangeira denomina também indução, é a provocação do autor à resolução de realizar o fato, sem possuir participação alguma no próprio domínio desse.[321]

O tema da instigação tem relevância nos casos de lavagem de dinheiro, pois esse delito normalmente está relacionado com organizações criminosas que empregam meios diversificados para obter aparência de legalidade aos ganhos que provêm dos comportamentos delitivos.

Nos casos de organização criminosa – ou como faz referência a lei antilavagem brasileira, grupos, associações ou escritórios – é necessário delimitar

---

317. "Código Penal, Art. 31 – O ajuste, a determinação ou instigação e o auxílio, salvo disposição expressa em contrário, não são puníveis, se o crime não chega, pelo menos, a ser tentado."

318. Batista, Nilo. *Concurso de Agentes*. Rio de Janeiro: Liber Juris, 1979. p. 120; Pierangelli, José Henrique. *Escritos Jurídico-Penais*. São Paulo: RT, 1992. p. 63 e ss.; Delmanto, Celso. *Código Penal Comentado*. 3. ed. São Paulo: Renovar, 1991. p. 54.

319. Batista, Nilo. *Concurso de Agentes*. Rio de Janeiro: Liber Juris, 1979. p. 139-140.

320. Pierangelli, José Henrique. *Escritos Jurídico-Penais*. São Paulo: RT, 1992. p. 63.

321. Jescheck, Hans-Heinrich; Weigend, Thomas. *Tratado de Derecho Penal*. Parte General. 4. ed. Trad. de José Luis Manzanares Samaniego. Granada: Editorial Comares, 1993. p. 625-626.

as formas de participação. Deve-se esclarecer qual é a participação dos chefes no delito de lavagem, e dos integrantes do grupo ou escritório que recebem as ordens daqueles. De acordo com a posição que assumimos, nos casos em que os chefes também tenham domínio do fato, não haverá problema no exame da natureza da atuação destes; serão considerados coautores. Porém, pode haver casos nos quais o chefe só provoque a atuação de seus empregados, não possuindo o domínio do fato, o que caracterizará a figura da instigação.

O Código Penal Brasileiro não equipara a figura do instigador à do autor. Desta maneira, nos casos em que o chefe, sem ter o domínio do fato, instiga seu empregado a ocultar, mediante o uso de suas empresas, certas quantidades de dinheiro que procedem de uma infração penal, somente poderá ser partícipe. O legislador brasileiro estabeleceu uma causa de aumento de pena para esses casos no artigo 62, inciso III, CP. De acordo com essa disposição, o instigador não será considerado autor, mas receberá uma pena agravada se o executor estiver sujeito à sua autoridade, o que poderá ser aplicado aos casos de organizações, grupos, associações ou escritórios destinados à lavagem de dinheiro e que obedecem às ordens hierárquicas do chefe.

b) A cumplicidade: o legislador brasileiro não acolhe o termo cumplicidade no Código Penal, mas a doutrina majoritária o utiliza como sinônimo de auxílio. De acordo com isso, cumplicidade é a dolosa colaboração de ordem material que objetiva a comissão de um crime doloso.[322] O cúmplice sequer possui o domínio do fato.[323] Mas O importante para diferenciar a cumplicidade é que essa se trata de auxílio material à execução do delito, enquanto qualquer contribuição de natureza psíquica deve ser considerada como instigação.[324]

O legislador brasileiro não contemplou a figura conhecida como *cumplicidade necessária* no Código Penal. Um setor da doutrina, utilizando as distinções da doutrina estrangeira, assinala que há cumplicidade necessária nas hipóteses em que a cooperação do cúmplice é decisiva para a execução do plano concreto do autor.[325] Entretanto, não há uma previsão expressa que estabeleça a cooperação necessária em nosso ordenamento jurídico. Assim, a cumplicidade ou o auxílio material ocorre sempre na ajuda prestada pelo partícipe, antes ou durante a execução, sem que esse tenha também o domínio do fato. A contribuição material prestada após a execução pode tipificar outro delito.

Nos casos de lavagem de dinheiro, poderá existir cumplicidade se, por

322. Batista, Nilo. *Concurso de Agentes*. Rio de Janeiro: Liber Juris, 1979. p. 143.
323. Pierangelli, José Henrique. *Escritos Jurídico-Penais*. São Paulo: RT, 1992. p. 68.
324. Batista, Nilo. *Concurso de Agentes*. Rio de Janeiro: Liber Juris, 1979. p. 143; De Jesus, Damásio. *Direito Penal. Parte Geral*. São Paulo: Saraiva, 1998. p. 373.
325. Pierangelli, José Henrique. *Escritos Jurídico-Penais*. São Paulo: RT, 1992. p. 69.

exemplo, o partícipe planeja a execução do delito e entrega a senha necessária para que o autor realize a conversão dos bens objeto do delito em ativos lícitos. Se a participação é apenas de natureza psíquica, ou seja, sem o fornecimento de nenhum material, ocorrerá a instigação.

3.6.4.2. A participação de menor importância

A legislação penal brasileira estabeleceu, ainda, a *participação de menor importância*, no artigo 29, § 1°, CP.[326] Porém, a doutrina não esclareceu suficientemente o alcance do preceito, pois, normalmente, menciona que a participação de menor importância é aquela cuja contribuição moral ou material tenha sido diminuta, reduzida, e caberá ao juiz, de acordo com a prova, verificar se realmente a participação foi ou não de menor importância.[327] Outro setor da doutrina assinala que a participação de menor importância é a cumplicidade simples ou secundária, perfeitamente dispensável, e que, caso não fosse prestada, isso não impediria a realização do crime,[328] ou a contribuição insignificante ou mínima para a realização do fato punível.[329]

3.6.4.3. Excurso - Algumas categorias limitadoras da participação criminal

Quando se trata da participação criminal na lavagem de dinheiro, ganha destaque o exame do âmbito de responsabilização (e da própria existência ou não de justificativa para responsabilização) do terceiro que alguma interferência exerce no processo de lavagem. Trata-se, por exemplo, da atuação de funcionários de instituições bancárias, que, cientes da origem ilícita de determinados ativos, os transferem a outro local; ou a atuação de agente imobiliário que auxilia na realização de compra de imóvel, mesmo ciente da origem ilícita dos ativos utilizados para pagamento. Não há, nessa atuação (ao menos na maioria dos casos), uma motivação direta de ocultação por parte do profissional, que realiza dita conduta simplesmente porque é seu trabalho, e sua atividade precípua consiste na realização diária de atividades dessa mesma natureza. Ou seja, sua motivação é o desempenho de uma função, não a prática de crime.

Nesse aspecto, devemos salientar: a participação criminal exige o elemento subjetivo específico; aliás, é esse um requisito do próprio concurso de

326. Código Penal, artigo 29, § 1° - Se a participação for de menor importância, a pena pode ser diminuída de um sexto a um terço.

327. Delmanto, Celso. *Código Penal Comentado*. 3. ed. São Paulo: Renovar, 1991. p. 56; Silva Franco, Alberto. *Código Penal e sua Interpretação Jurisprudencial*. 6. ed. São Paulo: Editora Revista dos Tribunais, 1997. p. 469.

328. Pierangelli, José Henrique. *Escritos Jurídico-Penais*. São Paulo: RT, 1992. p. 83.

329. Fragoso, Heleno. *Lições de Direito Penal*. 10. ed. Rio de Janeiro: Forense, 1986. p. 270.

agentes.[330] Assim, só se pode falar em participação dolosa, o que significa que a participação é a intervenção dolosa em um fato principal doloso típico e antijurídico (acessoriedade limitada). Portanto, aqui já fica excluída qualquer hipótese de participação culposa de agente financeiro, agente imobiliário etc. (ou seja, participação por descuido ou negligência no momento do exercício da profissão). O que poderia ocorrer, nesse caso de atuação culposa, seria a denominada autoria mediata, na qual o profissional exerceria um papel de mero instrumento do autor doloso ("homem de trás"), que o induz em erro e o leva a, por exemplo, transferir fundos de origem ilícita. De acordo com isso, está descartada a participação culposa no delito de lavagem de dinheiro, ainda que algumas legislações tenham previsto esta hipótese de lavagem de dinheiro culposa (por exemplo, o Código Penal Espanhol).

Para além desse caso de atuação culposa do terceiro que, objetivamente, realiza alguma conduta colaborativa com a empreitada criminosa de outrem, poderemos nos encontrar diante de casos nos quais o terceiro tenha conhecimento da prática criminosa (no presente caso, que tenha ciência da origem ilícita do patrimônio e do objetivo de mascaramento), mas, mesmo assim, reste impune - advertimos que esse caso hipotético exigirá um exame mais cuidadoso quando o terceiro fizer parte do rol de indivíduos sujeitos a deveres especiais, previsto no artigo 9º da Lei de Lavagem, o que examinaremos em tópico específico.

Essa falta de responsabilização criminal ao terceiro que objetivamente presta colaboração ao crime de outrem, conhecendo dos elementos fáticos, possui justificativa em algumas categorias. Elencamos algumas abaixo.

a) Limitação da responsabilidade através da adequação social:

Hans Welzel se refere ao tipo como a descrição dos elementos do injusto penal, e, sendo o injusto um comportamento contrário à ordem moral da vida social, o autor conclui que não haverá tipicidade nas ações "socialmente adequadas".[331] Trata-se de um caso de exclusão da tipicidade pela adequação social da conduta,[332] fazendo-se referência a exemplos como o das lesões

330. Sobre o tema, ver: CALLEGARI, André Luís. *Imputação Objetiva*. Porto Alegre: Livraria do Advogado, 2001. p. 105.

331. Deve-se advertir que a teoria da adequação social não se desenvolveu sempre de maneira uniforme em Welzel, já tendo sido por ele considerada como causa de justificação (excludente da antijuridicidade). Entretanto, Welzel acabou por retomar seu pensamento inicial a respeito dessa matéria, incluindo a adequação social à tipicidade. (CANCIO MELIÁ, Manuel. La teoría de la adecuación social en Welzel. *Anuario de derecho penal y ciencias penales*, Madrid, t. 46, mês 2, p. 701, 1993. Disponível em: <https://dialnet.unirioja.es/descarga/articulo/46435.pdf>. Acesso em: 5 dez. 2021).

332. Nas palavras de Welzel, concluindo sua abordagem a respeito da adequação social: "A função metódica da adequação social se encontra em recortar das palavras formais dos tipos aqueles

praticadas em esportes (dentro das regras normais do jogo), das intervenções cirúrgicas e da provocação de morte em tais procedimentos (quando respeitadas as regras do ofício) e, ainda, do famoso exemplo do sobrinho que aconselha seu tio, de quem espera receber uma herança, a realizar perigosas viagens de trem.[333]

Ao desenvolver essa teoria, Welzel dirigia crítica à visão causal-naturalista de que se poderia pensar em crime quando presente uma lesão a um bem jurídico, pois a ausência de lesão era considerada o estado original do bem jurídico. Para Welzel, em uma interpretação correta da realidade social do Direito, apenas há a possibilidade de vida social com certa exposição a perigo dos bens jurídicos, sendo que todos estão constantemente expostos. Por isso a importância da adequação social, representando um âmbito de liberdade de atuação social.[334] Nos tipos penais, portanto, se manifesta a natureza social e histórica do Direito Penal: tais dispositivos assinalam as formas de conduta que se afastam gravemente das ordens históricas da vida social.[335]

Para Welzel isso repercute na compreensão e interpretação dos tipos, que por influência da doutrina causalista, eram demasiado restringidas, enquanto se concebia a essência dos tipos em lesões causais dos bens jurídicos.[336]

Assim, são socialmente adequados os negócios que se mantêm dentro dos limites de uma gestão ordenada, mesmo que deles resultem alguns eventos danosos; não ficam compreendidas no âmbito de criminalização, assim, algumas condutas que poderiam objetivamente se inserir em determinados tipos penais.[337]

acontecimentos da vida que materialmente não pertencem a eles, e que com isso se consegue que o tipo seja realmente uma tipificação do injusto penal." (Welzel, Hans. *Derecho penal: parte general.* Trad. de Carlos Fontán Balestra. Buenos Aires: Roque Depalma Editor, 1956. p. 66).

333. Welzel, Hans. *Derecho penal: parte general.* Trad. de Carlos Fontán Balestra. Buenos Aires: Roque Depalma Editor, 1956. p. 63-66. Em relação a exemplo idêntico ao último citado (apenas com a diferença de ter o sobrinho enviado seu tio a um bosque em época de tormenta, na esperança de que um raio o matasse), destaca-se que, na última edição de seu manual, Welzel não considerou como solução a esse caso a exclusão da tipicidade objetiva, mas sim a ausência de dolo, por inexistir vontade de matar. Isto é, considera-se cumprido o tipo penal objetivo, excluindo-se o dolo porque, por mais que exista uma esperança e desejo do resultado, não há uma vontade capaz de influir determinantemente nos fatos e controlar definitivamente o curso causal. (Cancio Meliá, Manuel. *Líneas básicas de la teoría de la imputación objetiva.* México: Angel Editor, 2001. p. 30-31; Roxin, Claus. *Derecho Penal.* Parte General. Tomo I. Trad. de Diego-Manuel Luzón Peña, Miguel Díaz y Garcia Conlledo y Javier de Vicente Remesal. Madrid: Civitas, 1997. p. 362).

334. Cancio Meliá, Manuel. La teoría de la adecuación social en Welzel. *Anuario de derecho penal y ciencias penales*, Madrid, t. 46, mês 2, p. 699-702, 1993. Disponível em: <https://dialnet.unirioja.es/descarga/articulo/46435.pdf>. Acesso em: 5 dez. 2021; Cancio Meliá, Manuel. *Líneas básicas de la teoría de la imputación objetiva.* México: Angel Editor, 2001. p. 33.

335. Welzel, Hans. *Derecho Penal Alemán.* Trad. de Juan Bustos Ramírez y Sergio Yáñez Pérez. Santiago: Editorial Jurídica Comares, 1993. p. 66.

336. Welzel, Hans. *Derecho Penal Alemán.* Trad. de Juan Bustos Ramírez y Sergio Yáñez Pérez. Santiago: Editorial Jurídica Comares, 1993. p. 66.

337. Welzel, Hans. *Derecho Penal Alemán.* Trad. de Juan Bustos Ramírez y Sergio Yáñez Pérez. Santiago: Editorial Jurídica Comares, 1993. p. 67.

As condutas socialmente adequadas não são necessariamente exemplares, mas são condutas que se mantêm dentro dos marcos da liberdade de ação social. Este marco nem sempre é de fácil determinação.[338]

De acordo com a adequação social, a conduta daquele que se mantém dentro dos limites do socialmente permitido (por exemplo, que cumpre sua respectiva função dentro de um marco de organização) não preenche nenhum tipo penal. Esta ideia poderia ser transportada para a intervenção de agentes que desempenham uma determinada função, que atuam dentro dos limites de sua perspectiva de trabalho, e, assim, não seriam responsabilizados pelo crime de lavagem de dinheiro, mesmo que tais condutas fossem objetivamente consideradas parte da prática do delito.

Um grande problema, nessa temática, é que o conceito de adequação social é demasiado indeterminado e teríamos que verificar sempre o que é socialmente adequado, apesar da concreta possibilidade da consequência danosa.[339]

b) Risco permitido como limite da participação criminal:

A categoria do *risco permitido*[340] aparece de forma muito significativa na teoria da imputação objetiva. Por essa moderna teoria da imputação, procura-se alcançar uma menor dependência da categoria da causalidade, como critério científico-natural, para incorporar à imputação a orientação a valorações jurídicas[341] que se baseiam fundamentalmente na realização de um risco não permitido dentro do alcance do tipo.[342] O objetivo dessa teoria é fornecer os elementos necessários para se conseguir transformar uma mera causação em uma imputação - por exemplo, a provocação causal de uma morte em uma imputação de homicídio.[343-344]

---

338. Welzel, Hans. *Derecho Penal Alemán.* Trad. de Juan Bustos Ramírez y Sergio Yáñez Pérez. Santiago: Editorial Jurídica Comares, 1993. p. 67.

339. Jakobs, Günther. *Derecho Penal. Parte General.* Trad. de Joaquin Cuello Contreras e Jose Luis Serrano Gonzáles de Murillo. Madrid: Marcial Pons, 1997. p. 842

340. Há uma inegável semelhança entre a categoria do risco permitido e o princípio da adequação social. A esse respeito: Greco, Luís. Imputação objetiva: uma introdução. In: Roxin, Claus. *Funcionalismo e imputação objetiva no Direito Penal.* Trad. de Luís Greco. Rio de Janeiro: Renovar, 2002. p. 30-34. Também deixando à mostra a relação entre ambas as teorias, Manuel Cancio Meliá considera a teoria da adequação social de Welzel um antecedente da teoria da imputação objetiva como se apresenta hoje. (Cancio Meliá, Manuel. *Líneas básicas de la teoría de la imputación objetiva.* México: Angel Editor, 2001. p. 30-31).

341. Nesse sentido é, também, a referência de Enrique Bacigalupo, que vê na teoria da imputação objetiva o intento de se alcançar "a limitação da causalidade (natural) por bases normativas." (Bacigalupo, Enrique. *Derecho penal. Parte general.* 2. ed. Buenos Aires: Editorial Hammurabi, 1999. p. 202).

342. Roxin, Claus. *Funcionalismo e imputação objetiva no Direito Penal.* Tradução de Luís Greco. Rio de Janeiro: Renovar, 2002. p. 206-207.

343. Roxin, Claus. *Funcionalismo e imputação objetiva no Direito Penal.* Tradução de Luís Greco. Rio de Janeiro: Renovar, 2002. p. 308.

344. Em Hans Kelsen se encontra a distinção entre o princípio da causalidade e o princípio da

Diante disso, o pressuposto inicial da realização do tipo é a verificação de que o autor tenha causado o resultado,[345] não sendo essa causalidade, entretanto, o único elemento suficiente para a imputação ao tipo objetivo.[346] É nesse contexto que Günther Jakobs qualifica a causalidade como o requisito mínimo para a imputação objetiva do resultado.[347] Ou seja, se a conduta do agente não for, pelo menos, *conditio sine qua non* do resultado, não se poderá questionar a respeito dos requisitos da imputação objetiva,[348] configurando-se a mencionada posição difundida na doutrina: a de conceber o juízo de causalidade como um fundamento precedente do juízo de imputação.[349] É nesse sentido a referência

imputação, inclusive com a crítica já formulada à teoria da equivalência das condições de que se promoveria, com ela, um "regresso ao infinito" na cadeia de causas: "[...] toda a causa concreta pressupõe, com efeito, uma outra causa, e todo o efeito concreto deve ser considerado como causa de um outro efeito, por tal forma que a cadeia de causa e efeito - de harmonia com a essência da causalidade - é interminável nos dois sentidos. [...] O número de elos de uma série imputativa não é, como o número de elos de uma série causal, ilimitado, mas limitado. Existe um ponto terminal da imputação. Na série causal, porém, tal ponto não existe." (Kelsen, Hans. *Teoria pura do direito*. 8. ed. São Paulo: Editora WMF Martins Fontes, 2009. p. 101).

345. Nesse momento, o exame se pauta em um juízo de causalidade, segundo o qual alguns acontecimentos podem ser considerados consequência de acontecimentos anteriores. (Cerletti, Marco L. Juicios de imputación y juicios causales. In: Montealegre Lynett, Eduardo (coord.) *El funcionalismo en derecho penal: libro homenaje al profesor Günther Jakobs*. Colombia: Universidad Externado de Colombia, 2003. t. 2, p. 240)

346. No exemplo de Roxin: "Se A convence B a fazer um voo a Mallorca, no qual B se acidenta, a morte de B foi causada pelo conselho de A, mas ele não terá matado B, porque o acontecimento é tido como um fato do acaso, incalculável, que não pode ser imputado a A como obra sua. (Roxin, Claus. *Funcionalismo e imputação objetiva no Direito Penal*. Tradução de Luís Greco. Rio de Janeiro: Renovar, 2002. P. 270). Da mesma forma, se imputa o resultado morte ao agente que conduz seu veículo em desrespeito às normas de trânsito e vem, por esse motivo, a causar um acidente com a morte de outro motorista. A existência de tipicidade nesse caso não se fundamenta na causalidade ou na finalidade, já que o outro motorista, que conduzia seu veículo adequadamente, também deu causa ao resultado, além de o responsável pelo acidente não o ter provocado "finalmente". Além disso, o vendedor do veículo que deseja fortemente que o comprador se envolva em um acidente mortal, apesar da intenção e causalidade, não será responsabilizado em razão da falta de criação de um risco não permitido. (Roxin, Claus. El nuevo desarrollo de la dogmática jurídico-penal en Alemania. *Indret: Revista para el Análisis del Derecho*, Espanha, n. 4, p. 6, 2012. Disponível em: <https://dialnet.unirioja.es/servlet/articulo?codigo=4085818&orden=369235&info=link>. Acesso em: 5 dez. 2021).

347. Jakobs, Günther. *Derecho penal. Parte general. Fundamentos y teoría de la imputación*. Tradução de Joaquin Cuello Contreras e Jose Luis Serrano Gonzalez de Murillo. 2. ed. Madrid: Marcial Pons, 1997. p. 237.

348. Greco, Luís. Imputação objetiva: uma introdução. In: Roxin, Claus. *Funcionalismo e imputação objetiva no Direito Penal*. Tradução de Luís Greco. Rio de Janeiro: Renovar, 2002. p. 88.

349. Apesar de referir ser a postura mais difundida, é interessante notar que Marco L. Cerletti defende o abandono da concepção que considera o juízo de causalidade como ponto de partida ou fundamento ao juízo de imputação, entendendo ser um critério mais adequado à construção de uma ciência jurídico-penal o que encontra na própria imputação o seu critério determinante, retirando a importância até então atribuída à causalidade (natural). (Cerletti, Marco L. Juicios de imputación y juicios causales. In: Montealegre Lynett, Eduardo (coord.) *El funcionalismo en derecho penal: libro homenaje al profesor Günther Jakobs*. Colombia: Universidad Externado de Colombia, 2003. t. 2, p. 247 e 274).

de Fabio Roberto D'Avila de que a teoria da imputação objetiva não surge com o propósito de substituir a análise causal naturalística, mas de aprimorar e complementar a causalidade,[350] fazendo referência ao seguinte sistema de análise: primeiro, a verificação de um vínculo causal, como um critério mecânico-natural ("[...] causa como condição conforme a lei natural"); segundo, a constatação de um vínculo normativo, aqui se constatando os critérios de imputação objetiva (criação de um risco não permitido, alcance do tipo etc.).[351]

Em um primeiro momento, portanto, apenas em caso de excesso em relação ao risco permitido[352] é que passarão a ser importantes outras questões como o dolo e a culpa. Antes disso, dentro dos limites do risco permitido, as demais questões do delito não se fazem determinantes.[353]

Desse modo, a partir do paradigma da teoria da imputação objetiva, deve-se avaliar se a atuação do agente extrapola os limites do risco permitido, para então se prosseguir (ou não) no exame das categorias necessárias à determinação da possibilidade de sua responsabilização criminal. Em alguns casos, será possível se utilizar do risco permitido, um dos filtros da teoria da imputação objetiva para limitar a participação criminal do agente que não extrapola tal limite.[354] Isso porque algumas condutas envolvendo transações financeiras podem representar riscos de danos à ordem econômica, mas riscos socialmente tolerados em prol da funcionalidade do sistema da economia.

---

350. D'Avila, Fabio Roberto. *Crime culposo e a teoria da imputação objetiva*. São Paulo: Editora Revista dos Tribunais, 2001. p. 37.

351. D'Avila, Fabio Roberto. *Crime culposo e a teoria da imputação objetiva*. São Paulo: Editora Revista dos Tribunais, 2001. p. 42.

352. Na doutrina de Jesús-María Silva Sánchez, o conceito de "risco permitido" como barreira dogmática da incriminação de condutas seria originário da sociedade pós-industrial, sob o seguinte sentido ou justificação: "[...] a comunidade tem que pagar o preço do desenvolvimento, admitindo que as empresas não adotem as mais detalhadas medidas de segurança, nem utilizem materiais da mais alta qualidade. Caso contrário, não será possível obter o benefício que permite a acumulação de capital necessário para o reinvestimento e crescimento; ou não se progrediria no ritmo esperado." (Silva Sánchez, Jesús-María. *La expansión del derecho penal*. 2. ed. Madrid: Civitas, 2001. p. 42-43). Pode-se relacionar a isso a concepção de "cuidado necessário", encontrada em Hans Welzel, quando se refere ao crime culposo, destacando que não se pode exigir de uma pessoa um cuidado maior do que aquele necessário (para o tráfego de veículos, por exemplo), caso contrário as pessoas seriam levadas a uma completa inação. Assim, uma lesão a um bem jurídico decorrente de uma ação desse tipo poderia ser considerada uma desgraça, mas jamais um injusto penal. (Welzel, Hans. *El nuevo sistema del derecho penal: una introducción a la doctrina de la acción finalista*. Tradução de José Cerezo Mir. Bueno Aires: B de F, 2004. p. 117-118).

353. Jakobs, Günther. *Derecho penal. Parte general. Fundamentos y teoría de la imputación*. Tradução de Joaquin Cuello Contreras e Jose Luis Serrano Gonzalez de Murillo. 2. ed. Madrid: Marcial Pons, 1997. p. 245.

354. Callegari, André Luís. *Imputação Objetiva*. Porto Alegre: Livraria do Advogado, 2001. p. 21 e ss.

c) Limitação de responsabilidade criminal através da proibição de regresso:

Através da teoria da imputação objetiva, desenvolvida, dentre outros, por Jakobs, buscamos algumas soluções para os problemas de participação criminal, isto é, para a limitação da intervenção delitiva. Os conteúdos normativos da teoria da imputação objetiva desenvolvidos por Jakobs se encontram vinculados à ideia de que o sistema da teoria do delito deve tomar como ponto de referência a esfera da administração autônoma que corresponde ao indivíduo.[355] Nesse sentido, a teoria da imputação objetiva é, para Jakobs, um primeiro grande mecanismo de determinação de âmbitos de responsabilidade dentro da teoria do delito: "é necessário fixar de modo objetivo o que significa um comportamento, se significa uma infração da norma ou algo inofensivo."[356]

Dentro da doutrina da imputação objetiva de Jakobs, uma das instituições mais originais é a *proibição de regresso*, onde se começa a discutir a necessidade de limitar o âmbito do comportamento punível, tanto para os comportamentos culposos como dolosos, com base em critérios objetivo-normativos, necessidade resumida numa frase já bem conhecida de Jakobs: "nem tudo é assunto de todos".[357]

Para Jakobs, a proibição de regresso refere-se àqueles casos em que um comportamento que favorece a prática de um delito por parte de outro indivíduo não pertence em seu significado objetivo a esse delito; quer dizer, que pode ser "distanciado" dele. Se verifica essa hipótese quando o sujeito que realiza a atividade que facilita o comportamento delitivo não tem de aceitar como algo comum o delito cometido. Dessa ótica, a proibição de regresso configura o âmbito de intervenção não-delitiva no acontecimento e determina o campo da "não-participação (punível)".[358]

É que existe um âmbito de atuação conjunta dolosa ou culposa com o comportamento de outras pessoas que realiza objetivamente o tipo, sem responsabilidade por esta "intervenção" em sentido amplo. Este âmbito se caracteriza pelo fato de que o "interveniente" realiza uma contribuição que em si é

355. Peñaranda Ramos, Enrique, Suárez Gonzales, Carlos, Cancio Meliá, Manuel. *Um Novo Sistema do Direito Penal. Considerações sobre a teoria de Günther Jakobs*. Tradução André Luís Callegari e Nereu José Giacomolli. Barueri, São Paulo: Manole, 2003. p. 82.

356. Ver a respeito: Reyes Alvarado, Yesid. *Imputación objetiva*. Bogotá: Temis, 1996. p. 50 e ss.

357. Peñaranda Ramos, Enrique, Suárez Gonzales, Carlos, Cancio Meliá, Manuel. *Um Novo Sistema do Direito Penal. Considerações sobre a teoria de Günther Jakobs*. Tradução André Luís Callegari e Nereu José Giacomolli. Barueri, São Paulo: Manole, 2003, p. 89.

358. Peñaranda Ramos, Enrique, Suárez Gonzales, Carlos, Cancio Meliá, Manuel. *Um Novo Sistema do Direito Penal. Considerações sobre a teoria de Günther Jakobs*. Tradução André Luís Callegari e Nereu José Giacomolli. Barueri, São Paulo: Manole, 2003, p. 91.

inofensiva e quotidiana, e que só mediante a colocação em prática de planos de outras pessoas se converte num curso causal danoso.[359] Assim, trata-se de distinguir entre intervenções *próprias* e criação de uma situação na qual *outros* realizam um tipo.[360]

Diante da teoria de Jakobs, necessário que fique esclarecido que a responsabilidade penal sempre tem como fundamento a violação de um papel (rol), ou seja, a imputação objetiva do comportamento é regida pelo papel que se atribui a cada cidadão. Assim, não são decisivas as *capacidades de quem atua*, mas as *capacidades do portador de um papel*, referindo-se a denominação *papel* a um sistema de posições definidas de modo normativo, ocupado por indivíduos intercambiáveis; trata-se, portanto, de uma instituição que se orienta com base nas pessoas. As expectativas dirigidas ao portador de um papel configuram o esquema de interpretação cujo concurso é imprescindível para que as ações individuais possam adquirir um significado socialmente vinculante.[361]

d) Negócios standard e limitação da responsabilidade

Ainda que não se tenha uma solução concreta para todos os casos, é certo que nem sempre a realização de determinados negócios, ou de determinadas condutas que, em princípio, preencham o tipo objetivo de lavagem de dinheiro, podem ser vistas como condutas delitivas.

Existem casos em que a solução não é tão evidente, quando a contribuição de um sujeito à atividade de lavagem consiste na mera prestação dos serviços próprios de sua profissão, é dizer, na realização daquelas atividades que, em princípio, são oferecidas a qualquer cliente que as solicite (negócios ou condutas *standard*). As dúvidas sobre se estas atividades são objetivamente idôneas para integrar o tipo de lavagem se estendem, inclusive, para aqueles casos nos quais o autor possui ciência de que os bens que manuseará provêm da comissão de um delito.[362]

Segundo Paula Brener, as ações neutras ou "condutas cotidianas" nada mais são do que um grupo de casos compostos por comportamentos que, de uma

---

359. Jakobs, Günther. *Derecho Penal. Parte General.* Tradução de Joaquin Cuello Contreras e Jose Luis Serrano Gonzáles de Murillo. Madrid: Marcial Pons, 1997, p. 842. Para reforçar a questão, Jakobs faz a seguinte indagação: alguém paga, como estava obrigado, sua dívida a um credor, sabendo que o credor, com este dinheiro, vai em busca da comissão de um delito. Existe cumplicidade do devedor?

360. Jakobs, Günther. *Derecho Penal. Parte General.* Tradução de Joaquin Cuello Contreras e Jose Luis Serrano Gonzáles de Murillo. Madrid: Marcial Pons, 1997, p. 842.

361. Jakobs, Günther. *A imputação objetiva no Direito Penal.* Tradução de André Luís Callegari. São Paulo: Revista dos Tribunais, 2000. p. 20.

362. Ragués i Vallés, Ramon. *Blanqueo de capitales y negocios standard.* Revista Ibero-americana de Ciências Penais, Porto Alegre, ano 3, n. 7, p. 163-164, set/dez 2002.

perspectiva causal, possibilitam ou favorecem a realização de um fato ilícito por um terceiro autorresponsável. Essas condutas, por seu caráter socialmente difundido, disponível e inerente às relações sociais, apresentam margens tênues e pouco definidas quanto à sua punibilidade.[363]

Deve-se advertir, entretanto, que não existem condutas neutras em si mesmas e em qualquer contexto. É preciso avaliar as circunstâncias concretas da conduta para que se possa afirmar ser *neutra* ou não. Nas palavras de Mercedes Pérez Manzano: "Não existem condutas *por si* neutras, pois qualquer conduta que genericamente e em abstrato possa ser classificada de neutra, isto é, de penalmente irrelevante e atípica, pode adquirir sentido delitivo e ser, portanto, penalmente relevante se ocorrerem certas condições (...)."[364]

Ragués i Vallés propõe uma forma de exame para que se possa decidir em quais casos uma conduta está subsumível formalmente ao tipo de lavagem e, de forma mais concreta, para se verificar se a realização de negócios *standard* com o conhecimento da origem delitiva da contraprestação econômica pode integrar este tipo delitivo. O critério delimitador seria o seguinte: só está justificado que uma conduta seja castigada como constitutiva de lavagem se, para um potencial agente da infração penal antecedente, a possibilidade de contar com essa conduta (*standard*) *ex post* (posteriormente à prática da infração antecedente) puder ser valorada como um incentivo para a realização da infração prévia, constituindo-se uma diminuição relevante da capacidade dissuasória da pena prevista para dita infração anterior.[365]

De acordo com isso, no momento de realizar esse juízo, deve-se partir da figura do denominado "homem médio", sem se levarem em conta as peculiaridades pessoais que alguns potenciais infratores possam manifestar. A tal efeito, não importam as concretas preferências do autor da infração prévia – dita infração já foi cometida e não há o que possa desconstituir essa realidade -, senão que interessam as preferências da maioria dos potenciais delinquentes, já que são os destinatários da mensagem produzida pelo castigo dos atos de lavagem. Isso obriga a introduzir na análise critérios de racionalidade econômica, que, em princípio, considerar-se-ão apropriados para se referir a um infrator que atua movido pelo ânimo de lucro. Trata-se de determinar quais condutas podem ser consideradas tão lucrativamente atrativas para dito "homem médio" que a pos-

---

363. Brener, Paula. *Ações Neutras e Limites da Intervenção Punível.* Rio de Janeiro: Marcial Pons, 2021. p. 33-34.

364. Pérez Manzano, Mercedes. Neutralidad delictiva y blanqueo de capitales. In: Bajo Fernández, Miguel; Bacigalupo, Silvina (coord.). *Política criminal y blanqueo de capitales.* Madrid: Marcial Pons, 2009. p. 173. (tradução nossa)

365. Ragués i Vallés, Ramon. *Blanqueo de capitales y negocios standard.* Revista Ibero-americana de Ciências Penais, Porto Alegre, ano 3, n. 7, p. 186, set/dez 2002.

sibilidade de contar com elas diminuam de forma relevante o efeito dissuasório da pena das infrações prévias.[366]

É que, no delito de lavagem, parte-se sempre de uma situação em que a comissão da infração prévia redunda num incremento da capacidade econômica do autor. Neste contexto, resulta extremamente útil ao autor da infração prévia aquelas condutas que contribuem para uma consolidação da capacidade econômica ilicitamente obtida. Este efeito de consolidação se alcança com as ações que tendem à manutenção dos ganhos alcançados, desvinculando-os de sua origem delitiva (*atos de ocultação/dissimulação*). Neste grupo de condutas, pode-se incluir aquelas que, ainda que comportando uma perda parcial da capacidade econômica inicialmente obtida, logram preservá-la substancialmente.[367]

Assim, de acordo com as razões expostas por Ragués i Vallés, as condutas idôneas para gerar este efeito de "consolidação por meio da ocultação da origem" realizam o tipo de lavagem de dinheiro. Logo, para o potencial autor de infrações penais antecedentes, seria um importante incentivo *ex ante* saber que, uma vez consumada sua infração, poderia recorrer livremente à colaboração de terceiras pessoas que, sem restrição alguma, lhe ajudariam a manter ou, inclusive, a incrementar as riquezas obtidas com a comissão do delito prévio, eliminando ou reduzindo o perigo de perda que pesa sobre esse patrimônio. Castigando como lavagem de dinheiro estas condutas de asseguramento, consegue-se reduzir o número de pessoas dispostas a realizá-las e, deste modo, diminuem-se as expectativas do possível autor do fato principal de acabar desfrutando pacificamente dos benefícios que seu delito lhe possa proporcionar. Transladando esta ideia às condutas de aquisição, pode-se sustentar a necessidade de castigar aquelas aquisições que, comportando um efeito de ocultação da origem dos bens, revertam numa consolidação das vantagens econômicas conseguidas pelo autor do delito prévio.[368]

De acordo com as ideias expostas, e no que se refere às condutas *standard*, os anteriores critérios levam a limitar a idoneidade para realizar o tipo de lavagem por aquelas prestações de serviços que geram objetivamente um efeito de ocultação e, portanto, a consolidação dos ganhos do delito. Em câmbio, a tipicidade deverá ser negada quando o ato de consumo, ainda supondo uma transformação dos objetos que provêm da infração prévia, não gere dito efeito de ocultação. Neste último caso, a possibilidade de contar *ex ante* com estas

366. Ragués i Vallés, Ramon. *Blanqueo de capitales y negocios standard*. Revista Ibero-americana de Ciências Penais, Porto Alegre, ano 3, n. 7, p. 186, set/dez 2002.

367. Ragués i Vallés, Ramon. *Blanqueo de capitales y negocios standard*. Revista Ibero-americana de Ciências Penais, Porto Alegre, ano 3, n. 7, p. 186, set/dez 2002.

368. Ragués i Vallés, Ramon. *Blanqueo de capitales y negocios standard*. Revista Ibero-americana de Ciências Penais, Porto Alegre, ano 3, n. 7, p. 186-187, set/dez 2002.

condutas de transformação não afeta de forma relevante a ameaça penal, pois tais condutas em nada ajudam o autor a assegurar a capacidade econômica conseguida com a infração anterior. O mesmo tratamento merece aqueles casos em que os atos de ocultação contribuem de maneira quantitativamente insignificante para a consolidação da riqueza alcançada.[369]

Assim, o problema da relevância penal do que se denomina *ações ou comportamentos neutros* tem sua sede de discussão sistemática precisamente na configuração do desvalor da ação dos partícipes e a determinação dos critérios de imputação objetiva do comportamento do cúmplice.

O tipo de cumplicidade encontra-se submetido à controvérsia na delimitação de seu limite mínimo a respeito de condutas aparentemente neutras que se caracterizam, num primeiro momento, por desenvolverem-se em âmbitos de trabalho como ações *standard*. Sua "habitualidade" (atuações da "vida diária", "quotidiana") numa sociedade pós-industrial e pós-moderna, muitas vezes integrando serviços ou negócios de intercâmbio, apresenta critérios de delimitação idôneos para distinguir o comportamento criminal do neutro.[370]

Não fosse esse pensamento admitido, e fossem esses comportamentos compreendidos como criminosos, haveria uma possível paralisação da vida social (assim como ocorreria nas hipóteses precedentes, não fossem também elas admitidas); afinal, essa vida social é caracterizada por uma considerável inter-relação e interdependência entre as pessoas. Dito de forma mais simples: a questão do limite mínimo do tipo de cumplicidade é a fronteira de liberdade do cidadão que deve poder orientar-se normativamente sobre se sua contribuição ultrapassa a barreira do permitido por contribuir para um delito alheio, ou se, pelo contrário, sua atuação - neutra - não representa uma participação criminal punível.[371]

A participação de quaisquer indivíduos em atividades de intercâmbio comercial importa, inegavelmente, em riscos mais ou menos identificáveis de que alguma prática ilícita ocorra, inclusive de lavagem de dinheiro. Considerar isso um argumento suficiente para se considerar um caso de cumplicidade levaria, simples e automaticamente, à paralisação da vida social, e a um recorte insustentável da liberdade de atuação do cidadão.[372]

---

369. Ragués i Vallés, Ramon. *Blanqueo de capitales y negocios standard.* Revista Ibero-americana de Ciências Penais, Porto Alegre, ano 3, n. 7, p. 187, set/dez 2002.

370. Landa Gorostiza, Jon-Mirena. *La complicidad delictiva en la actividad laboral "cotidiana".* Granada, Espanha: Comares Editorial, 2002. p. 219-220.

371. Landa Gorostiza, Jon-Mirena. *La complicidad delictiva en la actividad laboral "cotidiana".* Granada, Espanha: Comares Editorial, 2002. p. 220.

372. Landa Gorostiza, Jon-Mirena. *La complicidad delictiva en la actividad laboral "cotidiana".* Granada, Espanha: Comares Editorial, 2002. p. 239.

e) Inserção na lei de lavagem de um tipo culposo?

A previsão de um tipo culposo de lavagem de dinheiro poderia servir de solução para a responsabilização criminal de casos limítrofes, quando se verificasse a presença dos elementos da culpa, em especial a violação de uma regra de cuidado e diligência no desempenho de determinada função. Inexistindo em nosso ordenamento essa figura da lavagem culposa, devemos recorrer, nesses casos, a soluções diversas, geralmente para afirmar a falta de responsabilidade criminal por lavagem.

A crítica que se faz à tipificação culposa do delito de lavagem, endereçada especialmente aos empregados de instituições financeiras (dada a natureza de sua atuação, eminentemente relacionada com transações financeiras entre titulares diversos), é que tal fato pode distorcer a atividade econômica, em particular a atuação dos intermediários financeiros nos mercados de crédito, pois as transações de lavagem não se diferenciam externamente das transações legais, já que os ativos de diversas ordens não estampa em si a sua origem, a forma pela qual foi adquirido. Portanto, nas operações bancárias, não é tarefa simples descobrir todas as operações de lavagem, porque camufladas entre a imensidão de movimentações legais de capital que diariamente se realizam. Ademais, há uma série de técnicas de lavagem de dinheiro que se modificam continuamente, o que dificulta a sua detecção.[373]

Como já foi dito, o dinheiro não manifesta exteriormente a sua origem. Assim, é muito difícil para o empregado de uma entidade financeira que trata diariamente com numerosos clientes determinar se um ingresso constitui um negócio normal ou uma tentativa de lavagem. Recordemos que o dinheiro entregue pode ter atrás de si vários processos de ocultação, o que permite que sua origem não seja detectável. Noutros casos, o empregado da instituição não tem contato com o dinheiro já que se ocupa só de operações abstratas de caráter contábil, o que impossibilita qualquer desconfiança sobre a origem dos bens[374].

Nesse sentido é que se critica a tipificação culposa do delito de lavagem, pois o empregado da entidade financeira suportaria um risco demasiadamente elevado de realização de um comportamento punível. Isso porque o tipo conduziria à penalização não só das condutas em que o funcionário deliberadamente "fecha seus olhos" diante das transações evidentemente delitivas, mas também nos casos de descuido em um ambiente repleto de riscos. O problema principal da comissão culposa reside na necessidade de estabelecer normativamente

---

373. ARÁNGUEZ SÁNCHEZ, Carlos. *El Delito de Blanqueo de Capitales*. Madrid: Marcial Pons, 2000. p. 278.

374. BLANCO CORDERO, Isidoro. *Responsabilidad penal de los empleados de banca por el blanqueo de capitales*. Granada: Editorial Comares, 1999. p. 189.

obrigações de cuidado, já que, para a comissão deste tipo de delito, exige-se um comportamento contrário ao dever objetivo de cuidado[375] – um ponto de partida nesse sentido poderia ser encontrado nos deveres previstos nos artigos 10 e 11 da Lei de Lavagem.

3.7. Participação criminal do advogado no delito de lavagem

Umas das mais polêmicas questões envolvendo a participação no crime de lavagem de dinheiro se refere à possibilidade de se afirmar a responsabilização do advogado que recebe o pagamento de honorários com ativos de fonte duvidosa, ou mesmo ativos que sabe possuírem fonte ilícita. Essa discussão é periodicamente revivida no âmbito legislativo, com tentativas recorrentes de criminalização da conduta do advogado.

Um primeiro passo em direção à resolução dessa problemática pode ser dado a partir do plano constitucional, ao se garantir o livre exercício da advocacia na própria Constituição Federal.[376] É importante registrar que a livre escolha a um profissional de sua confiança é um direito do acusado; de outro lado, o livre exercício profissional é um direito do próprio advogado, assegurado constitucionalmente.

Outro ponto que não pode ser ignorado, e que já afirmamos em momento precedente desta obra, é que a lavagem de dinheiro é um complexo de atos destinados a ocultar ou dissimular determinadas características de bens (origem, localização, disposição etc.), não se confundindo com o simples ato de fruição do patrimônio ilícito. A diferença entre a lavagem e a fruição é evidente: o agente que realiza o crime de lavagem de dinheiro, faz o que for necessário para permanecer proprietário (de fato) de patrimônio ilícito, com maior segurança possível (além dos terceiros que conscientemente o auxiliam nessa prática); por outro lado, o agente que gasta tal patrimônio, nada mais faz do que retirar de seu âmbito de domínio o patrimônio (lavado ou não).

Ao agente do crime de lavagem, o pagamento de honorários a advogado não significa mais um ato de lavagem, mas, ao contrário, um erro de percurso, algo indesejável. Afinal, "normalmente se cometem delitos lucrativos porque o autor quer obter algum tipo de rendimento com os ganhos de sua conduta, não para se ver implicado num processo penal e poder pagar um advogado".[377]

375. Blanco Cordero, Isidoro. *Responsabilidad penal de los empleados de banca por el blanqueo de capitales*. Granada: Editorial Comares, 1999. p. 200.

376. "Constituição Federal, Art. 133. O advogado é indispensável à administração da justiça, sendo inviolável por seus atos e manifestações no exercício da profissão, nos limites da lei."

377. Ragués I Vallés, Ramon. *Blanqueo de capitales y negocios standard*. Revista Ibero--americana de Ciências Penais, Porto Alegre: CEIP, 2002. p. 169.

Assim, como regra geral, o recebimento de honorários por parte dos advogados, para exercício de atividade privativa de advogado, como é o caso de defesa em processo penal, não é conduta adequada ao tipo de lavagem de dinheiro.[378] As condutas do advogado que se restrinjam às atividades quotidianas de exercício da advocacia não podem ser vistas como participação no delito de lavagem de dinheiro, ainda quando o profissional receba, no pagamento de honorários, ativos com origem ilícita.

Entretanto, essas razões da inaplicabilidade da Lei de Lavagem ao advogado que recebe pagamento de honorários com ativos ilícitos não se aplicam em casos nos quais a atuação do advogado extrapola a atuação eminentemente técnica defensiva ou preventiva, constituindo-se de deliberada orientação delitiva, ou mesmo de fraude em relação ao recebimento dos ativos. Não se pode considerar, nesses casos, imune o advogado, pois extrapola os limites lícitos de sua atuação.

Desse modo, pense-se no advogado que ativamente orienta o ciente na prática do delito de lavagem, fornecendo seu conhecimento técnico para conduzir a prática delitiva por caminhos mais seguros, a fim de garantir maior segurança na ocultação/dissimulação. Nesse caso, o advogado torna-se integrante direto do contexto criminoso, sendo um dos tantos atores possíveis do crime, seja como autor, seja como partícipe, dependendo do seu nível de implicação e do domínio que possua sobre a prática criminosa.

Outra hipótese de responsabilização do advogado por lavagem é aquela na qual há não o legítimo pagamento de honorários pela prestação de serviços jurídicos pelo advogado, mas fraude no pagamento e/ou na prestação dos serviços jurídicos. Isso ocorre, por exemplo, quando o advogado atua como fiduciário do lavador.[379] Ou seja, o advogado recebe (realmente ou apenas simbolicamente) determinados valores de cliente, sob pretexto de prestação de serviço jurídico, o qual não será efetivamente prestado, e o advogado exercerá apenas o posto de titular legal do patrimônio que lhe é repassado, mas que permanecerá sob domínio de fato de seu cliente; resumidamente, o advogado exerce o posto de *laranja* do real titular dos bens. Esse processo de lavagem pode ainda se prolongar, com a devolução, pelo advogado, de valores ao lavador, ou a outros *laranjas*, por meio de novos negócios jurídicos fraudulentos, como contratação de empresas, pagamento de contas diversas etc.

Uma última consideração sobre o tema, que pode também ser o ponto fundamental desta discussão, é o caso dos honorários de boa fé (*bona fide fees*).

---

378. Aránguez Sánchez, Carlos. *El Delito de Blanqueo de Capitales*. Madrid: Marcial Pons, 2000. p. 258.

379. Palma Herrera, José Manuel. *Los delitos de blanqueo de capitales*. Madrid: Edersa, 2000. p. 534.

Neste contexto, considera-se que a questão fundamental se centra no fato de os honorários terem sido pagos de boa fé, sem qualquer engano, para a representação concernente à responsabilidade pessoal do acusado. Assim, afirma-se que não existe o pagamento de honorários *bona fides* se se trata de um plano pré-concebido para manter os interesses do acusado ou de um terceiro sobre certos ativos, ou utilizá-los de forma que suponha um interesse para aquele (como o exemplo anterior, no qual o advogado desempenha a função de *laranja*). Por exemplo, se os honorários superam de forma vultosa o valor dos serviços prestados, e existe um acordo entre o advogado e o cliente para que parcela de ditos ativos sejam devolvidos ao cliente, então não se consideram que são honorários *bona fides*, mas que constituem um delito de lavagem de dinheiro.[380]

3.8. A autolavagem

O tipo penal do delito de lavagem de dinheiro exige, expressamente, a prática prévia de uma infração penal da qual origine o produto a ser lavado. Entretanto, o legislador não dispôs qualquer restrição em relação ao sujeito ativo, tampouco exigiu alguma qualificação sua, o que possibilita que o delito de lavagem seja realizado por qualquer pessoa (crime comum). A partir dessa constatação, surge a questão que divide opiniões a respeito da possibilidade de se responsabilizar a *autolavagem*.

Por autolavagem se entende a prática de lavagem de dinheiro pelo mesmo agente que praticou a infração penal antecedente. Ou seja, o agente que participa da prática da infração penal que gera os ativos é o mesmo agente a participar dos atos de lavagem desses mesmos ativos.

Essa possibilidade de dupla punição (pela infração penal antecedente e pela lavagem) ao mesmo agente não é uma matéria expressamente admitida em nossa legislação, ao contrário do que ocorre, por exemplo, no Código Penal espanhol, que admite a autolavagem no próprio tipo penal básico do crime de lavagem de dinheiro - nos seus termos: "Artigo 301.1 Aquele que adquira, possua, utilize, converta, ou transmita bens, sabendo que estes têm sua origem em uma atividade delitiva, *cometida por ele ou por qualquer terceira pessoa*, ou realize qualquer outro ato para ocultar ou encobrir sua origem ilícita [...]." (tradução nossa)

Muitas vezes, se inicia o exame da autolavagem com um comparativo com delitos que, assim como a lavagem, têm como pressuposto a prévia realização de outra infração penal, como ocorre na receptação. Com relação ao delito de

---

380. Gómez-Jara Díez, Carlos. El criterio de los honorarios profesionales *bona fides* como barrera del abogado defensor frente al delito blanqueo de capitales: un apunte introductorio. In: Bajo Fernández, Miguel; Bacigalupo, Silvina (coord.). *Política criminal y blanqueo de capitales*. Madrid: Marcial Pons, 2009. p. 221-222.

receptação, não se tem admitido como sujeito ativo aquele que intervém como autor ou cúmplice no delito previamente cometido. Nesse caso, a ocultação do bem pelo agente do furto, por exemplo, constitui pós-fato impunível.

Ainda que não exista a previsão expressa no tipo do crime de receptação da exclusão daqueles que tenham intervindo no delito prévio (como ocorre na Espanha[381]), a doutrina costuma adotar essa posição. Assim, o sujeito ativo da receptação pode ser qualquer pessoa, salvo o autor, coautor ou partícipe do delito que a antecede e que dá origem ao bem. Sendo participante do crime antecedente, não poderá ser autor da receptação, mesmo que também participe desta de forma direta. Se participa da infração penal antecedente, por exemplo de subtração, será autor unicamente da comissão de um furto, mesmo que oculte o objeto furtado.[382]

O raciocínio comparativo pode ser realizado, ainda, com os crimes de favorecimento pessoal[383] e favorecimento real.[384] As hipóteses de aplicação dos respectivos artigos 348 e 349 do Código Penal brasileiro estão previstas para os sujeitos que não intervieram no delito prévio, é dizer, o auxílio deve ser prestado posteriormente, e não antes ou durante a prática do delito principal.

O sujeito ativo do crime previsto no artigo 348 CP não pode ter participado do crime anterior, pois é impune a ação de autofavorecer-se. Assim, se o sujeito auxilia no delito prévio, não pode ser condenado pelo delito previsto no artigo 348 do CP, nem pelo delito do artigo 349 do CP,[385] pois também será considerado autor ou partícipe do delito prévio.[386]

---

381. Art. 298.1 do Código Penal Espanhol, estabelece: "Aquele que, com ânimo de lucro e com conhecimento da comissão de um delito contra o patrimônio ou a ordem socioeconômica, *em que não tenha intervindo nem como autor nem como cúmplice*, ajude aos responsáveis a aproveitarem-se dos efeitos do mesmo, ou receba, adquira ou oculte tais efeitos, será castigado com a pena de prisão de seis meses a dois anos". (tradução nossa)

382. De Jesus, Damásio. *Direito Penal. Parte Especial.* São Paulo: Saraiva, 1988. v. 2. p. 426; Mirabete, Julio Fabbrini. *Manual de Direito Penal. Parte Especial.* São Paulo: Atlas, 1986. v. 2. p. 323, opina que "o partícipe do furto que influencia para que um terceiro adquira a coisa subtraída, responde só pelo furto e não pela receptação, considerada *post factum* impunível"; Silva Franco, Alberto. *Código Penal e sua Interpretação Jurisprudencial.* 6. ed. São Paulo: Editora Revista dos Tribunais, 1997. p. 2.801; Fragoso, Heleno. *Lições de Direito Penal.* 10. ed. Rio de Janeiro: Forense, 1986. p. 551; Regis Prado, Luiz; Bittencout, Cezar Roberto. *Código Penal Anotado.* 2. ed. São Paulo: RT, 1999. p. 596.

383. Código Penal, Art. 348 – Auxiliar a subtrair-se à ação de autoridade pública autor de crime a que é cominada pena de reclusão: Pena – detenção, de um a seis meses, e multa.

384. Código Penal, Art. 349 – Prestar a criminoso, fora dos casos de co-autoria ou de receptação, auxílio destinado a tornar seguro o proveito do crime: Pena – detenção, de um a seis meses, e multa.

385. Fragoso, Heleno. *Lições de Direito Penal.* 10. ed. Rio de Janeiro: Forense, 1986. p. 531; Delmanto, Celso. *Código Penal Comentado.* 3. ed. São Paulo: Renovar, 1991. p. 53; De Jesus, Damásio. *Direito Penal. Parte Especial.* São Paulo: Saraiva, 1988. v. 2. p 271; Stoco, Rui. *Código Penal e sua Interpretação Jurisprudencial.* São Paulo: Editora Revista dos Tribunais, 1997. v. 1, t. 2, 1997, p. 3.875.

386. Magalhães Noronha, Edgard. *Direito Penal.* 20. ed. São Paulo: Saraiva, 1995. v. 4. p. 390.

Nesse sentido, se o sujeito atua no delito prévio, por exemplo no delito de tráfico de drogas, e depois ajuda de qualquer forma a ocultar os bens provenientes daquele delito, não poderá ser condenado por esta ocultação, pois seria autor do delito prévio.

Um critério muito utilizado para se afirmar a falta de responsabilização do agente do delito prévio pelo delito posteriormente praticado para asseguramento da vantagem (receptação, por exemplo), é o princípio da consunção. Parte da doutrina brasileira fundamenta a impunidade do interveniente no delito prévio, em relação à posterior conduta receptadora, justamente no princípio da consunção, afirmando se estar diante de um pós-fato impunível, como antes mencionamos. A consumação amplia-se para abarcar, também, através de critérios valorativos, a pluralidade de fatos. Assim, os fatos posteriores significam um mero aproveitamento ou desdobramento do fato anterior, sendo por este consumidos/absorvidos.[387]

Afirma-se que ocorre a consunção quando um crime é meio necessário ou normal fase de preparação ou de execução de outro crime.[388] Em outras palavras, a consunção se verifica quando o conteúdo de um ilícito estiver contido em outro.[389] Ou seja, um tipo penal compreende o desvalor delitivo de outro tipo penal.[390] Nesse caso, um delito pode ser considerado forma regular de prática do outro (ou seja, se constituir em ato executório de outro)[391] – em nosso entender, desde que não tenha sido incorporado ao tipo penal do crime principal os elementos constitutivos do crime-meio, situação na qual se estará diante de uma relação de especialidade.

Ocorrerá, portanto, a consunção quando um fato criminoso acompanhar normalmente outro (não acontecendo de, como na especialidade, um fato necessariamente realizar a previsão típica de outro), bem como, no entendimento de Santigado Mir Puig, no caso dos atos posteriores impuníveis.[392]

---

387. Fragoso, Heleno. *Lições de Direito Penal.* 10. ed. Rio de Janeiro: Forense, 1986. p. 377; De Jesus, Damásio. *Direito Penal. Parte Geral.* São Paulo: Saraiva, 1998. p. 102; Regis Prado, Luiz. *Curso de Direito Penal Brasileiro. Parte Geral.* 2. ed. São Paulo: RT, 2000. p. 134-135.

388. Fragoso, Heleno. *Lições de Direito Penal.* 10. ed. Rio de Janeiro: Forense, 1986. p. 376; Regis Prado, Luiz. *Curso de Direito Penal Brasileiro. Parte Geral.* 2. ed. São Paulo: RT, 2000. p. 134; Mirabete, Julio Fabbrini. *Manual de Direito Penal. Parte Geral.* 7. ed. São Paulo: Atlas, 1992. p. 116.

389. Bacigalupo, Enrique. *Manual de Derecho Penal. Parte general.* Colômbia: Editorial Temis S.A., 1996. p. 241.

390. Bustos Ramírez, Juan J.; Hormazábal Malarée, Hernán. *Lecciones de derecho penal.* Madrid: Editorial Trotta, 1997. v. 1, p. 100.

391. Welzel, Hans. *Derecho penal. Parte general.* Tradução de Carlos Fontán Balestra. Buenos Aires: Roque Depalma Editor, 1956. p. 229.

392. Mir Puig, Santiago. *Derecho Penal. Parte general.* 10. ed. Barcelona: Editorial Reppetor, 2016. p. 685-686.

No caso dos atos posteriores impuníveis, pode-se conceituá-los como fatos típicos realizados após um delito principal, destinados ao asseguramento ou à utilização da coisa adquirida ilicitamente.[393] É ilustrativo o exemplo fornecido por Hans Welzel: "O ladrão que vende ou danifica as coisas furtadas, comete, por certo formalmente, uma defraudação ou dano de coisas, porém, esses fatos são compreendidos também pelo conteúdo do injusto de furto, pois são somente o aproveitamento da posição semelhante à do proprietário, pela qual o ladrão é penalizado segundo o § 242."[394]

Enrique Bacigalupo afirma que a consunção alcança também esses atos posteriores impuníveis, dessa vez em um raciocínio de regressão do crime posterior ao anterior, este último considerado o "centro de gravidade" do ataque penal.[395] Nesse mesmo sentido, se posicionaram, também, Hans Welzel[396] e Santiago Mir Puig.[397]

Exemplos práticos dessa relação de consunção são encontrados no caso do crime de homicídio em relação às lesões corporais praticadas para o alcance do resultado morte, e no caso do crime de furto em relação à violação de domicílio praticada para o cometimento do primeiro.

Nessa relação de consunção, nem sempre o delito prevalecente será mais grave do que o delito-meio, conforme o exemplo fornecido por Günter Stratenwerth: "[...] é o caso do furto de combustível (§ 242) em relação ao uso indevido de veículo automotor (§ 248b), conduta à qual a lei comina pena menor. Nesses casos, deve prevalecer a norma mais leve."[398]

Visto isso, também em relação ao crime de lavagem de dinheiro devemos determinar se o interveniente no delito prévio pode ser o posterior autor da lavagem. Uma primeira análise do tipo penal de lavagem nos permite afirmar que é um delito comum.[399] Nesse sentido, a classificação dos tipos penais pode ser feita de acordo com o círculo de sujeitos que podem ser autores das condutas incriminadas. Assim, há delitos comuns e especiais. Os delitos comuns

---

393. Bacigalupo, Enrique. *Manual de Derecho Penal. Parte general.* Colômbia: Editorial Temis S.A., 1996. p. 242.

394. Welzel, Hans. *Derecho penal. Parte general.* Tradução de Carlos Fontán Balestra. Buenos Aires: Roque Depalma Editor, 1956. p. 229-230. (tradução nossa)

395. Bacigalupo, Enrique. *Derecho penal. Parte general.* 2. ed. Buenos Aires: Editorial Hamurabi, 1999. p. 575;

396. Welzel, Hans. *Derecho penal. Parte general.* Tradução de Carlos Fontán Balestra. Buenos Aires: Roque Depalma Editor, 1956. p. 229.

397. Mir Puig, Santiago. *Derecho Penal. Parte general.* 10. ed. Barcelona: Editorial Reppetor, 2016. p. 686.

398. Stratenwerth, Günter. *Derecho penal. Parte general I.* Tradução de Manuel Cancio Meliá e Marcelo A. Sancinetti. Navarra: Editorial Aranzadi, 2005. p. 456. (tradução nossa)

399. Antonio Lascuraín, Juan. Blanqueo de Capitales. In: Nieto Martín, Adán; *et al. Derecho Penal Económico y de la Empresa.* Madrid: Editorial Dykinson, 2018. p. 509.

caracterizam-se pelo fato de que qualquer sujeito pode ser autor.[400] Por sua vez, os delitos especiais requerem, para sua realização, um determinado sujeito ativo, que possua uma qualificação exigida pelo tipo penal, pois este restringe o círculo da autoria.[401]

Seguindo essa classificação, o preceito contido no artigo 1º da Lei nº 9.613/98, relativo à lavagem de dinheiro, é um delito comum, pois as condutas contidas no preceito podem ser realizadas por qualquer pessoa, já que o preceito inicia com uma expressão anônima[402] ("Ocultar ou dissimular a natureza..."), sem que o legislador tenha feito qualquer exigência expressa relativa ao sujeito ativo do delito.[403]

Entretanto, mesmo que seja classificado como crime comum, não se pode disso concluir que necessariamente também o participante do delito prévio possa ser responsabilizado pela lavagem posterior. A sua responsabilização pela lavagem, que entendemos possível, deve ser extraída de outros critérios.

Entendemos que é possível a autolavagem, porque a lavagem de dinheiro não é um desdobramento necessário ou comum da infração antecedente.[404] Se o desfrute ou a mera ocultação (como o caso do agente que simplesmente enterra dinheiro em seu quintal ou o oculta em parede falsa) dos ativos ilícitos são, em certa medida, esperados como atos posteriores ao delito que gere ativos maculados (ou seja, são atos que, com muita normalidade, compõem o plano criminoso que objetiva a geração de lucro), diferentemente, não é natural se esperar que o agente do delito principal implemente um complexo de atos suces-

---

400. Coelho, Walter. *Teoria Geral do Crime*. 2. ed. Porto Alegre: Fabris, 1998. v. 1. p. 156; Regis Prado, Luiz. *Curso de Direito Penal Brasileiro. Parte Geral*. 2. ed. São Paulo: RT, 2000. p. 151; Mirabete, Julio Fabbrini. *Manual de Direito Penal. Parte Geral*. 7. ed. São Paulo: Atlas, 1992. p. 129; Assis Toledo, Francisco. *Princípios Básicos de Direito Penal*. São Paulo: Saraiva, 1994. p. 141.

401. Coelho, Walter. *Teoria Geral do Crime*. 2. ed. Porto Alegre: Fabris, 1998. v. 1. p. 156; Mirabete, Julio Fabbrini. *Manual de Direito Penal. Parte Geral*. 7. ed. São Paulo: Atlas, 1992. p. 129; Assis Toledo, Francisco. *Princípios Básicos de Direito Penal*. São Paulo: Saraiva, 1994. p. 141-142.

402. Jescheck, Hans-Heinrich; Weigend, Thomas. *Tratado de Derecho Penal*. Parte General. 4. ed. Trad. de José Luis Manzanares Samaniego. Granada: Editorial Comares, 1993. p. 240.

403. Cervini, Raúl; Terra De Oliveira, Willian; Gomes, Luiz Flávio. *Lei de Lavagem de Capitais*. São Paulo: RT, 1998. p. 324.

404. Nesse sentido, em decisão do STJ: "O crime de lavagem ou ocultação de bens, direitos e valores, tipificado no art. 1º da Lei n. 9.613/98, constitui crime autônomo em relação às infrações antecedentes. Portanto, devidamente caracterizado, não se identifica como mera conduta acessória ou post factum não punível." (STJ, AgRg no REsp 1840416/PR, Rel. Ministro Felix Fischer, Quinta Turma, julgado em 06/10/2020)

Ainda: "O crime de lavagem ou ocultação de bens, direitos e valores, tipificado no art. 1º da Lei n. 9.613/98, constitui crime autônomo em relação às infrações antecedentes." (STJ, AgRg no RHC 113.911/PR, Rel. Ministro Leopoldo De Arruda Raposo (DESEMBARGADOR CONVOCADO DO TJ/PE), Quinta Turma, julgado em 19/11/2019)

sivos e às vezes custosos a fim de lavar os ativos. Inegavelmente, a lavagem de dinheiro possui uma complexidade própria (muitas vezes superior à da infração antecedente) e, também, uma autonomia, o que impede que seja considerada mero desdobramento normal da infração principal. É, por isso, delito novo.[405]

Ressalvamos, entretanto, que o crime antecedente pode possuir peculiaridades que impeçam, a depender do caso concreto, o reconhecimento de ato de lavagem pelo agente. No caso do crime de corrupção passiva, por exemplo, consumada no momento do recebimento da vantagem indevida, não é incomum que tal recebimento ocorra com a utilização de contas de terceiros. Ou seja, o que poderia caracterizar uma dissimulação própria da lavagem se apresenta como circunstância integrativa da execução do crime de corrupção. Nesse caso, o agente do crime antecedente (corrupção passiva) não poderá ser responsabilizado pelo delito de lavagem, justamente porque a dissimulação compõe a prática da corrupção[406] – a menos que se demonstre a posterior prática de novos e autônomos atos de lavagem, realizados após a consumação da corrupção.[407]

Deve-se atentar, entretanto, para uma situação limítrofe, configurada no caso de pagamento da vantagem indevida fruto do crime de corrupção por meio

---

405. Esse entendimento já foi afirmado, por exemplo, pelo Superior Tribunal de Justiça: "12. Embora a tipificação da lavagem de dinheiro dependa da existência de um crime antecedente, é possível a autolavagem - isto é, a imputação simultânea, ao mesmo réu, do delito antecedente e do crime de lavagem -, desde que sejam demonstrados atos diversos e autônomos daquele que compõe a realização do primeiro crime, circunstância na qual não ocorrerá o fenômeno da consunção." (STJ, APn 856/DF, Rel. Ministra Nancy Andrighi, Corte Especial, julgado em 18/10/2017).

406. Nesse sentido, o entendimento em decisão do STF: "O recebimento de propina constitui o marco consumativo do delito de corrupção passiva, na forma objetiva 'receber', sendo indiferente que seja praticada com elemento de dissimulação. 1.2. A autolavagem pressupõe a prática de atos de ocultação autônomos do produto do crime antecedente (já consumado), não verificados na hipótese." (STF, AP 470 EI-sextos, Relator(a): Luiz Fux, Relator(a) p/ Acórdão: Roberto Barroso, Tribunal Pleno, julgado em 13/03/2014)

No mesmo sentido: "Lavagem de capitais e crimes contra a administração pública. Corrupção passiva e autolavagem: quando a ocultação configura etapa consumativa do delito antecedente - caso da corrupção passiva recebida por pessoa interposta - de autolavagem se cogita apenas se comprovados atos subsequentes, autônomos, tendentes a converter o produto do crime em ativos lícitos, e capazes de ligar o agente lavador à pretendida higienização do produto do crime antecedente." (STF, AP 694, Relator(a): Rosa Weber, Primeira Turma, julgado em 02/05/2017)

Por fim: "Lavagem de dinheiro. Art. 1º da Lei 9.613/98. Ocultação da propriedade e a localização da vantagem indevida recebida em razão da corrupção passiva, mediante depósitos dos recursos em contas de terceiros, assessores parlamentares. O recebimento dos recursos por via dissimulada, como o depósito em contas de terceiros, não configura a lavagem de dinheiro. Seria necessário ato subsequente, destinado à ocultação, dissimulação ou reintegração dos recursos." (STF, AP 644, Relator(a): Gilmar Mendes, Segunda Turma, julgado em 27/02/2018)

407. Nesse sentido, também no STF: "LAVAGEM DE DINHEIRO - INFRAÇÃO ANTECEDENTE - CONDUTA AUTÔNOMA. A configuração do crime de lavagem de dinheiro exige que os atos alusivos à ocultação ou à dissimulação mostrem-se autônomos e distintos no tocante à estrutura típica da infração penal antecedente." (STF, Inq 3515, Relator(a): Marco Aurélio, Primeira Turma, julgado em 08/10/2019)

de doação eleitoral, sendo essa forma jurídica (doação eleitoral) a *roupagem* de licitude conferida à vantagem fruto de infração penal antecedente (corrupção). Nesse caso específico, há julgado da Suprema Corte entendendo configurado o crime de lavagem de dinheiro, considerando-se o recebimento da vantagem da corrupção por meio de doação eleitoral um ato autônomo em relação à própria corrupção. Nas palavras do Min. Edson Fachin, relator do acórdão: "O efetivo recebimento da liberalidade viciada pela simulação, em forma de doação eleitoral no valor de R$ 500.000,00 (quinhentos mil reais), é fato incontroverso nos autos e dotado de autonomia em relação à consumação do delito de corrupção passiva, o que viabiliza a perfectibilização de tal conduta ao crime de lavagem de capitais."[408]

Temos fortes dúvidas em relação a esse último caso, porque, salvo melhor juízo, podem não estarem presentes todos os elementos do tipo penal de lavagem, e a adequação típica mais adequada seria em relação ao crime de falsidade eleitoral, previsto no artigo 350 do Código Eleitoral.[409] É possível que a doação sequer esteja vinculada com o ato de ofício realizado pelo funcionário público, ou que dita promessa de realização nem se enquadre dentro de suas atribuições, o que inclusive conduziria à atipicidade do delito de corrupção ativa.[410]

De outro lado, o próprio agente político, muitas vezes, desconhece o destino dos valores recebido pelo partido político, o que não pode conduzir à sua responsabilização pelo delito de lavagem de dinheiro na modalidade ocultação ou dissimulação,[411] pois o próprio partido é o responsável pela distribuição e destinação dos valores recebidos a título de doação eleitoral. Atribuir-se ao político

---

408. "No delito de lavagem de dinheiro, em razão da vantagem indevida obtida como produto de prática ilícita anterior, o agente busca dar-lhe ares de licitude para viabilizar a sua fruição a par de qualquer embaraço legal. Com esse desiderato, é plenamente viável que o agente corrompido negocie com o seu corruptor que o adimplemento da vantagem indevida se dê mediante a prática de ato aparentemente lícito, como é a hipótese de doação eleitoral oficial, situação na qual, de forma induvidosa, tem-se por configurado o crime de lavagem de capitais, diante da flagrante inexistência da predisposição do particular em efetuar a liberalidade. No caso, comprovado o recebimento da vantagem indevida para a prática de ato de ofício sob a roupagem de doação eleitoral, tem-se a perfeita subsunção da conduta que lhes foi atribuída na denúncia ao delito previsto no art. 1°, caput, da Lei 9.613/1998." (STF, AP 1015, Relator(a): Edson Fachin, Segunda Turma, julgado em 10/11/2020)

409. "Lei 4.737/1965, Art. 350. Omitir, em documento público ou particular, declaração que dêle devia constar, ou nele inserir ou fazer inserir declaração falsa ou diversa da que devia ser escrita, para fins eleitorais: Pena – reclusão até cinco anos e pagamento de 5 a 15 dias-multa, se o documento é público, e reclusão até três anos e pagamento de 3 a 10 dias-multa se o documento é particular."

410. Callegari, André Luís. Corrupção Passiva. In: Coleção 80 anos do Código Penal. V. 2. Parte Especial – Tomo 1. São Paulo: Revista dos Tribunais, 2020. p. 303-304.

411. Nesse sentido, há uma confusão sobre os verbos nucleares do tipo penal de lavagem de dinheiro, porque em muitas denúncias a conduta do denunciado vem inserta nos dois verbos, sem, contudo, se descrever no corpo da denúncia como se deu a ocultação ou a dissimulação, o que necessariamente deveria acarretar o reconhecimento da inépcia da denúncia.

o controle sobre a origem dos valores recebidos pelo partido seria tornar-lhe garante de uma função que não é sua. Porém, em muitos casos, essa imputação foi atribuída aos políticos que acabaram sendo acusados de corrupção e lavagem de dinheiro em concurso material, quando, na verdade, os casos deveriam ser tão-somente de falsidade eleitoral.

Destacamos que a mera desconfiança do agente público não pode implicar em sua responsabilidade penal se não houver a prova cabal de que recebeu valores relacionado à mercancia de sua atividade pública, especificamente de sua atribuição. O problema é que, nos casos de doação eleitoral, na prática, houve uma generalização de imputações, sem a cautela devida no exame de adequação típica, o que resultou na abertura de diversos inquéritos policiais e procedimentos investigatórios criminais para apurar delitos de corrupção, lavagem de dinheiro e organização criminosa, quando, de fato, haveria somente um delito eleitoral. Não estamos afirmando que os outros delitos não poderiam ter ocorrido; mas, em muitos casos, as denúncias não os descrevem de forma a possibilitar a mais ampla defesa porque restringem-se a transcrever os verbos nucleares do tipo penal.

4.

ANÁLISE DOS TIPOS PENAIS

4.1. O artigo 1º, *caput*[412]

Como já referido anteriormente, no Brasil, o delito de lavagem de dinheiro não se encontra tipificado no Código Penal, que data do ano de 1940, e sua parte especial não sofreu nenhuma alteração substancial desde então. Em razão disso, quase todos os delitos econômicos, ou que de alguma maneira protejam interesses econômicos, foram introduzidos por leis especiais, não se localizando na Parte Especial do Código.

A tipificação do crime de lavagem de dinheiro, portanto, é encontrada na Lei 9.613, de 1998. Em seu artigo 1º, *caput*, delimita os requisitos da ação básica de lavagem de dinheiro, dispositivo legal que sofreu uma ampliação significativa no curso de sua existência. Em um primeiro momento, apenas os bens, direitos ou valores originados de crimes específicos poderiam se objeto de lavagem, já que o tipo penal fazia expressa referência a "crime" antecedente, bem como indicava um rol taxativo de crimes. Em momento posterior, com a reforma legislativa operada no ano de 2012, não só foi suprimido o rol de crimes antecedentes, como houve alteração no *caput* desse dispositivo legal para se substituir o termo "crime" por "infração penal", esse último mais abrangente do que o primeiro, já que engloba também as contravenções penais.

---

412. "Lei 9.613/1998, Art. 1º Ocultar ou dissimular a natureza, origem, localização, disposição, movimentação ou propriedade de bens, direitos ou valores provenientes, direta ou indiretamente, de infração penal. Pena: reclusão, de 3 (três) a 10 (dez) anos, e multa."

Portanto, podem ser objeto de lavagem os bens, direitos ou valores originados de qualquer crime, ou de qualquer contravenção penal. Trata-se, portanto, de um tipo penal de lavagem de dinheiro de *terceira geração*, não restrito a um rol taxativo de delitos antecedentes.

Além disso, está-se diante de um crime comum, que não exige uma qualificação especial do sujeito ativo. Pode ser autor do crime de lavagem, portanto, qualquer pessoa.[413]

4.1.1. As condutas típicas: "ocultar" e "dissimular"

O artigo 1º da Lei nº 9.613/1998 menciona dois verbos nucleares, sendo o primeiro deles o "ocultar" a natureza, origem, localização, disposição, movimentação ou propriedade dos bens, direitos e valores provenientes de infrações penais. No sentido gramatical, o termo "ocultar" significa "não deixar ver", "encobrir", "esconder", ou, também "esconder fraudulentamente".[414] O sentido da ocultação exposta no tipo pelo legislador brasileiro não é muito distinto do sentido gramatical, já que a previsão como delito busca justamente evitar o ocultamento das mencionadas características dos ativos que tenham origem em infrações penais antecedentes. A doutrina assinala que ocultar é justamente a conduta de esconder, tornar algo inacessível a outras pessoas,[415] o que não se contrapõe ao sentido gramatical anteriormente referido. Por conseguinte, o que se busca com esse verbo típico é evitar a ocultação da origem, localização, disposição, movimentação ou propriedade dos bens, direitos ou valores que decorram de infrações penais quaisquer.

Destaca-se, como já mencionamos em outro momento, que essa ocultação não se refere a um objeto físico, como ocorre com o crime de receptação, por exemplo. Trata-se de atuação voltada a ocultar uma qualidade do objeto (como a sua origem ilícita),[416] motivo pelo qual, diferentemente da receptação, não consideramos o crime de lavagem de dinheiro um crime permanente.

O segundo verbo previsto no tipo penal é o de "dissimular" a natureza, origem, localização, disposição, movimentação ou propriedade dos bens, direitos ou valores provenientes de infrações penais. Em sentido gramatical, o termo "dissimular" difere do sentido do verbo "ocultar", pois exige um algo mais em relação à ocultação. O termo "dissimular" significa "ocultar ou encobrir

---

413. Nesse sentido, também: PRADO, Luiz Regis. *Direito Penal Econômico*. 8. ed. Rio de Janeiro: Forense, 2019. p. 454.

414. *Novo Dicionário da Língua Portuguesa*, 1975, p. 999.

415. TIGRE MAIA, Rodolfo. Lavagem de Dinheiro. São Paulo: Malheiros, 1999. p. 66.

416. PALMA HERRERA, José Manuel. *Los delitos de blanqueo de capitales*. Madrid: Edersa, 2000. p. 440. (tradução nossa)

com astúcia", "disfarçar", "fingir", "simular".[417] Assim, pode-se afirmar que a ocultação seria o simples encobrimento, e a dissimulação seria a ocultação adjetivada, ou seja, sempre mediante o emprego do engano, do disfarce, da utilização de uma técnica que permite esconder com astúcia os bens provenientes das infrações antecedentes. Na realidade, o delito não muda pelos verbos empregados, pois tanto a ocultação quanto a dissimulação são apenadas da mesma forma, e não há agravamento da pena pela dissimulação, ainda que esta pareça mais grave pela sua forma de realização.

Há autores[418] que sustentam que a dissimulação seria uma segunda fase do delito de lavagem, ou seja, a de garantir a ocultação, já que o autor dissimularia o que ocultou. Não estamos de acordo com essa posição, pois o legislador empregou a conjunção "ou" entre a ocultação e a dissimulação. Assim, a dissimulação pode ocorrer isoladamente, sem necessidade de que, antes, o autor do delito tenha ocultado os bens. Como a dissimulação também é uma forma de ocultação, não é necessário o procedimento prévio de ocultar, pois o autor pode diretamente dissimular os bens provenientes de infrações penais.

4.1.2. O objeto material do delito: bens, direitos e valores

O objeto material de um delito é a pessoa ou a coisa sobre a qual recai a conduta criminosa.[419] Em relação ao delito de lavagem de dinheiro, costuma-se apontar como objeto material do crime os bens, os direitos e os valores provenientes de infração penal, sobre os quais recaem a conduta do agente lavador.[420] Salientamos que o objeto de proteção da norma não são os bens, direitos ou valores em si, senão a circulação destes no mercado, com aparência de licitude, fator que impacta negativamente no adequado funcionamento da economia em geral.

O legislador brasileiro fez menção expressa a estes objetos materiais na redação do artigo 1º da Lei 9.613/98, ao estabelecer: "ocultar ou dissimular a

---

417. *Novo Dicionário da Língua Portuguesa*, p. 485; nesse sentido: Tigre Maia, Rodolfo. Lavagem de Dinheiro. São Paulo: Malheiros, 1999. p. 66.

418. Cervini, Raúl; Terra De Oliveira, Willian; Gomes, Luiz Flávio. *Lei de Lavagem de Capitais*. São Paulo: RT, 1998. p. 329.

419. Palma Herrera, José Manuel. *Los delitos de blanqueo de capitales*. Madrid: Edersa. 2000, p. 303; Leal, João José. *Direito Penal Geral*. São Paulo: Atlas, 1998. p. 171; Assis Toledo, Francisco. *Princípios Básicos de Direito Penal*. São Paulo: Saraiva, 1994. p. 20; Mirabete, Julio Fabbrini. *Manual de Direito Penal. Parte Geral*. 7. ed. São Paulo: Atlas, 1992. p. 121; De Jesus, Damásio. *Direito Penal. Parte Geral*. São Paulo: Saraiva, 1998. p. 159.

420. Barros, Marco Antonio. *Lavagem de Dinheiro*. São Paulo: Editora Oliveira Mendes, 1998. p. 46; Cervini, Raúl; Terra De Oliveira, Willian; Gomes, Luiz Flávio. *Lei de Lavagem de Capitais*. São Paulo: RT, 1998. p. 325; Tigre Maia, Rodolfo. Lavagem de Dinheiro. São Paulo: Malheiros, 1999. p. 60.

natureza, origem, localização, disposição, movimentação ou propriedade de *bens*, *direitos* ou *valores* provenientes, direta ou indiretamente, de infração penal".

Como afirmado anteriormente, o artigo 1º da Lei 9.613/98 se refere aos "bens" como objeto da ação. Faltado um conceito de bem no Código Penal, devemos recorrer ao Direito Civil para interpretar essa categoria e, com isso, possibilitar a realização de um adequado juízo de tipicidade.

A doutrina normalmente conceitua os bens como "todas as coisas corpóreas ou incorpóreas propriamente ditas, suscetíveis de apreciação pecuniária e que compreendem tanto os móveis como os imóveis, os materiais como os imateriais, direitos ou valores, assim como os créditos".[421] Ainda, na conceituação de Carlos Roberto Gonçalves, bens "são coisas materiais, concretas, úteis aos homens e de expressão econômica, suscetíveis de apropriação, bem como as de existência imaterial economicamente apreciáveis."[422] Pode-se perceber que o amplo conceito de bens já engloba os outros dois objetos materiais sobre os quais recai a conduta de lavagem de dinheiro (*direitos* e *valores*). Em princípio, esta é a interpretação que se deve dar ao termo "bens" no âmbito do delito de lavagem de dinheiro, fundamentalmente a partir de uma interpretação sistemática do ordenamento jurídico. Com o Código Civil Brasileiro, em seu Livro II, podemos extrair algumas classificações de bens, como os bens imóveis (arts. 79 a 81), os bens móveis (arts. 82 a 84), os bens fungíveis e consumíveis (arts. 85 e 86), os bens divisíveis (arts. 87 e 88) etc.

O conceito amplo de bens expressa justamente a intenção legislativa motivadora dessa criminalização de abranger as mais diversas condutas no tipo penal de lavagem de dinheiro, sem permitir com que alguma prática de ocultação ou dissimulação de um estado de ilicitude fique alheio ao âmbito de responsabilização. Desse modo, todo e qualquer produto, direta ou indiretamente resultante de atividade penalmente ilícita e assimilável à noção de *bens*, pode caracterizar a prática da infração penal. Essa interpretação não é contraditória como o princípio da reserva legal, pois a utilização de conceitos normativos amplos não é prática recente.[423]

Parte da doutrina[424] considera que a adoção do conceito amplo de bens possui o resultado positivo de abranger a responsabilização de todas as condutas que

421. Gomes, Orlando. *Introdução ao Direito Civil*. 7. ed. Rio de Janeiro: Forense, 1983. p. 174; Rodriguez, Silvio. *Direito Civil. Parte Geral*. 15. ed. São Paulo: Saraiva, 1985. v. 1. p. 100; Náufel, José. *Novo Dicionário Jurídico Brasileiro*. 7. ed. São Paulo: Parma, 1984. v. 1. p. 198.

422. Gonçalves, Carlos Roberto. *Direito Civil Brasileiro. Parte Geral*. 8. ed. São Paulo: Saraiva, 2010. v. 1. p. 275.

423. Tigre Maia, Rodolfo. Lavagem de Dinheiro. São Paulo: Malheiros, 1999. p. 61-62.

424. Vidales Rodriguez, Caty. *Los delitos de receptación y legitimación de capitales en el Código penal de 1995*. Valencia: Tirant lo Blanch, 1997. 108; Gomez Iniesta, Diego J. *El delito de blanqueo de capitales en Derecho Español*. Barcelona: Cedecs, 1996. 47-48; Palomo Del Arco,

recaiam sobre qualquer espécie por meio da qual se expressem os benefícios, ganhos, produtos etc., que tenha sua origem na comissão de uma infração penal.

O tipo penal brasileiro, depois de referir-se à ocultação ou dissimulação de *bens*, faz menção expressa à ocultação ou dissimulação de *direitos* e *valores*, conceitos que podem ser considerados de certa forma já englobados pelo conceito anterior de *bens*. A inclusão de tais substantivos no tipo penal é reflexo da preocupação do legislador em não deixar que qualquer conduta de lavagem escape ao âmbito de criminalização, mesmo que tal opção importe em não se formular uma redação típica de todo coerente.

4.1.3. O objeto da ação do caput do artigo 1º

4.1.3.1. A ocultação ou dissimulação da "natureza" de bens, direitos ou valores

Em relação ao termo típico *natureza*, estamos de acordo com José Manuel Palma Herrera, quando afirma que "não há substantivo mais ambíguo, confuso, incerto e indeterminado do que 'natureza'."[425] Por essa razão, em uma primeira análise, esse termo não parece estar em consonância com o basilar princípio da legalidade.

A elevada gravidade das consequências jurídicas do Direito Penal torna pressuposto que se tenha um singular respeito a esse princípio da legalidade.[426] Tal princípio, geralmente sintetizado à exigência de lei prévia, possui um desdobramento representado pelo axioma *nullum crimen, nulla poena sine lege certa*, a proibir tipos penais indeterminados.[427] Surge, a partir desse postulado, um *mandado de determinação*, a exigir que a lei penal discipline de forma suficiente as condutas proibidas.[428]

Ou seja, o princípio da legalidade penal não é capaz de cumprir suficientemente a sua função de garantia (fundamental ao Direito Penal do Estado de

Andrés. Receptación y figuras afines. In: VIVES ANTÓN, Tomás Salvador; MANZANARES SAMANIEGO, José Luis (dir.). *Estudios de derecho judicial*. Espanha: Consejo General del Poder Judicial, 1996. n. 2. p. 442; BLANCO CORDERO, Isidoro. *El delito de blanqueo de capitales*. Pamplona: Aranzadi, 2012. p. 213; FARALDO CABANA, Patricia. Aspectos básicos del delito de blanqueo de bienes en el Código Penal de 1995. *Estudios Penales y Criminológicos*, Espanha, n. 21, p. 133, 1998.

425. PALMA HERRERA, José Manuel. *Los delitos de blanqueo de capitales*. Madrid: Edersa, 2000. p. 468. (tradução nossa)

426. BAUMANN, Jürgen. *Derecho penal: conceptos fundamentales y sistema*. Trad. de Conrado A. Finzi. Buenos Aires: Ediciones Depalma, 1973. p. 57.

427. ROXIN, Claus. *Derecho Penal*. Parte General. Tomo I. Trad. de Diego-Manuel Luzón Peña, Miguel Díaz y Garcia Conlledo y Javier de Vicente Remesal. Madrid: Civitas, 1997. p. 141.

428. MIR PUIG, Santiago. *Derecho Penal. Parte general*. 10. ed. Barcelona: Editorial Reppetor, 2016. p. 117.

Direito) se apenas se estabelecer, por meio de lei, as condutas proibidas; mais do que isso, deve-se assegurar que as prescrições penais sejam formuladas de maneira determinada e clara. Advertimos que não se trata de obstar ao tipo penal qualquer possibilidade de dúvida interpretativa (tarefa de impossível cumprimento), mas de se objetivar uma formulação típica que não ultrapasse limites mínimos de determinação.[429-430]

Esse postulado de determinação do tipo penal e o que entendemos violado pelo substantivo *natureza* inserido no tipo penal de lavagem de dinheiro, termo excessivamente ambíguo e de difícil determinação. Em rápida consulta ao dicionário, podemos identificar pelo menos 17 conceitos possível do substantivo "natureza".[431]

Em uma tentativa de delimitação do sentido desse substantivo típico, se interpretado enquanto elemento que compõe a essência do bem (o que o constitui enquanto tal, a sua *natureza*), não encontramos correspondência possível com as condutas típicas de *ocultar* e *dissimular*. Isso porque se o agente que, por exemplo, possui dinheiro de origem ilícita e, com ele, adquire obras de arte ou animais de criação, não estará *ocultando* ou *dissimulando* sua natureza, senão *trocando* ou *alterando* uma natureza por outra. Por outro lado, o agente que troca um imóvel de origem ilícita ou outro imóvel, igualmente não estará *ocultando* ou *dissimulando* a natureza, já que a natureza do bem se mantém a mesma (mesmo que se trate de outro bem, é bem de mesma *natureza*).[432]

Desse modo, resta concluir que o substantivo *natureza* se refere não ao que constitui a essência do bem, mas à sua *natureza ilícita*. O agente que realiza qualquer transação com o bem (trocando por de mesma espécie, por de espécie diversa, simplesmente transferindo-o etc.), objetiva *ocultar* ou *dissimular* sua

---

429. Stratenwerth, Günter. *Derecho penal. Parte general I*. Tradução de Manuel Cancio Meliá e Marcelo A. Sancinetti. Navarra: Editorial Aranzadi, 2005. p. 75.

430. Sobre a imprecisão do critério avaliativo de determinação da lei: "não há nenhum texto legal que exclua toda dúvida. Desse modo, a lei somente pode ser exata em maior ou menor medida, e esta medida, por sua vez, não é mensurável. Não está claro nem onde se encontra o limite de uma indeterminação admissível, nem quando este limite é ultrapassado. Por isso, somente nos casos extremos se poderá afirmar com alguma segurança que tenha sido violada a proibição de prescrições penais indeterminadas." (Stratenwerth, Günter. *Derecho penal. Parte general I*. Tradução de Manuel Cancio Meliá e Marcelo A. Sancinetti. Navarra: Editorial Aranzadi, 2005. p. 75).

431. Por exemplo: "1 Conjunto das leis que regem a existência das coisas e a sucessão dos seres. 2 Força ativa que estabelece e mantém a ordem natural do Universo. 3 Conjunto de elementos naturais. 4 Aquilo que constitui um ser em geral. 5 FILOS Essência ou condição própria de um ser ou de uma coisa. 6 Conjunto das propriedades de um ser organizado. 7 Constituição de um corpo. 8 Aquilo que é próprio do indivíduo. 9 FILOS O fundamento dos princípios morais. 10 FILOS Estudo dos princípios que regem o mundo natural..." (NATUREZA. In: MICHAELIS. Brasil: Editora Melhoramentos Ltda. Disponível em: <https://michaelis.uol.com.br/busca?r=0&f=0&t=0&palavra=natureza>. Acesso em: 11 nov. 2021).

432. Palma Herrera, José Manuel. *Los delitos de blanqueo de capitales*. Madrid: Edersa, 2000. p. 468-469.

natureza ilícita. Esse é um sentido possível para o substantivo *natureza*, conquanto possa ser confundido com o substantivo *origem*.[433]

4.1.3.2. A ocultação ou dissimulação da "origem" de bens, direitos ou valores

O artigo 1º da Lei 9.613/98 refere-se, em segundo lugar, à ocultação ou dissimulação da *origem* dos bens, direitos ou valores. Essa é a clássica e talvez mais conhecida formatação do crime de lavagem de dinheiro, afinal, é pressuposto desse delito o cometimento de uma infração penal prévia, da qual resulte bem, direito ou valor. Por consequência lógica, tem-se como natural que exista um objeto com origem ilícita para que se possa, justamente em razão dessa qualidade da origem, fazer uso de um procedimento voltado à sua "desconfiguração".

Mais do que *ocultação* e *dissimulação* da origem ilícita do bem, entretanto, entendemos que esse substantivo típico se refere também às operações que servem de fonte, que lhe dão procedência, das quais o patrimônio surge.[434] Por exemplo, o sujeito que possui uma rede de negócios ilícitos em país da Ásia, e que, ao remeter ativos desses negócios ao Brasil, utiliza artifícios para fazer parecer que originam da Europa, onde desenvolve atividade comercial lícita.

Dessa forma, o procedimento de lavagem de dinheiro é utilizado para dificultar o rastreio do "histórico de vida" dos ativos, para que não se descubra o real motivo de seu surgimento (a infração penal antecedente), ou mesmo a operação prévia que lhe dá origem. Quando o agente, portanto, realiza, juntamente com os demais autores/partícipes, diversas e sucessivas transações bancárias, costuma-se caracterizar o intento de ocultação ou dissimulação da origem dos ativos, distanciando-os o máximo possível da infração penal que antecedente.[435]

4.1.3.3. A ocultação ou dissimulação da "localização" de bens, direitos ou valores

O substantivo *localização* não deve ser interpretado exclusivamente como local físico no qual se encontra determinado bem (como a transferência de pedras

---

433. Blanco Cordero, Isidoro. *El delito de blanqueo de capitales*. Pamplona: Aranzadi, 2012, p. 268-269.

434. Palma Herrera, José Manuel. *Los delitos de blanqueo de capitales*. Madrid: Edersa, 2000. p. 472.

435. Em caso dessa espécie, julgado pelo Tribunal Regional Federal da 4ª Região: "1. Entre os anos de 2010 e 2015, os denunciados administraram, controlaram e movimentaram diversas contas bancárias, titularizadas por interpostas pessoas jurídicas e físicas, as quais acolheram depósitos provenientes de incontáveis outras pessoas físicas e jurídicas estabelecidas por todo o Brasil, incluindo traficantes de drogas, empresários de mercadorias descaminhadas e 'cigarreiros'. 2. Através da administração, controle e movimentação destas contas bancárias os denunciados dissimularam a origem dos valores depositados, movimentando-os como se fossem oriundos das atividades dos titulares das contas;" (TRF4, ACR 5017347-36.2015.4.04.7000, Sétima Turma, Relator Márcio Antônio Rocha, juntado aos autos em 13/10/2017).

preciosas entre estados da federação, ou de dinheiro em espécie de um local a outro[436]), mas como qualquer referência que possibilite que se encontre o bem. Por exemplo, no caso do sujeito que transfere dinheiro de uma conta bancária a conta bancária de outro país, inexiste transferência física de dinheiro, já que a operação ocorre por um sistema de registros bancários e de compensações. Mesmo essa operação deve ser abarcada pelo elemento típico *localização*, já que dificulta a identificação dos ativos e, também, a sua apreensão.[437]

4.1.3.4. A ocultação ou dissimulação da "disposição" de bens, direitos ou valores

O direito de dispor de uma coisa é um dos elementos do direito de propriedade, extraído expressamente do artigo 1.228 do Código Civil,[438] e "consiste no poder de transferir a coisa, de gravá-la de ônus e de aliená-la a outrem a qualquer título."[439] No mesmo sentido, Arnaldo Rizzardo afirma que o direito de dispor, enquanto atributo ou elemento constitutivo do direito de propriedade, representa o poder de consumir, alienar etc.[440] Pode-se afirmar, nesse âmbito, que o direito de dispor de um bem é a mais intensa manifestação do direito de propriedade, mais do que a fruição.[441]

Sendo conceituado pela doutrina, portanto, como um dos elementos do direito de propriedade, entendemos a *disposição* como mera especificação integrante de elemento típico mais amplo também disposto no *caput* do tipo penal de lavagem (propriedade). O agente que oculta ou dissimula a *disposição* de bem, direito ou valor, procura deixar imperceptível que é ele quem detém, de fato, tais faculdades.

---

436. Em caso julgado pelo STF, sobre a ocultação da localização sem sentido físico: "O conjunto probatório revela que os denunciados providenciaram a remoção do dinheiro acumulado no apartamento de familiar para o imóvel que lhes foi emprestado e onde foi localizado pela autoridade policial, o que, isoladamente, configura, sem equivocidade, a ocultação da localização e da propriedade desses valores ilícitos, mormente porque também caracterizado o dolo de reinserção do capital espúrio no mercado financeiro como ativos legais." (STF, AP 1030, Relator(a): Edson Fachin, Segunda Turma, julgado em 22/10/2019)

437. Palma Herrera, José Manuel. *Los delitos de blanqueo de capitales*. Madrid: Edersa, 2000. p. 475.

438. "Código Civil, Art. 1.228. O proprietário tem a faculdade de usar, gozar e dispor da coisa, e o direito de reavê-la do poder de quem quer que injustamente a possua ou detenha."

439. Gonçalves, Carlos Roberto. *Direito Civil Brasileiro. Direito das coisas*. 4. ed. São Paulo: Saraiva, 2009. v. 5. p. 209.

440. Rizzardo, Arnaldo. *Direito das coisas*. 6. ed. Rio de Janeiro: Forense, 2012. p. 230.

441. Nas palavras de Caio Mário da Silva Pereira: "Quem dispõe da coisa mais se revela dono do que aquele que usa ou frui". (Pereira, Caio Mário da Silva. *Instituições de Direito Civil*. 25 ed. Rio de Janeiro: Forense, 2017. v. 4. p. 97)

4.1.3.5. A ocultação ou dissimulação da "movimentação" de bens, direitos ou valores

Movimentação é o processo por meio do qual se promove determinada alteração de estado do bem (de sua localização, de sua titularidade etc.). A partir desse conceito, é possível que sejam desconhecidas a origem, a localização, e a disposição de determinado bem, mas que se conheça a sua movimentação. Por isso, não incorreu em redundância o Legislador ao prever no tipo penal também esse substantivo.

Adverte-se que esse substantivo não deve ser interpretado apenas em seu sentido físico (movimento de alteração de localização espacial de um bem, transferido a local diverso). Deve também esse termo ser interpretado em um sentido que se pode designar "mercantil ou contábil".[442] Quando adulterados, portanto, movimentos contábeis de uma empresa com a finalidade de realização de lavagem de dinheiro, estar-se-á diante dessa modalidade de delito.

4.1.3.6. A ocultação ou dissimulação da "propriedade" de bens, direitos ou valores

A propriedade é considerada o mais importante direito sobre as coisas. O direito de propriedade pode ser conceituado como "o poder jurídico atribuído a uma pessoa de usar, gozar e dispor de um bem, corpóreo ou incorpóreo, em sua plenitude e dentro dos limites estabelecidos na lei, bem como de reivindicá-lo de quem injustamente o detenha"[443] - conceito extraído do artigo 1.228 do Código Civil.[444]

O que pretende coibir, portanto, o tipo penal, nesse ponto, é que se oculte ou se dissimule a titularidade do direito de propriedade de determinado bem, por exemplo, suprimindo-se a figura do titular, ou fazendo constar como proprietário pessoa diversa.[445]

Um exemplo presente na jurisprudência pátria dessa espécie delitiva é a utilização de *laranjas*, ou seja, pessoas que cedem suas identidades para que bens sejam registrados em seus nomes, enquanto os direitos de propriedade permanecem sendo exercidos pelo agente. Veja-se o seguinte caso julgado pelo STJ:

---

442. Blanco Cordero, Isidoro. *El delito de blanqueo de capitales*. Pamplona: Aranzadi, 2012, p. 270.

443. Gonçalves, Carlos Roberto. *Direito Civil Brasileiro. Direito das coisas*. 4. ed. São Paulo: Saraiva, 2009. v. 5. p. 209.

444. "Código Civil, Art. 1.228. O proprietário tem a faculdade de usar, gozar e dispor da coisa, e o direito de reavê-la do poder de quem quer que injustamente a possua ou detenha."

445. Palma Herrera, José Manuel. *Los delitos de blanqueo de capitales*. Madrid: Edersa, 2000. p. 481.

> "Assim, entre o início de 2010 até 12.7.2012, o réu, verdadeiro proprietário dos bens, agindo conscientemente e espontaneamente com a sua irmã e com a sua mulher, estando todos unidos em ações e propósitos, continuadamente, teriam ocultado a real propriedade de bens imóveis, mediante lançamento do nome de terceiras pessoas ('laranjas'), em contratos particulares de locação como locadores/proprietários, dissimulando, assim, a sua verdadeira titularidade, com o objetivo de maquiar o domínio e fugir à responsabilidade penal."[446]

4.2. A equiparação do art. 1º, § 1º

O artigo 1º, § 1º, incisos I, II e III, da Lei de Lavagem, enumera alguns comportamentos específicos destinados a conferir a aparência de licitude aos valores oriundos de infrações penais prévias. Estabelece o § 1º:

> "§1º Incorre na mesma pena quem, para ocultar ou dissimular a utilização de bens, direitos ou valores provenientes de infração penal:
>
> I - os converte em ativos lícitos;
>
> II - os adquire, recebe, troca, negocia, dá ou recebe em garantia, guarda, tem em depósito, movimenta ou transfere;
>
> III - importa ou exporta bens com valores não correspondentes aos verdadeiros.".

O inciso I estabelece como delito a conversão dos ativos ilícitos em lícitos. Essa pode ser considerada a operação mais frequente nesse tipo de crime.[447] A utilização de grandes quantidades de dinheiro no sistema financeiro, sem um controle eficiente, sempre foi o método empregado para a transformação do dinheiro sujo em limpo. Mas nem toda conversão em ativos lícitos tipificará a conduta do crime previsto no artigo 1º, § 1º, inciso I, da Lei de Lavagem. Não se pode afirmar existir o crime de lavagem de dinheiro, nessa modalidade do inciso I, com a simples utilização dos bens, direitos ou valores de origem ilícita, pois o tipo exige que o agente tenha a consciência da origem ilícita e que a conversão em ativos lícitos possua o objetivo de ocultar ou dissimular a utilização do produto de infração penal.

O inciso II possui grande semelhança com os delitos de favorecimento real[448] e de receptação,[449] previstos no Código Penal brasileiro. Aqui, entretanto,

---

446. STJ, RHC 43.947/RJ, Rel. Ministro Jorge Mussi, Quinta Turma, julgado em 18/02/2016.

447. Barros, Marco Antonio. *Lavagem de Dinheiro*. São Paulo: Editora Oliveira Mendes, 1998. p. 39.

448. Art. 349, CP - Prestar ao criminoso, fora dos casos de co-autoria ou de receptação, auxílio destinado a tornar seguro o proveito do crime.

449. Art. 180, CP - Adquirir, receber, transportar, conduzir ou ocultar, em proveito próprio

deve-se aplicar o princípio da especialidade, fazendo-se sobrepor o tipo penal de lavagem de dinheiro, em razão da finalidade específica que caracteriza esse tipo penal. Assim, aquele que adquire bens, ou recebe, troca, negocia, dá ou recebe em garantia, guarda, tem em depósito, movimenta ou transfere, com o *objetivo de ocultar ou dissimular* sua utilização, comete o delito de lavagem de dinheiro.

O inciso III estabelece que incide nas mesmas penas quem importa ou exporta bens com valores que não correspondem aos verdadeiros. Para configuração dessa figura típica é necessária não só a importação ou exportação dos bens com valores não correspondentes aos verdadeiros, mas também se exige que a operação seja realizada com objetivo de ocultar ou dissimular a utilização de bens, direitos ou valores provenientes de infração penal antecedente. Com a importação ou exportação, o agente deve pretender encobrir o patrimônio ilícito para depois utilizá-lo no mercado econômico e financeiro com aparência de licitude.

Nesse exato sentido se dispôs na exposição de motivos da Lei de Lavagem, ao se exigir não só a conduta específica (importação ou exportação), mas, também, o elemento subjetivo especial:

> "Equipara o projeto, ainda, ao crime de lavagem de dinheiro a importação ou exportação de bens com valores inexatos (art. 1º, § 1º, III). Nesta hipótese, como nas anteriores, exige o projeto que a conduta descrita tenha como objetivo a ocultação ou a dissimulação da utilização de bens, direitos ou valores oriundos dos referidos crimes antecedentes."

A doutrina assinala que essa é uma das condutas mais frequentes para remessa de ativos ilícitos para o estrangeiro, pois o importador aceita pagar um valor superestimado pelas mercadorias adquiridas e recebe, no estrangeiro, do exportador - muitas vezes de uma empresa fantasma -, a diferença entre o valor nominal dos bens importados e seu efetivo valor de mercado. O lavador também pode usar este método para introduzir no país os produtos do crime. Assim, por exemplo, o exportador brasileiro, para ingressar valores ilegais que mantém no estrangeiro, "recebe" pelas suas mercadorias vendidas às "empresas estrangeiras" valores superiores aos preços de mercado.[450]

Nessas condutas (incisos I, II e III), a incriminação é sempre independente das infrações precedentes, pois o agente não necessita ter participado das infrações anteriores, uma vez que existe responsabilidade penal autônoma para quem lava bens próprios ou alheios. Há um novo crime independente dos

ou alheio, coisa que sabe ser produto de crime, ou influir para que terceiro, de boa-fé, a adquira, receba ou oculte.

450. TIGRE MAIA, Rodolfo. Lavagem de Dinheiro. São Paulo: Malheiros, 1999. p. 98-99.

anteriores. Ademais, trata-se de um tipo doloso. O elemento subjetivo consiste na vontade livre e consciente de realizar uma série de operações de ocultação ou dissimulação que possibilitem a legitimação de capitais ilícitos em proveito próprio ou de terceiros.

4.3. A equiparação do art. 1º, § 2º

Finalmente, o artigo 1º, § 2º, estabelece:

> "§ 2º Incorre, ainda, na mesma pena quem:
>
> I - utiliza, na atividade econômica ou financeira, bens, direitos ou valores provenientes de infração penal;
>
> II - participa de grupo, associação ou escritório tendo conhecimento de que sua atividade principal ou secundária é dirigida à prática de crimes previstos nesta Lei."

O legislador estabelece, portanto, que incorre na mesma pena do *caput* quem utiliza, na atividade econômica ou financeira, bens, direitos ou valores provenientes de qualquer infração penal. De acordo com a doutrina, a utilização é o aproveitamento, a aplicação ou o emprego dos produtos (bens, direitos ou valores) resultantes das infrações penais prévias, e pode ocorrer na esfera de produção, distribuição e circulação de bens (atividade econômica) ou no âmbito da captação, mediação ou aplicação de valores (atividade financeira), não previstas em outras modalidades típicas.[451]

Já o inciso II do § 2º, é uma forma de ampliação da participação no delito de lavagem, já que estabelece a mesma pena do artigo 1º para quem conscientemente participa de grupo, associação ou escritório dedicado à lavagem de dinheiro.

Segundo a exposição de motivos da Lei de Lavagem de Dinheiro,

> "a razão deste preceito é que o delito de lavagem abrange pessoas físicas e jurídicas de múltiplas camadas, a punição da lavagem de dinheiro deve alcançar modalidades especiais de colaboração delituosa. Trata-se, no caso, de uma forma especial de concorrência que permitirá a imputação típica mesmo que o sujeito ativo não esteja praticando os atos característicos da lavagem ou de ocultação descritos pelo *caput* do artigo 1º e do respectivo § 1º. Nos termos do presente desenho da Lei, responde com as mesmas penas reservadas a conduta de lavar dinheiro ou de ocultar bens, direitos e valores quem participa consciente e dolosamente do grupo, associação ou escritório de pessoas que se dedicam às condutas puníveis na Lei".[452]

451. Tigre Maia, Rodolfo. Lavagem de Dinheiro. São Paulo: Malheiros, 1999. p. 100.
452. Exposição de motivos da Lei 9.613/98, incisos 42 e 45.

A nosso juízo, esse preceito não é necessário, pois o Código Penal, em sua Parte Geral, já disciplina a participação quando trata do tema do concurso de pessoas. Assim, as razões contidas na exposição de motivos da Lei de Lavagem já são abrangidas pela norma de extensão prevista na Parte Geral do Código Penal, que estabelece a punibilidade do partícipe em qualquer delito, não fazendo falta um preceito específico.

A doutrina ainda afirma[453] que, para que se verifique a ocorrência deste delito, é necessária a existência de alguns requisitos como, por exemplo: a) a demonstração de que o grupo realmente existe, seja como uma reunião de pessoas, um escritório, uma associação ou simplesmente uma pessoa jurídica; b) que haja uma mínima estabilidade na associação, ou seja, a verificação de que o grupo de pessoas esteja reunido de maneira estável, e não eventual; e que as atividades estejam programadas para o cometimento de um número indeterminado de delitos, e não para a prática de uma simples operação ilícita; e d) a conduta individual deve ser penalmente relevante, ou seja, é importante descobrir se houve adesão aos planos coletivos e que esta participação por si mesma merece reprovação penal. Assim, se a conduta do agente não influenciou os destinos ou a manutenção do grupo, ou se o agente não prestou nenhuma contribuição para a atividade de lavagem, não existirá responsabilidade penal.

Outra questão importante é que o legislador faz referência expressa ao conhecimento específico para a configuração do tipo, já que utiliza a expressão "tendo conhecimento de que sua atividade principal ou secundária é dirigida à prática de crimes previstos nesta Lei". Por conseguinte, no caso do sujeito que trabalha em um escritório dirigido à prática de lavagem de dinheiro, sua relação com tal escritório por si só não configura o delito previsto no § 2º, inciso II, já que é necessário que possua conhecimento da atividade ilícita realizada pelo grupo.

Além disso, o mero conhecimento por si só não pode implicar em responsabilidade penal do sujeito que trabalha no escritório. Há limites para a responsabilidade criminal, e um dos critérios para isso pode ser a teoria da imputação objetiva, a partir da qual se deve verificar se o agente criou um risco não permitido, e se este risco se verificou no resultado. Ademais, não nos parece correto que o simples conhecimento do funcionário o torne partícipe do delito de lavagem. Se a sua conduta permanece dentro do rol de papéis de um funcionário, ou seja, uma conduta neutra de quem desempenha regularmente o seu papel, ainda que tenha conhecimento do delito, entendemos que este delito não lhe pode ser imputado.

---

453. Cervini, Raúl; Terra De Oliveira, Willian; Gomes, Luiz Flávio. *Lei de Lavagem de Capitais*. São Paulo: RT, 1998. p. 337-338.

Nesse contexto, o problema atual de imputação nos delitos de lavagem de dinheiro tem se relacionado às pessoas que desenvolvem trabalhos que, em tese, favorecem a atividade do lavador, porém que se distanciam dela em face da atividade exercida. Estas atividades normalmente são denominadas pela doutrina de quotidianas, condutas *standard*, ou atos neutros; isto é, atos que são desenvolvidos dentro do marco normal da vida do sujeito, e, por isto, não estão vinculados à atividade fim (ato criminoso).

Ocorre que, mesmo dentro desse marco de normalidade, há uma forte tendência de alguns setores da doutrina em criminalizar essas condutas que, de alguma forma, estariam vinculadas à conduta do lavador de capitais, ainda que sem qualquer vínculo subjetivo ou de cooperação criminal propriamente dita.

As teses até agora desenvolvidas encontram-se dentro da tipicidade (adequação social) em uma visão clássica, ou dentro da teoria da imputação objetiva (risco permitido ou proibição de regresso). Todas estas teses podem ser utilizadas sem maiores dificuldades para a exclusão do âmbito de responsabilidade de atividades que, em tese, desembocam na suposta participação no delito de lavagem de capitais.

De acordo com o exposto, não é qualquer "colaboração" de uma atividade profissional que "favoreça" a atividade de lavagem de dinheiro que pode ser considerada típica. O dolo ou o mero conhecimento não são suficientes para determinar a relevância penal da conduta, mesmo quando os conhecimentos especiais do autor devam ser considerados para a determinação da tipicidade da concreta conduta analisada.

4.4. O elemento subjetivo da lavagem de dinheiro

4.4.1. Elemento subjetivo no caput do art. 1º

Primeiramente, destacamos que não há na Lei de Lavagem a expressa previsão da modalidade culposa desse crime. Consequentemente, não há possibilidade de prática culposa do delito de lavagem de dinheiro. Afinal, o Código Penal Brasileiro adota o sistema taxativo (*numerus clausus*) para a incriminação da culpa.[454] Em outras palavras, somente existe a modalidade culposa de determinado delito quando expressamente prevista no tipo penal,[455] o que não ocorre no tipo de lavagem.

---

454. "Código Penal, Art. 18, Parágrafo único - Salvo os casos expressos em lei, ninguém pode ser punido por fato previsto como crime, senão quando o pratica dolosamente."

455. Por exemplo, no caso do homicídio: "Código Penal, Art. 121, § 3º Se o homicídio é culposo: Pena - detenção, de um a três anos."

Assim, ainda que os tipos sobre lavagem não estejam contidos no Código Penal, mas em legislação especial, seguem as mesmas regras contidas na Parte Geral do Código; ou seja, só se poderia admitir a comissão culposa do crime de lavagem se houvesse a previsão expressa pelo legislador.[456] Consequentemente, somente existe, no direito brasileiro, a criminalização da lavagem de dinheiro praticada na modalidade dolosa.

A obviedade teórica dessa conclusão (de existência unicamente do crime de lavagem na modalidade dolosa), por outro lado, não se verifica quando se questiona a respeito da admissibilidade ou não, para a configuração da lavagem, do dolo eventual. Nesse ponto, se encontram posições absolutamente antagônicas, não nos parecendo que estejamos nos direcionando a uma convergência de entendimentos.

Em nosso posicionamento, não consideramos possível a prática da lavagem por dolo eventual, mas apenas por dolo direto. Isso porque o *caput* é composto por dois verbos nucleares (ocultar e dissimular) que, em nosso entender, pressupõem um conhecimento a respeito da origem ilícita dos bens, e um especial fim de agir, ainda que implicitamente, que seria o *dar aparência de licitude para poder utilizar os bens objeto de infração antecedente*. Desse modo, se o agente desconhece a origem ilícita dos bens, não enxergamos como se possa admitir que oculte ou dissimule. Poderá o agente até mesmo realizar operação financeira integrante de um processo de lavagem (por exemplo, o doleiro contratado exclusivamente para disponibilizar capital em outro país ao lavador, por meio de operação dólar-cabo, sem qualquer conhecimento a respeito da origem ilícita dos ativos objeto da transação); entretanto, consideramos que a conduta do agente não possui conteúdo subjetivo suficiente para lhe ser atribuída a prática de crime de lavagem – o que não exclui a possibilidade de que seja responsabilizado por crime diverso, como evasão de divisas.

Nesse mesmo caminho entendem Juarez Tavares e Antonio Martins: "O crime de lavagem de dinheiro, no Brasil, só pode ser realizado com dolo. Dada a descrição das ações típicas – ocultar ou dissimular – geralmente, em face da própria semântica desses termos, só poderá ser realizado por dolo direto."[457-458]

---

456. MIRABETE, Julio Fabbrini. *Manual de Direito Penal. Parte Geral*. 7. ed. São Paulo: Atlas, 1992. p. 145, nesse sentido, menciona que, nos termos do parágrafo único do artigo 18 CP, os crimes são, em regra, dolosos. Só ocorrerá o crime culposo quando o fato seja expressamente previsto na Lei em sua modalidade culposa; HUNGRIA, Nelson. *Comentários ao Código penal*. 2. ed. Rio de Janeiro: Forense, 1953. v. 1, t. 2. p. 207, no mesmo sentido assinala que a punibilidade a título de culpa tem caráter excepcional. Como exceção à regra geral da punibilidade a título de dolo, a punibilidade a título de culpa só é reconhecível nos casos expressos.

457. TAVARES, Juarez; MARTINS, Antonio. *Lavagem de capitais: fundamentos e controvérsias*. São Paulo: Tirant lo Blanch, 2020. p. 79.

458. Em outra passagem: "Se a ação de ocultar ocorre no momento em que se guarda dinheiro ou valores em local não habitual ou de difícil acesso, torna-se incompreensível imaginar sua realização

Também admitindo a prática de lavagem apenas por dolo direto, Gustavo Henrique Badaró e Pierpaolo Cruz Bottini.[459]

Devemos admitir, entretanto, que esse posicionamento não é dominante no Judiciário brasileiro, sendo amplamente admitida a configuração da lavagem de dinheiro por dolo eventual. Esse entendimento mais ampliado do tipo subjetivo segue o que dispôs expressamente a exposição de motivos da Lei de Lavagem, datada de 1996, ao admitir o dolo eventual no *caput* do artigo 1º, diferentemente das figuras equiparadas dos parágrafos: "Exige o projeto, nesses casos, o dolo direto, admitindo o dolo eventual somente para a hipótese do caput do artigo."

No âmbito do STF, o principal marco no exame dessa problemática foi a Ação Penal nº 470, publicamente conhecida como *Mensalão*. Conquanto tenha sido aplicada, nesse julgamento, a redação legal anterior à reforma legislativa de 2012, quando o tipo penal dispunha um rol taxativo de crimes antecedentes (atualmente, qualquer infração penal pode servir de ilícito prévio à lavagem), o exame de algumas passagens dos votos proferidos no julgamento possui elevada importância para a compreensão do entendimento e dos rumos adotados pela Corte Suprema.

4.4.1.1. A lavagem por dolo eventual no julgamento do Mensalão (Ação Penal nº 470)

No julgamento da Ação Penal nº 470 (*Mensalão*), apesar de algumas referências à admissibilidade da prática do crime de lavagem de dinheiro apenas por dolo direto, pode-se extrair desse julgado a prevalência da admissão, pela Suprema Corte, da prática de lavagem de dinheiro por dolo eventual, sobretudo após a reforma legislativa de 2012, quando suprimido o rol taxativo de crimes antecedentes.

Em razão das especificidades de alguns posicionamentos, e para se possibilitar uma melhor compreensão da complexidade que envolve essa temática, exporemos aquelas que consideramos as principais passagens de exame da matéria, separadamente, por ministro.

Min. Rosa Weber: admitiu a prática da lavagem por dolo eventual, identificando tal situação quando o agente possuir conhecimento da probabilidade de que os bens possuam origem ilícita.[460] A Ministra chegou a tal conclusão,

por meio de dolo eventual, com base na assunção do risco de lesão ao bem jurídico." (TAVARES, Juarez; MARTINS, Antonio. *Lavagem de capitais: fundamentos e controvérsias*. São Paulo: Tirant lo Blanch, 2020. p. 79)

459. BADARÓ, Gustavo Henrique; BOTTINI, Pierpaolo Cruz. *Lavagem de dinheiro: aspectos penais e processuais penais*. 3. ed. São Paulo: Revista dos Tribunais, 2016. p. 142.

460. Nas suas palavras: "O dolo eventual na lavagem significa, apenas, que o agente da lavagem,

ainda, por entender que a admissão do dolo eventual decorre de norma geral do Código Penal, prescindindo de previsão específica no tipo penal especial.[461] Ressaltou, contudo, que não basta a mera suspeita da origem ilícita dos bens, elencando alguns requisitos para essa configuração:

> "Não se cogita, enfatize-se, de criminalizar por dolo eventual diante de mera suspeita da procedência ilícita dos bens envolvidos na transação. Exige-se, para reconhecimento do dolo eventual, cumulativamente, (i) que o agente pratique condutas de ocultação e dissimulação (também exigidas no dolo direto), (ii) que o agente, ao realizá-las, tenha ciência da elevada probabilidade de que os bens, direitos ou valores envolvidos provenham de crimes antecedentes, e (iii) que o agente, mesmo tendo presente a probabilidade da origem criminosa, persista indiferente na conduta delitiva de ocultação ou dissimulação, deliberadamente evitando aprofundar o conhecimento acerca da origem criminosa dos bens, direitos ou valores envolvidos, a despeito de em condições de fazê-lo."[462]

Min. Luiz Fux: admitiu a prática da lavagem de dinheiro por dolo eventual, parecendo ter compreendido tal configuração como o caso no qual o agente não possuía conhecimento da origem ilícita dos bens, apesar do dever de possuir tal conhecimento:

> "Deveras, basta, para o reconhecimento do dolo, ainda que na sua modalidade eventual, que se comprove que, pelas condições materiais em que praticado o delito, há motivos suficientes para se inferir que o agente desejava ocultar ou dissimular a natureza, origem, localização, disposição,

embora sem a certeza da origem criminosa dos bens, valores ou direitos envolvidos quando pratica os atos de ocultação e dissimulação, tem ciência da elevada probabilidade dessa procedência criminosa. (...) O profissional da lavagem, contratado para realizá-la, pelo autor do crime antecedente, adota, em geral, uma postura indiferente quanto à procedência criminosa dos bens envolvidos e, não raramente, recusa-se a aprofundar o conhecimento a respeito. Doutro lado, o autor do crime antecedente quer apenas o serviço realizado e não tem motivos para revelar os seus segredos, inclusive a procedência criminosa específica dos bens envolvidos, ao lavador profissional. A regra no mercado profissional da lavagem é o silêncio. Assim, parece-me que não admitir a realização do crime de lavagem com dolo eventual significa na prática excluir a possibilidade de punição das formas mais graves de lavagem, em especial a terceirização profissional da lavagem. (...) Sem admitir o dolo eventual, revela-se improvável, em regra, a condenação dos lavadores profissionais. O tipo do caput do art. 1° da Lei 9.613/1998, de outra parte, comporta o dolo eventual pois, em sua literalidade, não exige elemento subjetivo especial, como o conhecimento específico da procedência criminosa dos valores objeto da lavagem." (STF, AP 470, Relator(a): Joaquim Barbosa, Tribunal Pleno, julgado em 17/12/2012. p. 1271-1272)

461. Nas suas palavras: "A admissão do dolo eventual decorre da previsão genérica do art. 18, I, do Código Penal, jamais tendo sido exigida previsão específica ao lado de cada tipo penal específico." (STF, AP 470, Relator(a): Joaquim Barbosa, Tribunal Pleno, julgado em 17/12/2012. p. 1273)

462. STF, AP 470, Relator(a): Joaquim Barbosa, Tribunal Pleno, julgado em 17/12/2012. p. 1300-1301.

movimentação ou propriedade do numerário, em relação ao qual, também pelas circunstâncias objetivas dos fatos provados, conclua, o magistrado, que o réu sabia ou devia saber ser proveniente, direta ou indiretamente, de crime."[463]

Min. Dias Toffoli: afirmou apenas admitir se pensar em dolo eventual na lavagem a partir da reforma legislativa de 2012, quando se suprimiu o rol de crimes antecedentes. Ou seja, pela redação típica anterior, aplicada no julgamento, apenas admitia a prática da lavagem por dolo direto: "Com a nova legislação, eu penso que já é possível refletir sobre a aplicação do dolo eventual na questão da lavagem, porque todo e qualquer crime dá ensejo à tipificação da lavagem."[464]

Min. Carmen Lúcia: entendeu possível a prática da lavagem por dolo eventual.[465] Entretanto, mesmo no dolo eventual, nos parece ter exigido que o agente tenha conhecimento de que os bens provêm de infração penal (pela redação do tipo utilizada no julgamento, que os bens provinham de crime previsto no rol legal taxativo):

> "Entretanto, é de se encarecer que, mesmo admitindo-se possível a prática do crime previsto no caput do art.1º da Lei 9613/98 com dolo eventual, é indispensável a demonstração de que, ao aceitar o resultado da lavagem de dinheiro, o agente sabia da ocorrência de um dos crimes antecedentes listados no dispositivo legal antes mencionado."[466]

O dolo eventual, desse modo, parece ter sido relacionado com o *assumir o risco* de produção do resultado (ocultação ou dissimulação), e não com o conhecimento de elemento do tipo (proveniência ilícita dos bens). Novamente nas palavras da Ministra:

> "De se concluir, portanto, que a caracterização da lavagem de dinheiro não prescinde da comprovação de que, ao praticar a conduta prevista no tipo penal, sabia (ou assumiu o risco de) estar omitindo ou dissimulando '*a natureza, origem, localização, disposição, movimentação ou propriedade de bens, direitos ou valores provenientes, direta ou indiretamente*' de um dos crimes antecedentes previstos no art. 1º da Lei 9613/98."[467-468]

---

463. STF, AP 470, Relator(a): Joaquim Barbosa, Tribunal Pleno, julgado em 17/12/2012. p. 3188.

464. STF, AP 470, Relator(a): Joaquim Barbosa, Tribunal Pleno, julgado em 17/12/2012. p. 3273.

465. STF, AP 470, Relator(a): Joaquim Barbosa, Tribunal Pleno, julgado em 17/12/2012. p. 2079-2081.

466. STF, AP 470, Relator(a): Joaquim Barbosa, Tribunal Pleno, julgado em 17/12/2012. p. 2082.

467. STF, AP 470, Relator(a): Joaquim Barbosa, Tribunal Pleno, julgado em 17/12/2012. p. 2084.

468. Em outra passagem do voto da Min. Carmen Lúcia, onde também se pode extrair a necessidade de conhecimento do agente a respeito da origem ilícita dos bens, bem como a relação do dolo eventual com a assunção do risco de produção do resultado: "Como repetidamente lembrado, para a configuração do delito de lavagem de dinheiro é indispensável a existência do crime antece-

Ex-Min. Carlos Ayres Britto: igualmente admitiu a configuração da lavagem por dolo eventual. Contudo, à semelhança do voto da Min. Carmen Lúcia, nos parece não ter relacionado o dolo eventual com o conhecimento da origem ilícita dos bens, elemento subjetivo que considerou necessário ao juízo de tipicidade:

> "na falta de ressalva legal, as figuras típicas de lavagem de dinheiro são todas modalidades delitivas dolosas, ainda que se trate de dolo eventual (...). Não vou aqui enveredar pelas mais complexas construções doutrinárias a respeito do elemento volitivo capaz de preencher a teleologia do caput do art. 1º da Lei no 9.613/98. Isso porque, a meu aviso, basta para a configuração deste crime que o autor (ou lavador) tenha ciência e consciência da existência do crime antecedente, ainda que não conheça, detalhadamente, os meios e modos de execução da conduta anterior."[469]

Min. Ricardo Lewandowski: afirmou não ser possível o dolo eventual na lavagem, ao menos diante da redação típica anterior à reforma de 2012 (quando ainda vigente o rol taxativo de crimes antecedentes).[470] Todavia, em momento posterior, apesar de afirmar necessário dolo específico, nos parece ter admitido a configuração da lavagem sem o conhecimento da origem ilícita dos bens, quando o agente "deveria saber de forma mais acurada":

> "Eu fiquei extremamente impressionado, como já disse numa das assentadas anteriores, com o pronunciamento do Ministro Dias Toffoli, no sentido seguinte: que, com a lei nova, que não prevê mais um rol exaustivo de crimes, que seriam os antecedentes à lavagem, nós podemos até admitir o dolo eventual, porque, se a pessoa recebe uma quantia enorme de dinheiro em espécie, esse dinheiro pode provir de roubo, de furto, de estelionato, de qualquer tipo de crime, inclusive contra a Administração Pública ou contra o Sistema Financeiro Nacional. Mas, sob a regência da antiga lei, a meu ver, é preciso provar o dolo específico e é preciso demonstrar que o réu sabia exatamente - *ou pelo menos deveria saber de forma mais acurada* - que esse dinheiro era proveniente de crime contra a Administração Pública ou contra o Sistema Financeiro."

dente e, na espécie vertente, não se comprovou o conhecimento desse fato pelos acusados. Admitir a afirmação do Ministério Público sem a necessária prova é juridicamente inaceitável, sob pena de se ter afastado o dolo direto, consistente na vontade livre e consciente de se estar a praticar a infração penal, ou o dolo eventual, quando se assume o risco de produzir o resultado." (STF, AP 470, Relator(a): Joaquim Barbosa, Tribunal Pleno, julgado em 17/12/2012. p. 2115)

469. STF, AP 470, Relator(a): Joaquim Barbosa, Tribunal Pleno, julgado em 17/12/2012. p. 3425.

470. Nas suas palavras: "Inicialmente, assento que para caracterizar o delito de lavagem de dinheiro, ao menos na antiga redação da Lei 9.613/1998, o dolo do agente, ou seja, a vontade consciente de atingir o resultado delituoso, deve ser sempre claramente demonstrado, uma vez que não existe o dolo eventual nem a forma culposa desse delito, conforme firme orientação doutrinária estrangeira e pátria sobre o tema." (STF, AP 470, Relator(a): Joaquim Barbosa, Tribunal Pleno, julgado em 17/12/2012. p. 3736)

Ex-Min. Marco Aurélio: apenas admitiu a prática do crime de lavagem de dinheiro por dolo direto. Nas suas palavras: "O que temos, Presidente, na lei de regência da lavagem do dinheiro? Temos vocábulos que direcionam no sentido de assentar-se que a lei contempla o dolo eventual? Não."[471]

Min. Gilmar Mendes: afirmou expressamente a necessidade, para a configuração do crime de lavagem, de conhecimento pelo agente da origem ilícita dos bens; não um conhecimento detalhado a respeito do ilícito anterior, apenas o conhecimento da ilicitude da origem:

> "Por outro lado, a exigência de um conhecimento pleno da proveniência ilícita do bem, dinheiro ou valor contrasta com a própria norma penal que se utiliza, no caput, da expressão indiretamente e da regra constante no inciso II e § 1º do art. 2º da Lei 9.613/98. (...) Com efeito, o que se exige para a consumação do tipo penal não é o domínio de toda extensão do crime antecedente (autor, circunstâncias etc.), mas o conhecimento da procedência ilícita do bem, direito ou valor."[472]

4.4.1.2. Conclusão: admissão do dolo eventual no delito de lavagem de dinheiro pelo Judiciário brasileiro

O julgamento da Ação Penal nº 470 indica uma possível prevalência, no STF, do entendimento permissivo à configuração do crime de lavagem de dinheiro por dolo eventual, sobretudo após a reforma de 2012, a partir da qual qualquer infração penal pode servir de ilícito prévio à lavagem.

Mesmo assim, não consideramos essa matéria pacificada. Em julgado mais recente, no ano de 2019, exigiu-se expressamente, para a tipificação do crime de lavagem, a demonstração da face subjetiva do tipo penal, comprovando-se que o agente *possuía conhecimento dos elementos típicos* (por exemplo, que o bem era originado de infração penal) e *vontade de realizar o delito de lavagem* (especificamente de alcance da finalidade específica, qual seja a ocultação ou dissimulação). Diante da falta de prova de ambos os elementos, afirmou-se a impossibilidade de condenação. Nos termos do voto do Min. Edson Fachin:

> "A identificação da impressão digital do acusado Job no material apreendido no apartamento do Residencial José, embora demonstre e comprove o seu efetivo contato com o numerário, não se revela como prova suficiente a caracterizar o *dolo da ocultação, tampouco a ciência da procedência ilícita das quantias*. Desse modo, tem-se como insuficiente o conjunto probatório

471. STF, AP 470, Relator(a): Joaquim Barbosa, Tribunal Pleno, julgado em 17/12/2012. p. 4469.
472. STF, AP 470, Relator(a): Joaquim Barbosa, Tribunal Pleno, julgado em 17/12/2012. p. 5717-5718.

acerca desta elementar do tipo penal de lavagem de dinheiro no que lhe diz respeito, ônus que competia à Procuradoria-Geral da República, nos termos do art. 156 do Código de Processo Penal."[473]

No mesmo caso, mas no voto do Min. Ricardo Lewandowski, expressamente se afirmou a inadmissibilidade do dolo eventual na lavagem de dinheiro: "Inicialmente, assento que, para caracterizar o delito de lavagem de dinheiro, o dolo do agente, ou seja, a vontade livre e consciente de atingir o resultado delituoso deve ser estar claramente demonstrado, pois, nesse crime, não existe o dolo eventual, nem tampouco a sua culposa, conforme firme orientação doutrinária estrangeira e pátria sobre o tema."[474]

Por outro lado, o STJ possui decisões admitindo a configuração da lavagem por dolo eventual.[475] Ainda, apenas para ilustrar a receptividade dessa aceitação, vejam-se as decisões do Tribunal Regional Federal da 3ª Região[476] e do Tribunal Regional Federal da 4ª Região,[477] favoráveis à configuração da lavagem de dinheiro por dolo eventual.

Desse modo, apesar de inexistir uniformidade e segurança jurídica a respeito dessa problemática, entendemos que, majoritariamente, os tribunais brasileiros admitem a prática do crime de lavagem de dinheiro por dolo eventual.

4.4.2. Elemento subjetivo no § 1º

A divergência de entendimentos encontrada em relação ao *caput* do artigo 1º da Lei de Lavagem não é verificada quando se examina o § 1º do mesmo dispositivo. Isso porque, diferentemente do *caput*, onde o *ocultar* e o *dissimular* aparecem como verbos, no § 1º, ambos os termos constituem finalidades especiais ("Incorre na mesma pena quem, *para ocultar ou dissimular*...") , motivo pelo qual não há espaço para a admissibilidade do dolo eventual. Nesse dispositivo, os verbos típicos são dispostos nos incisos.

O próprio texto da exposição de motivos da Lei de Lavagem expressamente dispõe que o ocultar e o dissimular, nesse parágrafo 1º, se apresentam como objetivos, finalidades do agente, motivo pelo qual não se admitiria o dolo eventual (com a ressalva de que apenas seria admitido no *caput*):

---

473. STF, AP 1030, Relator(a): Edson Fachin, Segunda Turma, julgado em 22/10/2019.

474. STF, AP 1030, Relator(a): Edson Fachin, Segunda Turma, julgado em 22/10/2019.

475. STJ, APn 940/DF, Rel. Ministro Og Fernandes, Corte Especial, julgado em 06/05/2020.

476. Exemplificativamente, ver: TRF3, ApCrim 7444/MS - 0001155-02.2016.4.03.6000, Rel. Fausto De Sanctis, Décima Primeira Turma, julgado em 23/07/2020.

477. Exemplificativamente, ver: TRF4, ACR 5017641-83.2018.4.04.7000, Relator Luiz Carlos Canalli, Sétima Turma, julgado em 25/05/2021; TRF4, ACR 5001606-05.2019.4.04.7003, Relator Carlos Eduardo Thompson Flores Lenz, Oitava Turma, julgado em 16/10/2019; TRF4, ACR 5017347-36.2015.4.04.7000, Relator Márcio Antônio Rocha, Sétima Turma, julgado em 10/10/2017.

> "Equipara o projeto, ainda, ao crime de lavagem de dinheiro a importação ou exportação de bens com valores inexatos (art. 1º, § 1º, III). Nesta hipótese, como nas anteriores, *exige o projeto que a conduta descrita tenha como objetivo a ocultação ou a dissimulação* da utilização de bens, direitos ou valores oriundos dos referidos crimes antecedentes. *Exige o projeto, nesses casos, o dolo direto*, admitindo o dolo eventual somente para a hipótese do caput do artigo."

Desse modo, o § 1º apenas pode ser praticado com dolo direto, já que o ocultar e o dissimular, aqui, são resultados específicos pretendidos pelo agente. Para José Manuel Palma Herrera, ao se referir ao tipo penal espanhol de lavagem, que nesse ponto possui redação equivalente à do § 1º brasileiro,[478] além das condutas típicas (adquirir, converter etc.), a conduta do agente deve vir acompanhada de um dos elementos subjetivos/intencionais específicos dispostos no tipo. Nas suas palavras: "(...) como elementos dominadores comuns, além da referência ao conhecimento dessa procedência, a necessidade de que todas as condutas sejam presididas por algum dos ânimos típicos, o de ocultar ou encobrir a origem ilícita do bem (...)."[479-480]

A respeito desse dispositivo específico, também o STF já afirmou a necessidade de dolo direto para a sua configuração: "Embora a movimentação ou transferência de valores provenientes de delito anterior seja conduta equiparada ao delito de lavagem de dinheiro, nos termos do art. 1º, § 1º, II, da Lei n. 9.613/1998, a sua configuração exige o dolo direto de afastá-los de sua origem."[481]

4.4.3. Elemento subjetivo no § 2º

Para a configuração das espécies delitivas do § 2º do artigo 1º da Lei de Lavagem, Juarez Tavares e Antonio Martins defendem a necessidade de dolo direto, a partir de um critério de sistematicidade do ordenamento jurídico (já que o *caput* exigiria o dolo direto) e de proporcionalidade da reprimenda penal. Nas suas palavras, referindo-se especificamente ao inc. I do § 2º: "pune-se da mesma maneira o sujeito que atua diretamente com o fito de ocultar ou dissimu-

---

478. Nos termos do Código Penal espanhol: "Artigo 301.1 Aquele que adquira, possua, utilize, converta, ou transmita bens, sabendo que estes têm sua origem em uma atividade delitiva, cometida por ele ou por qualquer terceira pessoa, ou realize qualquer outro ato *para ocultar ou encobrir* sua origem ilícita [...]." (tradução nossa)

479. Palma Herrera, José Manuel. *Los delitos de blanqueo de capitales*. Madrid: Edersa, 2000. p. 420.

480. Nesse mesmo sentido: "Também as formas equiparadas do § 1º do art. 1º da Lei nº 9.613/98, e com mais evidente razão, exigem o dolo direto, reforçado pela finalidade de ocultar ou dissimular, elemento subjetivo especial do injusto." (Tavares, Juarez; Martins, Antonio. *Lavagem de capitais: fundamentos e controvérsias*. São Paulo: Tirant lo Blanch, 2020. p. 79).

481. STF, Inq 4633, Relator(a): Edson Fachin, Segunda Turma, julgado em 08/05/2018.

lar bens e valores ilícitos e aquele que, na seara de sua atividade profissional e econômica normal, por exemplo, investe aqueles bens ou valores, consentindo apenas com o risco (ainda que alto) de lesar o bem jurídico."[482]

O inciso I desse dispositivo, em sua redação prévia à reforma legislativa de 2012, exigia expressamente o conhecimento por parte do agente da procedência ilícita dos bens utilizados na atividade econômica ou financeira.[483] Com a reforma legislativa, tal exigência de um conhecimento específico foi suprimida pelo legislador.[484]

Mesmo diante dessa supressão, entendemos indispensável o conhecimento do agente a respeito da origem ilícita dos bens, seja por uma exigência de proporcionalidade de penas e de coerência com o *caput* (que entendemos também demandar tal conhecimento), seja em razão da inadmissibilidade de responsabilização penal objetiva. Não se pode aceitar que o agente, no desempenho de atividade econômica ou financeira, seja responsabilizado por lavagem de dinheiro quando acreditava estar operando com bens absolutamente lícitos.

Já em relação ao inciso II, permanece a exigência de elemento subjetivo específico do agente,[485] devendo o agente possuir o conhecimento da prática de crimes de lavagem pelo grupo, associação ou escritório, enquanto atividade principal ou secundária.

4.4.4. O erro de tipo e o crime de lavagem de dinheiro

O Código Penal Brasileiro, em seu artigo 20, dispõe que "O erro sobre elemento constitutivo do tipo legal de crime exclui o dolo, mas permite a punição por crime culposo, se previsto em lei." O erro de tipo se configura, portanto, quando alguém, na comissão de um fato, desconhece uma circunstância que pertence ao tipo legal. Ou seja, ocorre quando o agente não sabe que está a realizar um tipo objetivo, porque incorreu em engano a respeito de um dos seus elementos constitutivos e, em razão disso, o agente não atua dolosamente – afinal, tivesse ele conhecimento a respeito das circunstâncias reais do fato, não atuaria. São casos nos quais há tipicidade objetiva (adequação do fato ao tipo penal objetivo), mas não há tipicidade subjetiva por estar ausente o dolo.[486]

---

482. Tavares, Juarez; Martins, Antonio. *Lavagem de capitais: fundamentos e controvérsias*. São Paulo: Tirant lo Blanch, 2020. p. 79.

483. Nos seguintes termos: "I – utiliza, na atividade econômica ou financeira, bens, direitos ou valores que sabe serem provenientes de qualquer dos crimes antecedentes referidos neste artigo;"

484. Na atual redação: "I – utiliza, na atividade econômica ou financeira, bens, direitos ou valores provenientes de infração penal;"

485. Na atual redação: "II – participa de grupo, associação ou escritório tendo conhecimento de que sua atividade principal ou secundária é dirigida à prática de crimes previstos nesta Lei."

486. Mirabete, Julio Fabbrini. *Manual de Direito Penal. Parte Geral*. 7. ed. São Paulo: Atlas, 1992. p. 161.

Exemplo de configuração dessa espécie de erro ocorre quando o agente utiliza documento falso, satisfazendo a sua conduta todos os elementos objetivos do tipo penal do artigo 304 do Código Penal.[487] Todavia, o agente desconhece a falsidade do documento, e somente o utiliza em razão desse desconhecimento. Nesse caso, inexiste dolo de uso de documento falso, já que o agente atua com a fiel crença de que está a utilizar documento verdadeiro.[488]

A doutrina costuma distinguir o erro de tipo essencial e o erro de tipo acidental.[489] O erro de tipo essencial é aquele que ocorre sobre os elementos sem os quais não ocorreria a correspondente figura típica do delito, nem em seu tipo básico. Também, em nossa legislação, o erro pode apresentar-se nas formas de invencível ou vencível. A doutrina conceitua de erro invencível como aquele que, nas circunstâncias concretas do fato, não poderia ser evitado ainda que o agente tomasse o cuidado devido ou observasse a diligência exigida, ou, ainda, quando qualquer pessoa, empregando a diligência exigida pelo ordenamento jurídico, e nas condições em que se encontrava o sujeito, também incidiria no mesmo erro.[490] O erro vencível ocorre quando o sujeito não toma o cuidado devido ou as cautelas exigidas no caso concreto.

As consequências jurídicas do erro de tipo encontram-se no artigo 20 do CP referido anteriormente. Se o agente realmente desconhece um dos elementos constitutivos do tipo, haverá a exclusão do dolo, restando a possibilidade da responsabilização criminal por culpa se o erro for vencível, desde que exista a revisão legal da modalidade culposa do delito. Sendo invencível o erro de tipo, dolo e culpa serão considerados inexistentes.

Desse modo, se o agente atua, objetivamente, em ato de lavagem de dinheiro, mas desconhece um dos elementos do tipo penal (por exemplo, a origem ilícita dos bens, conhecimento que entendemos necessário à configuração do crime), inexistirá dolo de lavagem. Consequentemente, não poderá o agente ser responsabilizado por lavagem de dinheiro na modalidade dolosa.

---

487. CP, Art. 304 – Fazer uso de qualquer dos papéis falsificados ou alterados, a que se referem os arts. 297 a 302: Pena – a cominada à falsificação ou à alteração.

488. Em caso já julgado pelo TRF da 4ª Região: "DIREITO PENAL. FALSIDADE IDEOLÓGICA. USO DE DOCUMENTO FALSO. ERRO DE TIPO. DOLO AUSENTE. MANUTENÇÃO DA SENTENÇA ABSOLUTÓRIA. 1. Hipótese em que o acusado incidiu em erro sobre elementar do tipo, qual seja, a falsidade contida no documento, ou, no mínimo, evidenciada a existência de fundada dúvida quanto à excludente do crime, de modo que autorizada a absolvição do réu com fulcro no art. 386, VI, do CPP" (TRF4, ACR 5001902-14.2017.4.04.7127, Relatora CLÁUDIA CRISTINA CRISTOFANI, Sétima Turma, julgado em 30/03/2021)

489. DE JESUS, Damásio. *Direito Penal. Parte Geral.* São Paulo: Saraiva, 1998. p. 268; MIRABETE, Julio Fabbrini. *Manual de Direito Penal. Parte Geral.* 7. ed. São Paulo: Atlas, 1992. p. 163; ASSIS TOLEDO, Francisco. *Princípios Básicos de Direito Penal.* São Paulo: Saraiva, 1994. p. 268.

490. DE JESUS, Damásio. *Direito Penal. Parte Geral.* São Paulo: Saraiva, 1998. p. 268.

Ocorre que inexiste na Lei de Lavagem previsão típica da modalidade culposa desse delito. Logo, se ocorre erro de tipo invencível, dolo e culpa serão considerados inexistentes. Se, por outro lado, ocorre erro de tipo vencível, inexistirá dolo, e a responsabilização do agente por lavagem culposa não ocorrerá em razão da falta de previsão legal. Portanto, para que se possa incriminar o autor pelo delito de lavagem, é necessário que ele conheça os elementos que configuram o tipo objetivo e que possua vontade de realizá-los.

4.4.5. A aplicação da teoria da cegueira deliberada

A teoria da cegueira deliberada é uma construção teórica importada do direito norte-americano, utilizada pelo Judiciário brasileiro, em alguns casos, para justificar a responsabilização do agente mesmo em casos de falta de prova do conhecimento de elemento do tipo (ou seja, falta de prova do dolo).

Essa teoria foi constituída, portanto, em sistemas jurídicos que possuem categorias de imputação diferentes daquelas classicamente desenvolvidas e adotadas em nosso país. Na conclusão de Guilherme Brenner Lucchesi, em obra específica sobre o tema, ao se referir aos sistemas jurídicos que tradicionalmente adotam a teoria da cegueira deliberada, de expressão ligada ao *common law*: "Tais sistemas partem de noções peculiares de imputação subjetiva, que não podem ser simplesmente sobrepostas às categorias de dolo direto de primeiro grau, dolo direto de segundo grau, dolo eventual e culpa inconsciente."[491]

Portanto, antes de adentrarmos no exame, mesmo que breve, dessa teoria, é importante realizarmos algumas considerações a respeito da construção dos requisitos de imputação subjetiva em nossa tradição jurídica.

4.4.5.1. O dolo em nossa tradição teórica

Sabendo-se da adoção atualmente predominante da concepção tripartida de crime, concebido este como sendo uma conduta humana voluntária típica, antijurídica e culpável, temos que o primeiro substrato do crime (tipicidade) é composto por elementos de natureza objetiva e outros de natureza subjetiva, sendo esse último relativo a fenômenos anímicos do agente, onde é inserido o dolo.

Desse modo, somente haverá uma configuração completa do fato típico com a presença do elemento subjetivo do tipo, o qual requer, sempre, a manifestação do dolo ou, ao menos, da culpa.[492]

---

491. LUCCHESI, Guilherme Brenner. *Punindo a culpa como dolo: o uso da cegueira deliberada no Brasil*. São Paulo: Marcial Pons, 2018. p. 194.

492. LUZÓN PEÑA, Diego-Manuel. *Iniciación a la teoría general del delito*. Nicaragua: Editorial UCA, 1995. p. 65.

Para um adequado estudo do dolo, costuma-se proceder a uma secção entre "mente" e "corpo" do delito, entre subjetivo e objetivo, distinção essa realizada para fins meramente didáticos, pois ambos os elementos (subjetivo e objetivo) mantêm relação de dependência mútua.[493]

No início do século 20, essa diferenciação foi abordada, com as devidas modificações relativas ao momento histórico-doutrinário da época, por Francesco Carrara. Segundo o jurista italiano, para que um fato humano pudesse ser considerado um delito, deveria possuir duas forças: uma moral; outra física. Ambas essas forças seriam constituídas por dois momentos distintos. No primeiro momento (subjetivo), ter-se-iam as causas do delito, com a força moral subjetiva e a força física subjetiva (respectivamente, o pensar e o postar-se de acordo com o pensamento), das quais resultaria o elemento anímico ou psicológico do agente. O segundo momento (objetivo) referir-se-ia ao resultado do delito, através da força moral objetiva (dano moral do delito, como, por exemplo, o mau exemplo proveniente do fato criminoso) e da força física objetiva (dano material do delito).[494] A parte objetiva do delito seria, pois, o aspecto externo da conduta criminosa.[495]

Para Francesco Carrara, no primeiro momento (parte subjetiva relativa às causas do delito) analisar-se-ia, de início, a força moral subjetiva do delito, ou força interna, representada pela vontade inteligente do sujeito, composta por quatro requisitos: "[...] 1° conhecimento da lei - 2° previsão dos efeitos - 3° liberdade de escolha - 40 vontade de agir."[496]

O primeiro momento de formação do delito, para esse mesmo autor, seria completado pela força física subjetiva, também chamada de força externa, representada "pelo movimento do corpo com o qual o agente executa o intento criminoso".[497] Seria, essa força física subjetiva, a forma de exteriorização corporal do que, até então, apenas se manifestava no intelecto do agente. Com isso, pode-se concluir que, na visão de Francesco Carrara, a força física subjetiva seria a manifestação externa do que foi representado mentalmente pelo agente no início do primeiro momento de formação do ato delitivo (relativo à força moral subjetiva).

---

493. MIR PUIG, Santiago. *Derecho penal: parte general*. 7. ed. Barcelona: Editorial Reppertor, 2005. p. 240.

494. CARRARA, Francesco. *Programma del corso di diritto criminale. Parte generale*. 10. ed. Firenze: Fratelli Camelli: 1907. v. 1, p. 95-96.

495. MIR PUIG, Santiago. *Derecho penal: parte general*. 7. ed. Barcelona: Editorial Reppertor, 2005. p. 240.

496. CARRARA, Francesco. *Programma del corso di diritto criminale. Parte generale*. 10. ed. Firenze: Fratelli Camelli: 1907. v. 1, p. 97. (tradução nossa)

497. CARRARA, Francesco. *Programma del corso di diritto criminale. Parte generale*. 10. ed. Firenze: Fratelli Camelli: 1907. v. 1, p. 96. (tradução nossa)

Com isso, verifica-se a ocorrência de uma diferenciação entre dois momentos elementares para o estudo do fato criminoso, principalmente quanto à configuração do elemento doloso. No primeiro, faz-se presente o universo subjetivo do agente, com todas as representações mentais relativas à conduta mesma e a eventuais consequências/resultados dela advindos. Em um segundo momento, direciona-se a análise à postura (mental e corporal) adotada pelo sujeito frente às representações subjetivas consideradas no momento anterior. Da combinação de ambos os fatores, poder-se-ia chegar à determinação do elemento subjetivo do crime - o dolo.

Seguindo o raciocínio proposto por Francesco Carrara, atualmente se realiza uma diferenciação semelhante do caráter subjetivo do tipo (ou tipo subjetivo), que passa a ser composto, da mesma forma, por dois elementos. Um deles - o intelectual -, representa o conhecimento dos elementos do fato típico, incluindo todos os pressupostos que o condicionam; o outro elemento - o volitivo -, manifesta-se pela vontade do agente dirigida à realização do fato previsto/ conhecido.[498]

O dolo é conceituado, a partir desse referencial, como o conhecimento e a vontade do crime; ou, em outras palavras, "é a vontade de realização de um tipo penal, com o conhecimento de todas as suas circunstâncias objetivas".[499]

Quer dizer que dolo é mais do que mera representação ou conhecimento a respeito das circunstâncias do fato. Nas palavras de Jorge de Figueiredo Dias, "O conhecimento (previsão) das circunstâncias de facto e, na medida necessária, do decurso do acontecimento não podem, só por si, indiciar a contrariedade ou indiferença ao dever-ser jurídico-penal".[500] Deve existir, concomitantemente à previsão, um elemento referente à vontade do resultado. Outra não é, inclusive, a exigência prevista no Código Penal Brasileiro, em seu artigo 18, inciso I, quando atribui ao dolo os casos nos quais o agente deseja produzir o resultado ou assume o risco de produzi-lo.[501] É fácil perceber, dessa leitura, a diferença existente entre o querer o resultado (ou o não se importar com ele) e a simples representação do resultado. Ademais, é perfeitamente admissível que o agente preveja a possibilidade de ocorrência do resultado, sem que seja indiferente à sua ocorrência, pois, em havendo confiança na inocorrência do resultado

498. Dias, Jorge de Figueiredo. *Direito Penal. Parte geral.* São Paulo: Revista dos Tribunais, 2007. t. 1. p. 350.

499. Wessels, Johannes. *Direito Penal: parte geral*, Trad. de Juarez Tavarez. Porto Alegre: Editora Sergio Antonio Fabris, 1976. p. 50.

500. Dias, Jorge de Figueiredo. *Direito Penal. Parte geral.* São Paulo: Revista dos Tribunais, 2007. t. 1. p. 366.

501. Nos seus termos: "Art. 18 - Diz-se o crime: I - doloso, quando o agente quis o resultado ou assumiu o risco de produzi-lo;"

inicialmente previsto pelo agente, teremos a negação da representação inicial, com a exclusão do dolo.[502]

Igual posicionamento é encontrado em Francisco Muñoz Conde[503] e Eugenio Florian, para quem a teoria da vontade é "a teoria preferível, já que a previsão do resultado danoso não é ainda vontade de produzi-lo; antes disso, pode o agente esperar que o resultado não se verifique."[504]

Desse modo, pela adoção da teoria da vontade, o dolo eventual somente será concebido se existentes dois elementos a ele essenciais: a previsão da possibilidade de ocorrência do resultado proibido (elemento cognitivo) e a indiferença do agente quanto a essa eventual produção (elemento volitivo).

No que toca ao elemento cognitivo do dolo eventual, evidentemente, exige-se do agente não só a previsão da possível verificação do resultado como consequência de seu agir, mas, também, o conhecimento maior que é essencial à configuração do dolo direto, qual seja o relativo aos elementos objetivos do tipo.[505]

Quanto ao elemento volitivo, utiliza-se para a conceituação do dolo eventual o critério de indiferença do agente em relação ao resultado que, a seu juízo, poderá advir de sua conduta.

Assim, o dolo direto é concebido como o querer a realização do tipo, mesmo que o resultado ou parte dele seja desagradável para o sujeito.[506] Haverá o dolo direto quando o agente possuir segurança de que seu agir proporcionará determinado resultado e, ainda assim, prosseguir em seu intento.[507] Partindo-se da premissa de que a teoria conceitual do dolo direto é a teoria da vontade, como de fato estabelecido pelo artigo 18, inciso I, primeira parte, do Código Penal Brasileiro, pode-se concluir que o dolo direto "é a vontade consciente e livre de realizar um fato".[508]

O dolo eventual, por sua vez, é legalmente delimitado pelo artigo 18, inciso

502. DIAZ PITA, Mª Del Mar. *El dolo eventual.* Valencia: Tirant Lo Blanch, 1994. p. 90.

503. MUÑOZ CONDE, Francisco. *Teoria geral do delito.* Tradução e notas de Juarez Tavares e Luiz Regis Prado. Porto Alegre: Fabris, 1988. p. 61.

504. FLORIAN, Eugenio. *Trattato di diritto penale: dei reati e delle pene in generale.* 2. ed. Milano: Casa Editrice Dott. Francesco Vallardi, 1910. v. 1, p. 314. (tradução nossa)

505. BUSTOS RAMÍREZ, Juan J.; HORMAZÁBAL MALARÉE, Hernán. *Lecciones de derecho penal.* Madrid: Editorial Trotta, 1999. v. 2, p. 66.

506. ROXIN, Claus. *Derecho Penal.* Parte General. Tomo I. Trad. de Diego-Manuel Luzón Peña, Miguel Díaz y Garcia Conlledo y Javier de Vicente Remesal. Madrid: Civitas, 1997. p. 424.

507. WESSELS, Johannes. *Direito Penal: parte geral,* Trad. de Juarez Tavarez. Porto Alegre: Editora Sergio Antonio Fabris, 1976. p. 52.

508. MANZINI, Vincenzo. *Trattato di diritto penale italiano.* 2. ed. Torino: Unione Tipografico--Editrice Torinense, 1920. v. 1, p. 487. (tradução nossa)

I, segunda parte, do Código Penal, segundo o qual haverá dolo eventual quando o agente antever a produção do resultado criminoso e, ainda assim, continuar a agir, assumindo o risco da produção do resultado.[509] De forma ilustrativa, Francisco de Assis Toledo refere que, no dolo eventual, "É como se pensasse: vejo o perigo, sei de sua possibilidade, mas, apesar disso, dê no que der, vou praticar o ato arriscado."[510]

Dessa forma, para que se constitua o dolo eventual, o agente deve prever a possibilidade de ocorrência do resultado (com conhecimento das circunstâncias fáticas) e, mesmo diante dessa previsão, agir com indiferença, quer o resultado lhe agrade, quer não.[511] Basta, portanto, que o agente preste sua anuência[512] ao resultado, que se conforme com ele,[513] que admita sua eventual produção.[514] Destacamos que, em ambos os casos (dolo direto e dolo eventual), o conhecimento do agente em relação às circunstâncias fáticas é um pressuposto.

4.4.5.2. A teoria da cegueira deliberada

Essa é uma teoria proveniente do Direito Penal norte-americano, sistema que não conhece como nós a figura do dolo eventual.[515] A teoria da cegueira deliberada promove a equiparação, para a promoção da responsabilidade penal subjetiva, entre os casos de conhecimento dos elementos objetivos do crime e os casos de desconhecimento intencional desses elementos. Nas palavras de Ramon Ragués i Vallès, "Tal equiparação se fundamenta na premissa de que o grau de culpabilidade que se manifesta em quem conhece não é inferior àquele do sujeito que, podendo e devendo conhecer, prefere se manter na ignorância."[516] Ainda

---

509. Callegari, André Luís. *Dolo eventual, culpa consciente e acidentes de trânsito*. Revista dos Tribunais, São Paulo, ano 84, v. 717, p. 515, jul. 1995.

510. Toledo, Francisco de Assis. *Princípios básicos de direito penal*. 5. ed. São Paulo: Saraiva, 2008. p. 303.

511. Roxin, Claus. *Derecho Penal. Parte General. Tomo I*. Trad. de Diego-Manuel Luzón Peña, Miguel Díaz y Garcia Conlledo y Javier de Vicente Remesal. Madrid: Civitas, 1997. p. 427.

512. Liszt, Franz Von. *Tratado de Direito Penal Allemão. Tomo I*. Tradução de José Hygino Duarte Pereira. Rio de Janeiro, F. Briguiet & C, 1899. p. 274.

513. Jescheck, Hans-Heinrich; Weigend, Thomas. *Tratado de Derecho Penal*. Trad. de Miguel Olmedo Cardenete. 5. ed. Granada: Editorial Comares, 2002. p. 321.

514. Muñoz Conde, Francisco. *Teoria geral do delito*. Tradução e notas de Juarez Tavares e Luiz Regis Prado. Porto Alegre: Fabris, 1988. p. 60.

515. Ragués i Vallès, Ramon. La responsabilidad penal del testaferro en delitos cometidos a través de sociedades mercantiles: problemas de imputación subjetiva. *Indret: Revista para el Análisis del Derecho*, Barcelona, Espanha, n. 3, p. 14-15, 2008. Disponível em: <http://www.indret.com/pdf/553.pdf>. Acesso em: 14 set 2018.

516. Ragués i Vallès, Ramon. La responsabilidad penal del testaferro en delitos cometidos a través de sociedades mercantiles: problemas de imputación subjetiva. *Indret: Revista para el Análisis del Derecho*, Barcelona, Espanha, n. 3, p. 15, 2008. Disponível em: <http://www.indret.com/pdf/553.pdf>. Acesso em: 14 set 2018. (tradução nossa)

se entende aplicável a teoria da cegueira deliberada, no sistema da *common law*, quando a ignorância do agente deriva de uma "indiferença grosseira".[517]

Desse modo, a partir desse referencial, pode-se afirmar que há um afastamento das exigências tradicionais do dolo, com uma antecipação do momento da intencionalidade.[518] Não se examina a intenção do agente no momento da prática delitiva, mas no momento prévio, no qual o agente provoca deliberadamente (com intencionalidade) a sua própria ignorância, com o objetivo de facilitar sua decisão moral de prática da conduta.[519] Nesse sentido se afirma que há a configuração de uma modalidade de *actio libera in causa*, ou seja, uma espécie de "dolo por assunção".[520-521]

Em relação à aplicação já verificável dessa teoria pelos tribunais brasileiros, concordamos com a crítica de Bernardo Feijoo Sánchez, quando se refere à sua aplicação pela doutrina na Espanha: "a doutrina não só se utiliza dessa teoria sem que seja necessária, como dela se utiliza arbitrariamente em determinadas ocasiões para evitar os requisitos legais e probatórios do dolo."[522] Entendemos que é problemática a utilização, no Direito Penal brasileiro, da teoria da cegueira deliberada para se fundamentar a existência do dolo. Essa teoria não

---

517. Feijoo Sánchez, Bernardo. La teoría de la ignorancia deliberada en Derecho penal: una peligrosa doctrina jurisprudencial. *Indret: Revista para el Análisis del Derecho*, Barcelona, n. 3, p. 2, 2015. Disponível em: <http://www.indret.com/pdf/1153.pdf>. Acesso em: 15 set 2018.

518. Nas palavras de Bernardo Feijoo Sánchez: "Este adiantamento implícito do momento relevante da imputação, que passa a ser o de se colocar na situação de ignorância deliberada, vem sendo utilizada para considerar que o fato não é somente objetivamente, senão também subjetivamente imputável." (Feijoo Sánchez, Bernardo. La teoría de la ignorancia deliberada en Derecho penal: una peligrosa doctrina jurisprudencial. *Indret: Revista para el Análisis del Derecho*, Barcelona, n. 3, p. 3, 2015. Disponível em: <http://www.indret.com/pdf/1153.pdf>. Acesso em: 15 set 2018).

519. Feijoo Sánchez, Bernardo. La teoría de la ignorancia deliberada en Derecho penal: una peligrosa doctrina jurisprudencial. *Indret: Revista para el Análisis del Derecho*, Barcelona, n. 3, p. 2, 2015. Disponível em: <http://www.indret.com/pdf/1153.pdf>. Acesso em: 15 set 2018.

520. Feijoo Sánchez, Bernardo. La teoría de la ignorancia deliberada en Derecho penal: una peligrosa doctrina jurisprudencial. *Indret: Revista para el Análisis del Derecho*, Barcelona, n. 3, p. 2, 2015. Disponível em: <http://www.indret.com/pdf/1153.pdf>. Acesso em: 15 set 2018.

521. Para um setor doutrinário, como Schroth, o dolo eventual seria conceituado como a *assunção* aos elementos constitutivos do tipo com conhecimento do risco de sua ocorrência. Nesse caso, inexistirá dolo quando o agente reprime os elementos do perigo, se acredita seriamente que o resultado não se produzirá, se realiza esforços para sua evitação, bem como se acredita seriamente que a vítima ou um terceiro impedirá essa produção. (Roxin, Claus. *Derecho Penal. Parte General. Tomo I.* Trad. de Diego-Manuel Luzón Peña, Miguel Díaz y Garcia Conlledo y Javier de Vicente Remesal. Madrid: Civitas, 1997. p. 445-446; Ragués i Vallès, Ramon. Consideraciones sobre la prueba del dolo. *REJ – Revista de Estudios de la Justicia*, Chile, n. 4, p. 15, 2004. Disponível em: <http://web.derecho.uchile.cl/cej/recej/recej4/archivos/PRUEBA%20DEL%20DOLO%20RAGUES%20_8_.pdf>. Acesso em: 15 set 2018).

522. Feijoo Sánchez, Bernardo. La teoría de la ignorancia deliberada en Derecho penal: una peligrosa doctrina jurisprudencial. *Indret: Revista para el Análisis del Derecho*, Barcelona, n. 3, p. 4, 2015. Disponível em: <http://www.indret.com/pdf/1153.pdf>. Acesso em: 15 set 2018. (tradução nossa)

se apresenta adequada à tradição teórica brasileira a respeito dessa categoria subjetiva do delito.

Nesse sentido, para Ramon Ragués i Vallès, a equiparação entre a cegueira deliberada e o dolo resulta em uma desproporcionalidade de tratamento. A partir da aplicação que tem sido feita dessa teoria, a reprovação da conduta daquele que possui conhecimento e daquele que não o possui (mesmo que por criar, ele mesmo, obstáculos para essa ciência) é a mesma, o que não se pode admitir - por mais que o autor enxergue essa desproporcionalidade também na aplicação do mesmo tratamento fornecido ao dolo direto e ao dolo eventual. Na sua visão, uma possível solução para essa situação seria a previsão legal de consequências com gravidades diversas para cada figura (dolo direto, dolo eventual, cegueira deliberada etc.).[523]

Ramon Ragués i Vallès ainda fornece outro exemplo no qual a automanutenção do agente na ignorância, com a aplicação da cegueira deliberada, e a conclusão pela ocorrência de dolo, implicaria em situação de desproporcionalidade (excesso):

> "o encarregado da segurança de um trem que escuta um ruído estranho na locomotiva, porém prefere não investigar o sistema de frenagem para evitar as inconveniências de ter que interromper a circulação dos demais comboios. É evidente que, neste caso, existe por parte do sujeito uma renúncia a obter um conhecimento mais preciso sobre a existência de um determinado risco. Porém, se ocorrer um acidente fatal, dificilmente alguém sustentaria que se trata de um homicídio doloso."[524]

Mesmo que se quisesse sustentar um homicídio doloso no exemplo acima fornecido pelo autor, não consideramos que a teoria da cegueira deliberada possua serventia em nosso ordenamento jurídico, já que possuímos a categoria do dolo eventual nos parece dar conta do problema.

Mais do que somente um problema de proporcionalidade, a importação dessa figura teórica da cegueira deliberada esbarra em uma verdadeira incom-

---

523. No exemplo fornecido pelo autor: "Para exemplificar, esta perspectiva dispensa o mesmo tratamento a quem aceita o cargo de administrador de uma sociedade sabendo com certeza que será utilizada para o narcotráfico, e a quem somente aceita tal cargo com representação de que a empresa talvez possa ser utilizada para fins delitivos indeterminados que o agente prefere não conhecer." (Ragués I Vallès, Ramon. La responsabilidad penal del testaferro en delitos cometidos a través de sociedades mercantiles: problemas de imputación subjetiva. *Indret: Revista para el Análisis del Derecho*, Barcelona, Espanha, n. 3, p. 20, 2008. Disponível em: <http://www.indret.com/pdf/553.pdf>. Acesso em: 14 set 2018. Tradução nossa).

524. Ragués I Vallès, Ramon. La responsabilidad penal del testaferro en delitos cometidos a través de sociedades mercantiles: problemas de imputación subjetiva. *Indret: Revista para el Análisis del Derecho*, Barcelona, Espanha, n. 3, p. 18, 2008. Disponível em: <http://www.indret.com/pdf/553.pdf>. Acesso em: 14 set 2018.

patibilidade com o conceito doutrinário de dolo historicamente construído e adotado, tradicionalmente concebido como *conhecimento* e *vontade*. A partir da cegueira deliberada, se passa a admitir a figura do dolo sem conhecimento, o que conduz a uma desconstrução do conceito tradicional de dolo e a uma necessidade de reconstrução desse conceito[525] - reconstrução que, em nosso entender, encontraria um obstáculo no artigo 18, inciso I, do Código Penal, que legalmente define o dolo.

Mesmo tecendo críticas ao instituto da cegueira deliberada, Ramon Ragués i Vallès admite a sua aplicação em alguns casos específicos, quando trata especificamente do "testa de ferro" (*laranja*), que apenas atua como administrador formal de organização destinada à prática de crimes (comandada, de fato, por terceiro), e que não possui conhecimento das práticas delitivas por opção sua - conquanto possua meios para tanto e o dever de buscar esse conhecimento. O autor conclui que a aplicação da teoria da cegueira deliberada em casos especiais ainda permite a diferenciação de casos que implicam a necessidade de pena, daqueles casos que não implicam tal necessidade. Ou seja, se o "testa de ferro" assume essa posição por um interesse econômico, poder-se-ia afirmar a necessidade de pena pela aplicação desse instituto; situação diferente seria aquela do "testa de ferro" que assume esse papel por uma simples relação de parentesco ou de amizade.[526]

4.4.5.3. A cegueira deliberada no caso Mensalão (Ação Penal 470)

O julgamento, pelo STF, da operação conhecida como *Mensalão*, possui uma inegável importância para o estudo do elemento subjetivo do crime de lavagem de dinheiro, como já mencionamos anteriormente. E essa importância é reafirmada quando se examina a teoria da cegueira deliberada e a sua aplicação pelo Judiciário brasileiro, já que algumas referências a essa teoria foram feitas no curso desse julgamento por alguns ministros.

---

525. Nas palavras do mesmo autor: "Em todo caso, o que se pode ver ameaçado por esta perspectiva é o conceito doutrinário de dolo, majoritariamente definido como conhecimento (e vontade): na medida em que se admite que existem casos de dolo sem conhecimento, esta definição perde sua validade e necessita ser reconstruída em termos cuja concretização não seja precisamente fácil." (Ragués i Vallès, Ramon. La responsabilidad penal del testaferro en delitos cometidos a través de sociedades mercantiles: problemas de imputación subjetiva. *Indret: Revista para el Análisis del Derecho*, Barcelona, Espanha, n. 3, p. 18, 2008. Disponível em: <http://www.indret.com/pdf/553.pdf>. Acesso em: 14 set 2018. Tradução nossa).

526. Nas suas palavras: "Admitindo, portanto, que certas situações em que intervêm os *testas de ferro* são cobertas por aquelas formas de ignorância deliberada que merecem o mesmo tratamento que o dolo eventual, as lacunas de punibilidade referidas no início destas páginas parecem estar resolvidas." (Ragués i Vallès, Ramon. La responsabilidad penal del testaferro en delitos cometidos a través de sociedades mercantiles: problemas de imputación subjetiva. *Indret: Revista para el Análisis del Derecho*, Barcelona, Espanha, n. 3, p. 19, 2008. Disponível em: <http://www.indret.com/pdf/553.pdf>. Acesso em: 14 set 2018. Tradução nossa).

Conquanto a doutrina especializada aponte para uma incompatibilidade da teoria da cegueira deliberada com a nossa tradição conceitual do dolo, e, especificamente, uma incongruência na equiparação dessa teoria com a figura do dolo eventual por nós adotada,[527] a Suprema Corte deu mostras de que, parcialmente (já que há manifestação em sentido contrário na própria Corte), entende compatível tal teoria com o ordenamento jurídico brasileiro, e equiparável com o dolo eventual.

Nesse sentido se posicionou a Min. Rosa Weber, na seguinte passagem de seu voto:

> "O Direito Comparado favorece o reconhecimento do dolo eventual, merecendo ser citada a doutrina da cegueira deliberada construída pelo Direito anglo-saxão (*willful blindness doctrine*).
>
> Para configuração da cegueira deliberada em crimes de lavagem de dinheiro, as Cortes norte-americanas têm exigido, em regra, (i) a ciência do agente quanto à elevada probabilidade de que os bens, direitos ou valores envolvidos provenham de crime, (ii) o atuar de forma indiferente do agente a esse conhecimento, e (iii) a escolha deliberada do agente em permanecer ignorante a respeito de todos os fatos, quando possível a alternativa.
>
> Nesse sentido, há vários precedentes, como US vs. Campbell, de 1992, da Corte de Apelação Federal do Quarto Circuito, *US vs. Rivera Rodriguez*, de 2003, da Corte de Apelação Federal do Terceiro Circuito, *US vs. Cunan*, de 1998, da Corte de Apelação Federal do Primeiro Circuito.
>
> Embora se trate de construção da *common law*, o Supremo Tribunal Espanhol, corte da tradição da *civil law*, acolheu a doutrina em questão na Sentencia 22/2005, em caso de lavagem de dinheiro, equiparando a cegueira deliberada ao dolo eventual, também presente no Direito brasileiro. (...)
>
> Pode-se identificar na conduta dos acusados-beneficiários, especialmente dos parlamentares beneficiários, a postura típica daqueles que escolhem deliberadamente fechar os olhos para o que, de outra maneira, lhes seria óbvio, ou seja, o agir com indiferença, ignorância ou cegueira deliberada."[528]

Esse mesmo entendimento foi adotado pelo então Min. Celso de Mello, que parece também equiparar a figura da cegueira deliberada com o dolo eventual:

> "Desse modo, o Tribunal, embora desnecessário o esgotamento dos três estágios que compõem o ciclo peculiar às operações de lavagem de valores

---

527. Por todos: LUCCHESI, Guilherme Brenner. *Punindo a culpa como dolo: o uso da cegueira deliberada no Brasil*. São Paulo: Marcial Pons, 2018.

528. STF, AP 470, Relator(a): JOAQUIM BARBOSA, Tribunal Pleno, julgado em 17/12/2012. p. 1273 e 1297.

(...), deverá verificar se se registrou, ou não, a dissimulação prevista no tipo penal, sem prejuízo do exame, em outro momento, da questão pertinente à denominada "*willful blindness*", que introduz a análise relativa ao dolo eventual (tipicidade subjetiva) nos delitos previstos na Lei no 9.613/98, matéria em torno da qual se instaurou grande debate doutrinário, com posições teóricas claramente antagônicas."[529]

Em sentido mais cauteloso se manifestou o Min. Gilmar Mendes, ao advertir para os perigos da importação de construções teóricas de ordenamentos jurídicos de tradição e conformação diversas do nosso. Em seu voto, afirmou:

> "O que se deve verificar, em concreto, é o grau de conhecimento ou de consciência da procedência dos bens, sendo certo que não pode situar-se no campo da mera desconfiança ou, ainda, da negligência (falta de cautela ou cuidado). *Ad argumentandum tantum*, deve-se admitir com cautela a tese aqui também já referida acerca da cegueira deliberada (*willful blindness*). Tese essa que encontra limitações teóricas e práticas na *common law* e não pode ser importada sem suas adequadas implicações, por exemplo, a exigência de 'criação consciente e voluntária de barreiras que evitem o conhecimento'."[530]

Assim como consideramos ainda pendente de uniformização pelo Judiciário brasileiro a (im)possibilidade de prática da lavagem de dinheiro por dolo eventual, também em relação à adoção da teoria da cegueira deliberada inexiste uniformidade, podendo-se encontrar decisões que acolhem tal construção teórica,[531] assim como decisões que não a adotam.[532]

---

529. STF, AP 470, Relator(a): Joaquim Barbosa, Tribunal Pleno, julgado em 17/12/2012. p. 3972.

530. STF, AP 470, Relator(a): Joaquim Barbosa, Tribunal Pleno, julgado em 17/12/2012. p. 5717.

531. Exemplificativamente, no STJ: "O empréstimo do nome e da posição jurídica de pretenso proprietário das terras configura, no caso, indício suficiente de autoria dos delitos imputados, sendo inverossímil a alegação de ausência de dolo, direto ou eventual, especialmente considerando a possibilidade de aplicação da teoria da cegueira deliberada." (STJ, APn 940/DF, Rel. Ministro Og Fernandes, Corte Especial, julgado em 06/05/2020).

Ainda exemplificativamente, no TRF da 4ª Região: "A teoria da cegueira deliberada (*willful blindness doctrine*) não apenas é aceita pela doutrina e jurisprudência pátrias como é aplicada por este Tribunal, inclusive no delito de lavagem de dinheiro." (TRF4, ACR 5017641-83.2018.4.04.7000, Relator Luiz Carlos Canalli, Sétima Turma, julgado em 25/05/2021); "Doutrina da cegueira deliberada equiparável ao dolo eventual e aplicável a crimes de transporte de substâncias ou de produtos ilícitos e de lavagem de dinheiro." (TRF4, ACR 5001606-05.2019.4.04.7003, Relator Carlos Eduardo Thompson Flores Lenz, Oitava Turma, julgado em 16/10/2019)

532. Exemplificativamente, no TRF da 2ª Região: "Aquele que serve de forma consciente e pré-ordenada à interposição de pessoas, vulgarmente denominado 'laranja' ou 'testa de ferro' não adota conduta atípica, sobretudo quando colabora com métodos essenciais à lavagem de dinheiro, ainda que não a pratique diretamente, como é o caso, ou o faça sob a denominada 'cegueira deliberada'." (TRF2, ACR 0802207-13.2013.4.02.5101, Relator Abel Gomes, 1ª Turma, julgado em 20/06/2018)

De nossa parte, concordamos com Juarez Tavares e Antonio Martins, ao defenderem a incompatibilidade da teoria da cegueira deliberada com a teoria do delito aplicada no Brasil, especificamente com nosso conceito de dolo, que pressupõe conhecimento (elemento cognitivo) e vontade (elemento volitivo).[533]

533. TAVARES, Juarez; MARTINS, Antonio. *Lavagem de capitais: fundamentos e controvérsias*. São Paulo: Tirant lo Blanch, 2020. p. 81.

5.

QUESTÕES PROBLEMÁTICAS SOBRE A LAVAGEM DE DINHEIRO

5.1. A causa de aumento de pena do § 4°, art. 1°, da Lei de Lavagem

A Lei de Lavagem brasileira estabelece uma causa de aumento da pena para o crime de lavagem de dinheiro, quando praticado de forma reiterada ou por intermédio de organização criminosa. Essa é a redação legal:

> Lei 9.613/1998, Art. 1°, § 4° A pena será aumentada de um a dois terços, se os crimes definidos nesta Lei forem cometidos de forma reiterada ou por intermédio de organização criminosa.

Como tantos outros aspectos do crime de lavagem de dinheiro, esse dispositivo também é alvo de entendimentos conflitantes, muito em razão do que consideramos ser uma péssima redação legal, isso se confrontado com outros dispositivos legais de nosso ordenamento jurídico que conferem tratamento aos casos de concurso de crimes.

5.1.1. Primeira hipótese de aumento: reiteração da lavagem

A primeira causa de aumento da pena prevista no dispositivo legal se refere ao caso de prática reiterada dos crimes da Lei de Lavagem. Para o exame da aplicabilidade dessa parte do dispositivo legal, portanto, deve-se estabelecer quando haverá pluralidade de crimes de lavagem, e quando haverá crime único.

Sendo um procedimento complexo, formado por uma pluralidade maior ou menor de atos realizados em cadeia, um complementando o outro, em um processo que objetiva sobretudo o maior distanciamento possível dos bens em relação às infrações penais antecedentes, é preciso esclarecer que a diversidade de atos de lavagem não significa, necessariamente, diversidade de crimes de lavagem.

Quando o agente pratica diversos atos de lavagem de um mesmo conjunto patrimonial, ou de conjunto patrimonial diverso, mas sob o mesmo complexo de atos, estaremos diante de um único crime de lavagem de dinheiro. Se, contudo, há uma sucessão de contextos, como o caso de um gerente de banco que realiza atos de lavagem para um criminoso, sucessivamente, de acordo com as necessidades periódicas desse criminoso (à medida em que aufere seus ganhos ilícitos), estaremos diante de uma pluralidade de crimes de lavagem[534] – situação à qual, em tese, seria aplicada essa majorante do parágrafo 4°.

O dispositivo legal que institui essa causa de aumento, a nosso juízo, possui uma péssima redação, constituindo uma situação de insegurança jurídica em razão do aparente conflito com outros institutos jurídicos, especificamente com os institutos do crime continuado e do concurso material de crimes.

No entendimento de Pierpaolo Cruz Bottini,[535] essa hipótese seria inaplicável em nosso ordenamento jurídico. Isso porque, quando a reiteração da lavagem ocorrer com nexo de continuidade (em razão da semelhança das condições de tempo, lugar, maneira de execução etc.), deveria ser aplicado o regramento do crime continuado (artigo 71 do Código Penal[536]), que possui, na sua leitura, elementos especializantes em relação ao dispositivo legal da Lei de Lavagem (que não exige a identidade das condições elencadas no artigo 71 do CP). Quando inexistir nexo de continuidade e, por isso, não puder ser aplicado o instituto do crime continuado (por exemplo, o caso de operações isoladas, sem vínculo entre si[537]), seria aplicado à pluralidade de crimes de lavagem o instituto do concurso material de crimes,[538] podendo incidir, a depender do

534. Palma Herrera, José Manuel. *Los delitos de blanqueo de capitales*. Madrid: Edersa, 2000. p. 722-725.

535. Badaró, Gustavo Henrique; Bottini, Pierpaolo Cruz. *Lavagem de dinheiro: aspectos penais e processuais penais*. 3. ed. São Paulo: Revista dos Tribunais, 2016. p. 210-212.

536. "Código Penal, Art. 71 – Quando o agente, mediante mais de uma ação ou omissão, pratica dois ou mais crimes da mesma espécie e, pelas condições de tempo, lugar, maneira de execução e outras semelhantes, devem os subseqüentes ser havidos como continuação do primeiro, aplica-se-lhe a pena de um só dos crimes, se idênticas, ou a mais grave, se diversas, aumentada, em qualquer caso, de um sexto a dois terços."

537. Palma Herrera, José Manuel. *Los delitos de blanqueo de capitales*. Madrid: Edersa, 2000. p. 725.

538. "Código Penal, Art. 69 – Quando o agente, mediante mais de uma ação ou omissão, pratica dois ou mais crimes, idênticos ou não, aplicam-se cumulativamente as penas privativas de liberdade em que haja incorrido. No caso de aplicação cumulativa de penas de reclusão e de detenção, executa-se primeiro aquela."

caso, a agravante da reincidência.[539] Para esse autor, portanto, não restaria nenhuma hipótese prática para a aplicação da primeira causa de aumento de pena do artigo 1°, parágrafo 4°, da Lei de Lavagem. Independentemente do caso, estaríamos diante de um *bis in idem*, por já haver circunstância prejudicial ao agente aplicável em razão da pluralidade de crimes de lavagem praticados (ou a *ficção jurídica* do crime continuado, com sua causa de aumento própria, ou o instituto do concurso material).

Diferentemente, Luiz Regis Prado defende que, no conflito entre essa causa de aumento da Lei de Lavagem e o crime continuado, dever-se-ia aplicar o regramento da Lei de Lavagem, por entender ser o dispositivo do artigo 1°, parágrafo 4°, dessa Lei especial em relação ao dispositivo do Código Penal.[540]

O STJ igualmente possui julgado reconhecendo a especialidade do dispositivo da Lei de Lavagem, a se sobrepor ao regramento do Código Penal.[541] Em julgado diverso, contudo, a Corte Superior reconheceu a ocorrência de *bis in idem* na aplicação, ao mesmo caso, da continuidade delitiva e da causa de aumento da Lei de Lavagem, afastando a aplicação dessa última.[542]

Não há, portanto, uniformidade de entendimentos em relação à aplicabilidade dessa causa de aumento da pena, conquanto seja amplamente adotada pela jurisprudência pátria. Para compreensão de sua incidência e de seus efeitos, é didática a referência a caso julgado pelo TRF da 4ª Região, no qual, em primeiro grau, havia sido reconhecida a prática de três crimes de lavagem em continuidade delitiva, e uma quarta prática de lavagem em concurso material com as anteriores. O Tribunal Regional entendeu se sobrepor, em razão da especialidade, a causa de aumento da Lei de Lavagem em relação ao instituto do crime continuado, resultando na aplicação de pena por um único crime de lavagem, acrescida da causa de aumento:

> "Em relação à ocultação da propriedade do veículo VW/Passat HL TSI AA, placas QIR-1783, a sentença asseverou que essa prática delitiva não se

539. "Código Penal, Art. 63 – Verifica-se a reincidência quando o agente comete novo crime, depois de transitar em julgado a sentença que, no País ou no estrangeiro, o tenha condenado por crime anterior."

540. Prado, Luiz Regis. *Direito Penal Econômico*. 8. ed. Rio de Janeiro: Forense, 2019. p. 465.

541. "O §4° do art. 1° da Lei 9.613/98 dispõe que a pena será aumentada de um a dois terços, se os crimes definidos nesta Lei forem cometidos de forma reiterada ou por intermédio de organização criminosa. Assim, a Corte de origem decidiu que, preenchidos os requisitos para a incidência da referida causa de aumento, deve prevalecer esta, em face da continuidade delitiva, em razão do princípio da especialidade. Daí, em razão dos inúmeros crimes praticados, por quase 10 anos, aplicou o aumento no patamar de 2/3." (STJ, AgRg no REsp 1942359/RS, Rel. Ministro Reynaldo Soares Da Fonseca, Quinta Turma, julgado em 05/10/2021)

542. "Resulta bis in idem o reconhecimento da continuidade delitiva e a incidência da majorante prevista no art. 1°, § 4°, da Lei 9.613/98." (STJ, AgRg nos EDcl no REsp 1667301/SP, Rel. Ministro Nefi Cordeiro, Sexta Turma, julgado em 05/09/2019)

insere na mesma continuidade delitiva que abrange os três outros crimes, devendo ser considerada à parte, em concurso material, nos termos do artigo 69 do Código Penal, já que resultante, essa quarta prática criminosa especificamente, de '*reiteração delitiva*'.

No entanto, embora o contexto fático permita concluir pela existência de uma continuidade delitiva em concurso material com um quarto crime, é evidente se tratar de uma hipótese de uma reiteração criminosa, caracterizada pela repetição usual da prática criminosa, que revela um estilo de vida do agente, voltado àquele delito.

O conjunto sequencial de atos de lavagem constitui um método de reciclagem, onde o réu, de forma sistemática e habitual, valia-se de negócios fraudulentos visando à ocultação de bens e capitais havidos com recursos de origem criminosa, tal como se deu em relação ao apartamento 701 do Edifício The Sun Tower e em relação aos veículos Lamborghini/Gallardo, Mitsubishi/Pajero e VW/Passat, nas situações anteriormente analisadas.

Nesses casos, tenho que, quando preenchidos os requisitos para a incidência da causa de aumento prevista no parágrafo 4º do artigo 1º da Lei nº 9.613/98, deve prevalecer esta, em face da continuidade delitiva. (...)

Na hipótese, enquanto os fatos 1, 2 e 4 (relativos à ocultação da propriedade do apartamento nº 701 do Edifício The Sun Tower, do veículo Lamborghini/Gallardo e do veículo Mitsubishi/Pajero, respectivamente) ocorreram entre os anos de 2016 e 2017, o fato 3, relativo à ocultação da propriedade do veículo VW/Passat HL TSI AA, ocorreu somente em abril de 2018, o que, a toda evidência, afastaria a possibilidade de reconhecimento da ocorrência de crime continuado entre o primeiro grupo e o quarto crime, considerando a ausência do requisito de ordem objetiva, qual seja, "as mesmas condições de tempo".

Contudo, para a incidência da causa de aumento de pena do parágrafo 4º, não se exige uma homogeneidade de circunstâncias de tempo, lugar e modus operandi, tal qual se exige para o reconhecimento do crime continuado.

Assim, tendo em vista que o cenário delitivo vislumbrado nos autos elucida a prática do crime de lavagem de dinheiro, de forma habitual, é caso de afastar a incidência dos artigos 71 e 69 do Código Penal, a fim de determinar a aplicação exclusiva da causa especial de aumento prevista no artigo 1º, parágrafo 4º, da Lei nº 9.613/98. (...)

Portanto, a pena definitiva pela prática do delito do artigo 1º, caput, da Lei nº 9.613/98, de forma reiterada, aumento em 2/3 (dois terços) a pena mais grave dentre os quatro crimes (relacionado à aquisição do veículo VW/Passat HL TSI AA de placas QIR-1783), resultando na pena definitiva de 5 (cinco) anos, 8 (oito) meses e 10 (dez) de reclusão, acrescidos de 144 (cento e quarente e quatro) dias-multa, mantido o valor unitário do dia-multa em 5 (cinco) salários mínimos vigente à época dos fatos, com fulcro no parágrafo 1º do artigo 49 do Código Penal."[543]

Nos parece, portanto, que é amplamente adotada essa causa de aumento da Lei de Lavagem, aos moldes do instituto do crime continuado: havendo reiteração (mais de um crime de lavagem de dinheiro), aplica-se a pena de somente um dos crimes de lavagem (mesmo que o dispositivo não deixe expressa essa conclusão), com o acréscimo no patamar disposto no parágrafo 4º.

Em nosso entendimento, todas as dúvidas decorrentes da forma de aplicação desta causa de aumento, bem como do conflito aparente dela com outros institutos, devem ser solucionadas a partir do entendimento mais benéfico ao acusado. Essa é uma conclusão logicamente decorrente de um ordenamento jurídico-penal pautado pelo princípio *in dubio pro reo* ou *favor rei*, marca de um Estado que verdadeiramente prioriza a liberdade.[544]

Desse modo, um primeiro caso possível seria aquele no qual ocorra a repetição de crimes de lavagem, com nexo de continuidade (a partir das condições elencadas no artigo 71 do Código Penal). Nesse caso, existindo elementos especializantes tanto no artigo 71 do Código Penal ("condições de tempo, lugar, maneira de execução e outras semelhantes"), quanto no § 4º do artigo 1º da Lei de Lavagem ("crimes definidos nesta Lei"), entendemos que se deva aplicar o regramento do crime continuado, por instituir aumento de pena inferior ao dispositivo da Lei de Lavagem.

Diferentemente, havendo um contexto de prática de crimes de lavagem sem nexo de continuidade, configurando-se mera reiteração (pluralidade de crimes), deve incidir o regramento do § 4º do artigo 1º da Lei de Lavagem, com a aplicação de pena de um único crime de lavagem, acrescida dessa causa de aumento.

Ainda, esse parágrafo determina, como patamares para o aumento da pena, as frações de um a dois terços. O quantitativo específico de incremento na pena deverá ser estabelecido levando-se em conta circunstâncias como a extensão do período pelo qual o agente realiza as condutas de lavagem (a duração dessa prática reiterada), bem como o número de fatos praticados nesse período.[545]

---

543. TRF4, ACR 5007596-41.2019.4.04.7208, Relatora Cláudia Cristina Cristofani, Sétima Turma, julgado em 17/11/2020.

544. Bettiol, Giuseppe. *Instituições de Direito e de Processo Penal*. Tradução de Manuel da Costa Andrade. Coimbra: Coimbra Editora, 1974. p. 295.

545. No STJ: "Considerado o considerável período de tempo em que ocorreu a prática criminosa, de 1999 a 2006, bem o elevado número de eventos atribuídos ao paciente (onze ocorrências), deve ser aplicada fração superior à mínima, para exasperar a pena pela incidência da causa especial de

5.1.2. *Segunda hipótese de aumento: lavagem por intermédio de organização criminosa*

A segunda causa de aumento do parágrafo 4° se refere aos casos de lavagem de dinheiro praticada por intermédio de organização criminosa, devendo ser lido o dispositivo nessa parte em conjunto com a Lei 12.850/2013, que fornece o conceito legal de organização criminosa.

A Lei de Organizações Criminosas conceitua, em seu artigo 1°, parágrafo 1°:

> "Lei 12.850/2013, Art. 1°, § 1° Considera-se organização criminosa a associação de 4 (quatro) ou mais pessoas estruturalmente ordenada e caracterizada pela divisão de tarefas, ainda que informalmente, com objetivo de obter, direta ou indiretamente, vantagem de qualquer natureza, mediante a prática de infrações penais cujas penas máximas sejam superiores a 4 (quatro) anos, ou que sejam de caráter transnacional."

Para que se possa afirmar a configuração de uma organização criminosa, portanto, alguns elementos devem se fazer presentes. O primeiro deles é a existência de um número mínimo de pessoas em concurso (ao menos quatro pessoas). Como o tipo penal se refere a *pessoas*, não importa, para compor esse número mínimo, se o agente é ou não imutável.

Ainda, essa organização deve se materializar por meio de uma estrutura ordenada, minimamente complexa, com divisão de tarefas entre os integrantes. Nesse ponto, pode-se fazer a analogia com organizações empresariais: a organização criminosa é o representativo de uma verdadeira empresa, mas voltada à prática de crimes. Esse requisito é complementado com a exigência de que haja certa estabilidade ou permanência dessa organização, o que o diferencia do mero concurso de agentes (que eventualmente se integram para a prática de crime).

Por fim, há ainda um requisito objetivo para a configuração de uma organização criminosa, constituído pela destinação da associação entre os agentes: a prática de infrações penais com pena máxima superior a 4 anos, ou de caráter transnacional.

Destacamos que o § 4° do artigo 1° da Lei de Lavagem, nesse ponto, se aplica aos casos nos quais é utilizado o auxílio de organização criminosa pelo lavador, para facilitar o processo de lavagem e/ou dificultar o seu descobrimento, por exemplo. Esse agente lavador, entretanto, não pode ser integrante dessa organização e, consequentemente, ser responsabilizado pelo crime de organização

aumento de pena prevista no art. 1°, § 4°, da Lei n. 9.613/98, em observância aos princípios da individualização da pena e da proporcionalidade." (STJ, AgRg no HC 514.807/SC, Rel. Ministro Reynaldo Soares Da Fonseca, Quinta Turma, julgado em 17/12/2019)

criminosa. Tal fato resultaria em um inadmissível *bis in idem* (dupla punição pelo mesmo fato). Dessa forma, aos agentes que pertencerem à organização criminosa e realizarem os atos de lavagem, será aplicada a pena pela prática de ambos os crimes; ao agente que apenas realiza os atos de lavagem, mas se utiliza do auxílio de organização criminosa para tanto, será aplicada a pena do crime de lavagem, com incidência dessa causa de aumento.

5.2. O problema da prova do delito prévio

Como já mencionamos, houve um contínuo e progressivo movimento de "descolamento" do crime de lavagem da infração penal antecedente, da qual provém os bens a serem lavados.

Em um estágio inicial (uma primeira geração), a criminalização da lavagem surge muito intensamente como uma estratégia de combate ao tráfico de drogas, de forma semelhante a uma medida potencializadora da tarefa persecutória do Estado (como os meios de produção de prova - interceptação telefônica, quebras de sigilo fiscal etc.); ou seja, a lavagem é um mecanismo de combate ao crime, por meio de uma criminalização específica.

Em um momento posterior, esse mecanismo de combate ao crime se expandiu a outros delitos, por meio da criação de um rol de infrações antecedentes, movimento potencializado pela necessidade de combate ao crime organizado.

Por fim, nos encontramos em uma terceira geração de legislação antilavagem, caracterizada pela supressão do rol taxativo de infrações antecedentes, conformação legal que confere ao crime de lavagem de dinheiro uma autonomia muito mais significativa do que as conformações anteriores.

Esse movimento de autonomização do crime de lavagem de dinheiro em relação à infração prévia reflete diretamente no padrão probatório da infração prévia exigido para que se afirme a ocorrência da lavagem. A nossa Lei de Lavagem expressamente adota essa relação de certa independência entre o crime de lavagem e a infração antecedente.[546]

Em dispositivo específico sobre a prova da infração prévia, exige a presença de indícios suficientes de sua existência para que possa ter início o processo pelo crime de lavagem de dinheiro. Veja-se:

> Art. 2º, § 1º A denúncia será instruída com indícios suficientes da existência da infração penal antecedente, sendo puníveis os fatos previstos

546. "Art. 2º O processo e julgamento dos crimes previstos nesta Lei: (...) II - independem do processo e julgamento das infrações penais antecedentes, ainda que praticados em outro país, cabendo ao juiz competente para os crimes previstos nesta Lei a decisão sobre a unidade de processo e julgamento;"

nesta Lei, ainda que desconhecido ou isento de pena o autor, ou extinta a punibilidade da infração penal antecedente.

O dispositivo legal exige apenas indícios suficientes da existência da infração prévia, mesmo que detalhes dela sejam desconhecidos (como a autoria). Para o oferecimento da denúncia, portanto, o órgão acusatório deve ao menos identificar as infrações penais antecedentes,[547] mas sem necessidade de seu detalhamento.[548]

Destacamos, novamente, que é absolutamente dispensável que o agente lavador tenha participado do cometimento da infração penal antecedente. Pode ocorrer de o autor do crime de lavagem não possuir qualquer relação com a infração prévia, atuando exclusivamente na prática da lavagem. Tal circunstância não obsta que seja ele condenado pela prática da lavagem, que é crime autônomo.[549]

---

547. "8. A denúncia não descreve minimamente os fatos específicos que constituiriam os crimes antecedentes da lavagem de dinheiro, limitando-se a narrar que o paciente teria dissimulado a natureza, a origem, a localização, a disposição e a movimentação de valores provenientes de crimes contra a Administração Pública. 9. Não há descrição das licitações que supostamente teriam sido fraudadas, nem os contratos que teriam sido ilicitamente modificados, nem os valores espuriamente auferidos com essas fraudes que teriam sido objeto de lavagem. 10. A rigor, não se cuida de imputação vaga ou imprecisa, mas de ausência de imputação de fatos concretos e determinados. 11. O fato de o processo e julgamento dos crimes de lavagem de dinheiro independerem do processo e julgamento dos crimes antecedentes (art. 2°, II, da Lei n° 9.613/98) não exonera o Ministério Público do dever de narrar em que consistiram esses crimes antecedentes." (STF, HC 132179, Relator(a): Dias Toffoli, Segunda Turma, julgado em 26/09/2017)

548. Em julgado do STJ: "Além disso, a denúncia por lavagem não depende da descrição exaustiva ou pormenorizada do crime antecedente." (STJ, AgRg no AREsp 1268607/SP, Rel. Ministro Rogerio Schietti Cruz, Sexta Turma, julgado em 30/06/2020)

No mesmo sentido, em caso relacionado a crime de lavagem praticado antes da alteração legislativa de 2012: "A aptidão da denúncia relativa ao crime de lavagem de dinheiro não exige uma descrição exaustiva e pormenorizada do suposto crime prévio, bastando, com relação às condutas praticadas antes da Lei 12.683/12, a presença de indícios suficientes de que o objeto material da lavagem seja proveniente, direta ou indiretamente, de uma daquelas infrações penais mencionadas nos incisos do art. 1° da Lei 9.613/98." (STJ, APn 923/DF, Rel. Ministra Nancy Andrighi, Corte Especial, julgado em 23/09/2019)

549. Nesse sentido, em julgado do STJ: "O fato de um dos ora denunciados não haver sido denunciado pelo crime antecedente é irrelevante para a responsabilização por lavagem de dinheiro. Conforme orientação deste Superior Tribunal de Justiça, a participação no crime antecedente não é indispensável à adequação da conduta de quem oculta ou dissimula a natureza, origem, localização, disposição, movimentação ou propriedade de bens, direitos ou valores provenientes direta ou indiretamente, de crime, ao tipo do art. 1°, da Lei 9.613/98." (STJ, HC 545.395/RO, Rel. Ministro Reynaldo Soares Da Fonseca, Quinta Turma, julgado em 05/03/2020)

No mesmo sentido: "O fato de um dos ora denunciados não haver sido denunciado pelo crime antecedente é irrelevante para a responsabilização por lavagem de dinheiro. Conforme orientação deste Superior Tribunal de Justiça, a participação no crime antecedente não é indispensável à adequação da conduta de quem oculta ou dissimula a natureza, origem, localização, disposição, movimentação ou propriedade de bens, direitos ou valores provenientes direta ou indiretamente, de crime, ao tipo do art. 1°, da Lei 9.613/98." (STJ, APn 458/SP, Rel. Ministro Fernando Gonçalves, Rel. p/ Acórdão Ministro Gilson Dipp, Corte Especial, julgado em 16/09/2009)

É mencionado pela doutrina estrangeira[550] essa utilização dos indícios como prova ("prova indiciária"), igualmente identificada como prova indireta, circunstancial, conjectural ou de presunções, a partir dos quais se permite deduzir a ocorrência de fato delitivo e/ou a participação do agente neste fato sempre que exista um *enlace* preciso e direto entre tais indícios e o fato. Mas a devida utilização da prova indiciária está sujeita às seguintes condições: (a) os indícios devem ser plurais (excepcionalmente pode bastar um só, quando se revestir de uma singular força incriminatória); (b) devem ser reconhecidos mediante prova direta; (c) devem estar estreitamente relacionados entre si; (d) devem ser concomitantes, ou seja, univocamente incriminatórios; (e) entre os indícios e o fato a ser provado deve existir uma relação precisa e direta, conforme as regras de lógica, da experiência.

Entendemos que, para que se possa afirmar a existência de relação entre um bem e um delito anterior que lhe dê origem, é imprescindível a existência de prova da existência desse delito prévio. Para reconhecer esse dado (delito prévio), existem duas possibilidades: pode-se exigir uma sentença transitada em julgado na qual se constate a realização do fato tipicamente antijurídico, ou pode-se deixar que o juiz titular do processo de lavagem avalie esta matéria.[551]

Para solucionar essa polêmica, um setor da doutrina utiliza a jurisprudência já construída sobre a receptação, assinalando que nesses casos não é necessária uma sentença condenatória em relação ao delito prévio; se exige, ao menos, que esse fato anterior seja minimamente demonstrado.[552] Em relação ao crime de lavagem, a partir desse posicionamento, conclui-se que o juiz responsável pelo julgamento do crime de lavagem avalie a suficiência ou não da comprovação da infração penal antecedente, exigindo-se que se saiba com precisão qual é esse fato prévio que originou os bens.[553] Assim, não se exige uma

---

550. Zaragoza Aguado, Javier Alberto. Análisis sustantivo Del delito (II). Cuestiones de interés sobre el delito de blanqueo de bienes de origen criminal: la prueba indiciaria. La comisión culposa. Nuevas orientaciones en derecho comparado. In: *Prevención y represión del blanqueo de capitales, Estudios de Derecho Judicial*, n. 28, Consejo General del Poder Judicial, Madrid, 2000. p. 293. No mesmo sentido, Montañes Pardo, Miguel Angel. *La Presunción de Inoncencia*. Pamplona: Aranzadi, 1999. p. 106 e segs.

551. Aránguez Sánchez, Carlos. *El Delito de Blanqueo de Capitales*. Madrid: Marcial Pons, 2000. p. 200.

552. Palomo Del Arco, Andrés. Receptación y figuras afines. In: Vives Antón, Tomás Salvador; Manzanares Samaniego, José Luis (dir.). *Estudios de derecho judicial*. Espanha: Consejo General del Poder Judicial, 1996. n. 2. p. 380. Em sentido contrário, Moreno Cánoves, Antonio; Ruiz Marco, Francisco. *Delitos socioeconómicos. Comentarios a los arts. 262, 270 a 310 del nuevo Código penal*. Castellón: Edijus, 1996. p. 380.

553. Blanco Cordero, Isidoro. *El delito de blanqueo de capitales*. Pamplona: Aranzadi, 2012. p. 252; Vidales Rodriguez, Caty. *Los delitos de receptación y legitimación de capitales en el Código penal de 1995*. Valencia: Tirant lo Blanch, 1997. p. 47; Aránguez Sánchez, Carlos. *El Delito de Blanqueo de Capitales*. Madrid: Marcial Pons, 2000. p. 200.

sentença condenatória do crime antecedente,[554] mas a satisfatória comprovação de sua existência.

Na jurisprudência brasileira, o artigo 1º, parágrafo 2º, da Lei de Lavagem parece ser aplicado não só como baliza para o oferecimento e recebimento de denúncia pelo crime de lavagem, mas também para um juízo condenatório. Esse sentido, é disseminada a afirmação de que não é necessária prova cabal da infração penal antecedente, mas suficientes indícios. No STF: "Permanece típica e punível a lavagem de dinheiro mesmo quando desconhecido ou isento de pena o autor do crime precedente, desde que presentes indícios suficientes da existência deste delito (art. 2º, § 1º, da Lei n. 9.613/98)."[555] O mesmo entendimento é encontrado, exemplificativamente, no STJ[556] e no TRF da 4ª Região.[557]

Entendemos que tal padrão probatório implica em exagerada insegurança jurídica, bem como em violação ao princípio *in dubio pro reo*. Sendo a infração penal antecedente um elemento constitutivo do tipo penal de lavagem, defendemos que a sua existência deve ser suficientemente comprovada, para além de qualquer dúvida razoável.

Se reconhecida a inexistência de infração penal antecedente, entretanto, não se poderá afirmar a existência de lavagem. Nesse sentido, em decisão do STF: "Insubsistente a imputação de corrupção passiva, fenece, por arrastamento, a de lavagem de capitais, por não haver crime antecedente contra a administração pública."[558]

---

554. Nem mesmo processo: "A autonomia do crime de lavagem de dinheiro viabiliza inclusive a condenação, independente da existência de processo pelo crime antecedente." (STF, HC 93368, Relator(a): Luiz Fux, Primeira Turma, julgado em 09/08/2011)

555. STJ, AgRg no REsp 1244668/MS, Rel. Ministro Nefi Cordeiro, Sexta Turma, julgado em 15/12/2015.

556. "Para a configuração do delito de lavagem de capitais não é necessária a condenação pelo delito antecedente, tendo em vista a autonomia do primeiro em relação ao segundo. Basta, apenas, a presença de indícios suficientes da existência do crime antecedente, o que, no caso, restou fartamente configurado." (STJ, AgRg no HC 514.807/SC, Rel. Ministro Reynaldo Soares Da Fonseca, Quinta Turma, julgado em 17/12/2019).

557. "Permanece a tipicidade do delito de lavagem de dinheiro, mesmo quando desconhecido ou isento de pena o autor do crime prévio, exigindo-se apenas a existência de indícios suficientes da ocorrência da infração penal antecedente." (TRF4, ACR 5070068-53.2015.4.04.7100, Relatora para Acórdão Bianca Georgia Cruz Arenhart, Sétima Turma, julgado em 15/09/2020).

No mesmo sentido: "Para a configuração do delito de lavagem de dinheiro é prescindível a exaustiva prova do crime antecedente ou a condenação quanto a este. Basta a demonstração de que o numerário que se busca branquear decorre de proveito criminoso." (TRF4, ACR 5018274-94.2018.4.04.7000, Relatora Cláudia Cristina Cristofani, Sétima Turma, julgado em 15/09/2020)

558. STF, Inq 4259, Relator(a): Edson Fachin, Relator(a) p/ Acórdão: Dias Toffoli, Segunda Turma, julgado em 18/12/2017.

5.3. Extensão da criminalização aos sujeitos obrigados e a omissão imprópria

5.3.1. A omissão imprópria no Direito Penal

Por *crimes comissivos por omissão* ou *crimes omissivos impróprios* se entende aqueles crimes praticados por omissão, por indivíduo que possui um dever de agir para evitar o resultado; ou seja, pelo omitente que ocupa a posição de *garantidor*. Nesses casos, mesmo que o indivíduo tenha apenas se omitido (*ação negativa*), com isso deixando de realizar a conduta que lhe era exigida para evitar o resultado, é responsabilizado como se tivesse praticado uma ação positiva e, com ela, provocado o resultado proibido.

Segundo Jescheck,[559] esses casos consistem em um não impedir a produção do resultado lesivo, quando o omitente ocupa a posição de garante. A esses casos se refere o art. 13, § 2º, do nosso Código Penal. Os garantes estão elencados nesse dispositivo legal, sendo aquelas pessoas que, por uma razão ou outra, possuem a responsabilidade por evitar o resultado – como o exemplo do salva-vidas que, diferentemente do banhista, possui o dever de agir para evitar um afogamento; voluntariamente não o fazendo, poderá responder não por omissão de socorro, mas por homicídio.

Para a configuração desses delitos, não é suficiente a mera omissão; é preciso que o agente seja efetivamente obrigado a agir (que ocupe a posição de garantidor), que o resultado proibido efetivamente ocorra, e que o omitente possuísse capacidade de evitar tal resultado caso agisse. São, portanto, aqueles delitos nos quais o sujeito, por meio de uma omissão, permite a produção de um resultado proibido, resultado que o omitente podia e devia evitar.

A esses critérios, somam-se aqueles comuns ao delito comissivo, com as necessárias conformações teóricas à figura da omissão. Nesse sentido, a partir das lições de Enrique Bacigalupo,[560] os seguintes elementos são condicionantes da imputação por crime omissivo impróprio (comissivo por omissão):

a) a efetiva produção de um resultado – diferentemente do crime omissivo próprio, que se contenta com a mera inatividade do agente, independentemente da produção de qualquer lesão (por exemplo, o crime de omissão de socorro);

b) a capacidade do omitente de, voluntariamente, realizar a conduta que lhe era exigida – o agente não pode ser responsabilizado pela

559. Jescheck, Hans-Heinrich; Weigend, Thomas. *Tratado de Derecho Penal*. Trad. de Miguel Olmedo Cardenete. 5. ed. Granada: Editorial Comares, 2002. p. 239.

560. Bacigalupo, Enrique. *Manual de Derecho Penal. Parte general*. Colômbia: Editorial Temis S.A., 1996. p. 550-553 e 562.

omissão, se não possuía a capacidade de agir (por exemplo, no caso de coação física);

c) a existência de uma relação de causalidade hipotética entre a omissão e o resultado – como a omissão não pode ser, naturalmente, considerada produtora do resultado, pois não inaugura uma sucessão de fatos como ocorre com a ação positiva,[561] esse exame de causalidade deve ser realizado a partir de um juízo hipotético, demonstrando-se, acima de qualquer dúvida razoável,[562] que o resultado não teria ocorrido caso o agente realizasse a conduta exigida.

d) a posição de garante ocupada pelo omitente – em nosso ordenamento jurídico, nos termos do artigo 13, parágrafo 2º, do Código Penal;

e) existência do elemento subjetivo – no caso do dolo, exige-se a consciência da situação de risco de produção do resultado, que faz necessária a atuação do indivíduo, e o conhecimento das circunstâncias que instituem a posição de garante.

Também a exigir alguns requisitos específicos para a imputação por omissão imprópria, Juarez Tavares e Antonio Martins:

> "a. uma norma proibitiva de conduta; b. uma posição de garantidor, pela qual o autor se veja inserido no âmbito de responsabilidade pela proteção do bem jurídico; c. uma omissão do autor em face dos deveres jurídicos especiais de evitar a lesão ao bem jurídico; d. a capacidade do autor de realizar a ação mandada; e. a causalidade; f. a idoneidade da ação devida quanto a evitar o resultado com probabilidade nos limites da certeza; g. a equiparação causal entre a omissão e a ação devida, em face do risco da produção do resultado por ação."[563]

---

561. Em Jakobs: "Dado que somente um acontecimento pode condicionar um resultado, e a ausência de um acontecimento não pode fazê-lo, uma *omissão não é causal* de um resultado. Ainda assim, como as omissões podem ser imputáveis, a relação de imputação é, consequentemente, mais ampla do que a relação causal." (Jakobs, Günther. *Derecho penal. Parte general. Fundamentos y teoría de la imputación*. Trad. de Joaquin Cuello Contreras e Jose Luis Serrano Gonzalez de Murillo. 2. ed. Madrid: Marcial Pons, 1997. p. 236)

562. Diego-Manuel Luzón Peña afirma, a respeito da causalidade hipotética da omissão imprópria: "Como essa circunstância é totalmente hipotética e não produz o resultado, costuma-se afirmar que não pode haver segurança, senão probabilidade maior ou menor, e a posição mais frequente é a de que, para não violar o *in dubio pro reo*, deve-se verificar uma probabilidade que beire a certeza de que a conduta devida teria evitado o resultado; se inexistir essa quase certeza da evitação, sustenta-se que não há causação do resultado, e somente haverá tentativa em caso de dolo, e impunidade em caso de culpa." (Luzón Peña, Diego-Manuel. Omisión impropia o comisión por omisión. *Libertas: revista de la Fundación Internacional de Ciencias Penales*, Madrid, n. 6, julho, p. 163, 2017)

563. Tavares, Juarez; Martins, Antonio. *Lavagem de capitais: fundamentos e controvérsias*. São Paulo: Tirant lo Blanch, 2020. p. 87-88.

Exemplo dessa modalidade de imputação, já examinado pelo STJ, pode ser encontrado no caso de médico que, por razões particulares, se recusa a atender (omissão) paciente em estado grave sob sua responsabilidade. No caso concreto, o médico foi denunciado não por omissão de socorro (*crime omissivo próprio*), mas por homicídio, praticado com dolo eventual, já que comunicado do estado de saúde crítico do paciente e, ciente da elevada probabilidade de óbito, teria adotado postura indiferente à ocorrência do resultado.[564]

5.3.2. Os sujeitos obrigados na Lei de Lavagem e a posição de garante

Na Lei de Lavagem brasileira, as pessoas físicas e jurídicas sujeitas a obrigações especiais de prevenção e detecção de atos potenciais de lavagem são definidas no capítulo intitulado "Das pessoas sujeitas ao mecanismo de controle", e suas obrigações estabelecidas em artigos subsequentes ou mesmo em normativas específicas (como as provenientes de órgãos de controle especiais a determinados setores).

Portanto, o art. 9º da Lei de Lavagem elege pessoas atuantes em setores sensíveis, considerados aqueles mais intensamente sujeitos a serem utilizados para a prática de lavagem de dinheiro, atribuindo a essas pessoas deveres de fiscalização. A atribuição desses deveres objetiva impor a tais pessoas a obrigação de colaboração com a atividade fiscalizatória do Estado, potencializando o combate à lavagem por meio dessa cooperação dos agentes privados.

São agentes que, pela função que desempenham, estão mais sujeitos a (conscientes ou não) prestarem serviços a "lavadores", ou são agentes que possuem maior capacidade de detecção dessa prática, do que são exemplos as empresas de *leasing* e *factoring*. Nesses casos, as obrigações de controle a eles impostas servem de reforço à prevenção e à identificação das práticas de lavagem, e o descumprimento dessas obrigações pode gerar a responsabilização administrativa do agente a elas submetido - como ocorre, por exemplo, em casos específicos de condenações de corretoras de câmbio pela Comissão de Valores Mobiliários, por descumprimento de deveres de comunicação.

Resumidamente, portanto, os setores mais atraentes aos lavadores para o desenvolvimento do processo de lavagem (por exemplo, profissionais do mercado imobiliário, comerciantes de joias, contadores etc.) são selecionados pela legislação como colaboradores do Estado na atividade fiscalizatória da lavagem. Se determinada categoria profissional estiver presente no rol de agentes do art. 9º da Lei de Lavagem, pode-se do profissional exigir o cumprimento das obrigações dispostas nos arts. 10 e 11 da mesma Lei.

---

564. STJ, RHC 46.823/MT, Rel. Ministro Reynaldo Soares Da Fonseca, Quinta Turma, julgado em 07/04/2016.

Assim, enquanto as autoridades persecutórias se destinam, essencialmente, à investigação e responsabilização dos agentes do crime de lavagem, o setor privado deve com elas colaborar, por meio da adoção de posturas voltadas a prevenir e a detectar operações suspeitas de lavagem.[565]

É justamente esse arrazoado político-criminal que motiva a criação dos deveres de colaboração dos agentes obrigados, bem como a sua relação de compromisso com a tutela do bem jurídico, que nos conduz a entender satisfeitos os requisitos materiais para se afirmar a existência da posição de garante, e a possibilidade de que sejam partícipes do crime de lavagem por uma conduta omissiva imprópria.[566]

No entendimento de Juarez Tavares e Antonio Martins, o art. 9º da Lei de Lavagem, ao dispor quem são os sujeitos obrigados a deveres de fiscalização, está a estabelecer, também, quem são os sujeitos que possuem o dever de garantia pela evitação do crime de lavagem; ou seja, esses sujeitos obrigados ocupam a posição de garante na tutela do bem jurídico, e, por isso, possuem dever de ação - podendo, consequentemente, ser responsabilizados por lavagem de dinheiro, na modalidade omissão imprópria. Nas suas palavras: "O art. 9º da Lei nº 9.613/98 indica as pessoas que estão também obrigadas ao exercício da fiscalização para o efeito de evitar a lavagem ou facilitar seu controle pelos órgãos estatais."[567]

Já Pierpaolo Cruz Bottini entende que os deveres de colaboração instituídos pelo art. 9º da Lei de Lavagem possuem natureza especificamente administrativa, e não estabelecem o dever de garantia para fins penais. Nas suas palavras:

"Isso não necessariamente significa uma *atribuição expressa do dever de*

---

565. Blanco Cordero, Isidoro. Eficacia del sistema de prevención del blanqueo de capitales. Estudio del cumplimiento normativo (*compliance*) desde una perspectiva criminológica. *Eguzkilore: Cuaderno del Instituto Vasco de Criminología*, San Sebastián, Espanha, n. 23, p. 118, 2009.

566. Em defesa de um critério material para definição da posição de garante, para além de mera definição legal: "o incremento da responsabilidade depende de determinados pressupostos materiais, que, se podem ser formulados por aproximação, de maneira alguma podem sê-lo com a precisão suficiente. Essa é uma das razões da insegurança que domina o campo dos delitos impróprios de omissão. Por outra parte, fica claro que são aquelas relações materiais especiais as que constituem a verdadeira causa-fonte do dever de garante, não a disposição legal particular como tal (...)." (Stratenwerth, Günter. *Derecho penal. Parte general I*. Tradução de Manuel Cancio Meliá e Marcelo A. Sancinetti. Navarra: Editorial Aranzadi, 2005. p. 386-387. tradução nossa). Igualmente: "Não é possível impor a um cidadão um dever *penal* de agir simplesmente porque essa é a redação de uma norma civil ou administrativa. A redação do art. 13, § 2º, não supera essa dificuldade. É preciso que esse dever esteja fundamentado em razões mais substanciais, relacionadas à proteção de um bem, ao objeto que legitima a própria existência da norma (penal ou civil)." (Oliveira, Ana Carolina Carlos de. *Lavagem de dinheiro: responsabilidade pela omissão de informações*. São Paulo: Tirant lo Blanch, 2019. p. 164-165).

567. Tavares, Juarez; Martins, Antonio. *Lavagem de capitais: fundamentos e controvérsias*. São Paulo: Tirant lo Blanch, 2020. p. 96.

garantia, pois a norma estabelece a *obrigação de contribuir* com as autoridades de investigação – sistematizando informações e informando atividades suspeitas – e não o *dever de impedir práticas de lavagem.* (...) não parece que o descumprimento de qualquer das normas administrativas da Lei 9.603/1998 atraia o *dever de garantia* e seja suficiente para a *omissão imprópria.*"[568]

Essa não é uma questão pacífica na doutrina brasileira e estrangeira. A Espanha, por exemplo, também possui dispositivo legal estabelecendo a figura dos sujeitos obrigados a deveres de fiscalização da lavagem de dinheiro.[569] Naquele país, Blanco Cordero expõe a mesma divergência doutrinária, ao final concluindo que, em seu entendimento, os deveres de fiscalização antilavagem realmente instituem a posição de garantidor para fins penais das pessoas elencadas no dispositivo legal. Segundo esse autor, "Da normativa administrativa que impõe determinados deveres aos sujeitos obrigados, entre os quais se destacam o de comunicação das operações com indícios ou certeza de que estão vinculadas à lavagem de dinheiro, deriva-se uma 'posição de garante' penal segundo o art. 11 CP."[570]

Do exame conjunto dos artigos 9º a 11-A da Lei de Lavagem, extraem-se deveres específicos impostos a um grupo determinado de sujeitos, que assumem a posição de corresponsáveis pela política de combate ao crime de lavagem de dinheiro. Ou seja, o Estado transfere a essas pessoas parte da responsabilidade por medidas de controle, medidas que inegavelmente possuem entre seus objetivos o de evitar ou dificultar a prática da lavagem. Dessa forma, há a atribuição de responsabilidade legal a tais sujeitos, perfectibilizando-se a hipótese do art. 13, § 2º, alínea *a*, do nosso Código Penal.[571] Destacamos, entretanto, que essa responsabilidade é limitada àqueles deveres expressos nos dispositivos da Lei de Lavagem.

---

568. Badaró, Gustavo Henrique; Bottini, Pierpaolo Cruz. *Lavagem de dinheiro: aspectos penais e processuais penais*. 3. ed. São Paulo: Revista dos Tribunais, 2016. p. 199-200.

569. "Ley 10/2010, Artículo 2. Sujetos obligados.

1. La presente Ley será de aplicación a los siguientes sujetos obligados:

a) Las entidades de crédito.

b) Las entidades aseguradoras autorizadas para operar en el ramo de vida u otros seguros relacionados con inversiones y los corredores de seguros cuando actúen en relación con seguros de vida u otros servicios relacionados con inversiones, con las excepciones que se establezcan reglamentariamente.

c) Las empresas de servicios de inversión.

d) Las sociedades gestoras de instituciones de inversión colectiva y las sociedades de inversión cuya gestión no esté encomendada a una sociedad gestora.

e) Las entidades gestoras de fondos de pensiones. (...)"

570. Blanco Cordero, Isidoro. *El delito de blanqueo de capitales*. Pamplona: Aranzadi, 2012, p. 834. (tradução nossa)

571. "CP, Art. 13, § 2º – A omissão é penalmente relevante quando o omitente devia e podia agir para evitar o resultado. O dever de agir incumbe a quem: a) tenha por lei obrigação de cuidado, proteção ou vigilância;"

Como esse dispositivo legal do art. 9º amplia o âmbito de criminalização pela lavagem, ao estabelecer os sujeitos obrigados a agir para evitar o resultado, quando dentro do âmbito de responsabilidade delineado pela Lei de Lavagem, sua interpretação deve ser restritiva, devendo-se considerar esse um rol taxativo de sujeitos obrigados.

Advertimos, contudo, que a mera posição de garante não faz com que se dispensem os demais requisitos para eventual responsabilização pela prática do crime de lavagem.[572] São necessários, ainda, além do dever de garantia violado, "a capacidade de impedimento e o dolo de resultado."[573]

Essa conclusão é inafastável, afinal o nosso ordenamento jurídico não admite a responsabilização penal objetiva. Seria inconcebível a instituição de responsabilização criminal de determinado indivíduo unicamente em razão do cargo que ocupa em uma empresa, caso alguém pratique crime dentro da mesma empresa.

Desse modo, não basta que o agente simplesmente descumpra alguma das obrigações instituídas nos dispositivos legais da Lei de Lavagem. Deve haver, ainda, o elemento subjetivo (que, em nosso entendimento, é o dolo direto de lavagem), bem como a capacidade do agente de evitação do resultado caso realizasse a conduta exigida.

Ainda, é importante a ressalva de que as pessoas jurídicas indicadas nesse dispositivo legal não podem ser consideradas sujeitas ao dever de garantia penal, justamente porque o nosso ordenamento jurídico não instituiu a responsabilidade criminal das pessoas jurídicas por atos de lavagem – conquanto a ampliação da responsabilidade criminal da pessoa jurídica seja uma tendência da nossa época.[574] Nesse sentido: "Como a ordem jurídica brasileira não admite a responsabilidade da pessoa jurídica, salvo para o caso dos delitos ambientais (art. 225, § 3º, da Constituição), está claro que o rol do art. 9º é taxativo em relação às pessoas físicas."[575]

---

572. Nesse sentido: "mesmo nas hipóteses das empresas elencadas no art. 9º da Lei nº 9.613/98, o mero exercício de cargo de direção não transforma o sujeito em autor do crime de lavagem que se tenha ali praticado. Para tanto, é indispensável não penas sua contribuição causal para o fato, como também o dolo de, com isso, criar ou aumentar o risco de lesar ou pôr em perigo o bem jurídico." (Tavares, Juarez; Martins, Antonio. *Lavagem de capitais: fundamentos e controvérsias*. São Paulo: Tirant lo Blanch, 2020. p. 96).

573. Badaró, Gustavo Henrique; Bottini, Pierpaolo Cruz. *Lavagem de dinheiro: aspectos penais e processuais penais*. 3. ed. São Paulo: Revista dos Tribunais, 2016. p. 200.

574. Sobre o assunto: Callegari, André Luís; Linhares, Raul Marques. O funcionalismo penal e a abertura das categorias dogmáticas: um caminho à responsabilidade penal das pessoas jurídicas. *Revista Brasileira de Ciências Criminais*, São Paulo, v. 145, ano 26, p. 435-457, 2018.

575. Tavares, Juarez; Martins, Antonio. *Lavagem de capitais: fundamentos e controvérsias*. São Paulo: Tirant lo Blanch, 2020. p. 98.

6.

LAVAGEM DE DINHEIRO E A MESCLA DE CAPITAIS LÍCITOS E ILÍCITOS

Retomamos aqui um problema já abordado em tópico precedente desta obra: a mistura de bens de procedência lícita como os bens de procedência delitiva do agente que pratica o crime de lavagem de capitais. Como a Lei 9.613/98 permite o sequestro de bens com a prova indiciária da infração penal (art. 4º.), na prática, caberá ao lavador realizar a prova da licitude de origem do patrimônio, invertendo-se ônus probatório.

Não bastasse esse problema inicial da constrição dos bens com uso de prova meramente indiciária, há outro problema também grave, relacionado com a contaminação ou não de todo o patrimônio do acusado de lavagem de dinheiro quando existe a mescla de valores lícitos e ilícitos. Há casos, por exemplo, nos quais o patrimônio do agente, em grande parte, foi constituído muito antes da prática da infração antecedente que possibilitou o posterior crime de lavagem de capitais, devendo-se, necessariamente, realizar uma distinção entre patrimônio lícito e patrimônio ilícito, sob pena de penalização desproporcional e injusta do acusado. Na prática, porém, muitas vezes a medida de confisco e a alienação dos bens ocorrem sobre a totalidade do patrimônio, sem a devida cautela de se verificar se realmente houve ou não a mescla.

Sobre a contaminação e descontaminação por mescla, Palma Herrera se refere aos casos em que um bem de procedência delitiva se mistura com outro que não o é, de maneira que resulta um novo bem, parcialmente ilícito e parcialmente lícito.[576]

Um setor da doutrina sustenta que, sempre que seja possível identificar a proporção dos bens ilícitos introduzidos no negócio lícito, o confisco deveria restringir-se exclusivamente aos valores de origem ilícita (teoria da contaminação parcial).[577]

A teoria da contaminação parcial indica que o bem mesclado só procede de uma infração penal prévia na parte em que foi financiado por bens procedentes da infração ou seus substitutivos. Nesse sentido, somente poderia ser bem apto para a lavagem de capitais a parte de origem ilegal, e não o restante.[578]

De outro lado, há a teoria da contaminação total, isto é, todo o patrimônio do lavador ficaria contaminado pela mescla de bens de origem delitivo – realizada a mistura de patrimônio lícito e ilícito, a ilicitude contamina o todo. De acordo com essa teoria, o bem que foi obtido com uma parte de ativos de origem delitiva derivaria totalmente do delito. Portanto, cada parte do bem contaminado procede da infração penal previa. Esta postura tem como vantagem a de se dispensar maior complexidade probatória para, por exemplo, efetuar restrições patrimoniais, pois é suficiente a demonstração de que apenas uma parte dos bens possuem origem delitiva para considerar a totalidade como precedente da infração antecedente, e, portanto, todo o bem seria apto para a lavagem.[579]

Ana Carolina Carlos de Oliveira sustenta que o princípio da contaminação total representa uma grave inversão do ônus da prova em prejuízo do acusado, a quem incumbiria provar a origem lícita de seu capital. Por isso, a solução mais adequada para estes casos seria o confisco parcial (contaminação parcial); a solução da contaminação total somente estaria justificada quando a mescla de capitais for precisamente a estratégia empregada pelo lavador para dissimular a origem ilícita.[580]

Como já sinalizamos, a questão ainda não é pacífica, mas é preciso cuidado no momento do confisco dos bens do autor do crime de lavagem de dinheiro, sob pena de injustamente retirar todo o seu patrimônio em face da contaminação

576. Palma Herrera, José Manuel. Los delitos de blanqueo de capitales. Madrid: Edersa, 2000. p. 363.

577. Oliveira, Ana Carolina Carlos de. *Blanqueo de Capitales*. Lecciones de Derecho Penal Económico y de la Empresa. Barcelona: Atelier, 2020. p. 651.

578. Blanco Cordero, Isidoro. El delito de blanqueo de capitales. Pamplona: Aranzadi, 2012. p. 354.

579. Blanco Cordero, Isidoro. El delito de blanqueo de capitales. Pamplona: Aranzadi, 2012. p. 350-351.

580. Oliveira, Ana Carolina Carlos de. *Blanqueo de Capitales*. Lecciones de Derecho Penal Económico y de la Empresa. Barcelona: Atelier, 2020. p. 651.

total dos bens, quando, na realidade, o critério justo seria o da contaminação parcial. Além de preservar parte lícita do patrimônio que não tem origem delitiva, fornece um critério mais equânime no momento do confisco.

REFERÊNCIAS BIBLIOGRÁFICAS

ADRIASOLA, Gabriel. *El Nuevo Derecho Sobre Tóxicos y el Lavado de Dinero de la Droga*. Uruguay: Fundación de Cultura Universitaria, 1994.

ÁLVAREZ PASTOR, Daniel; EGUIDAZU PALACIOS, Fernando. *La Prevención del Blanqueo de Capitales*. Madrid: Aranzadi Editorial, 1998.

ANTONIO LASCURAÍN, Juan, El blanqueo: Concepto y lesividade. *Revista Internacional de Transparencia e Integridad*, Espanha, n. 3, jan.-abril, 2017.

ANTONIO LASCURAÍN, Juan. Blanqueo de Capitales. In: NIETO MARTÍN, Adán; *et al. Derecho Penal Económico y de la Empresa*. Madrid: Editorial Dykinson, 2018. p. 493-528.

ARÁNGUEZ SÁNCHEZ, Carlos. *El Delito de Blanqueo de Capitales*. Madrid: Marcial Pons, 2000.

ASSIS TOLEDO, Francisco. *Princípios Básicos de Direito Penal*. São Paulo: Saraiva, 1994.

BACIGALUPO, Enrique. *Curso de Derecho Penal Económico*. Madrid: Marcial Pons, 2005.

BACIGALUPO, Enrique. *Derecho penal. Parte general*. 2. ed. Buenos Aires: Editorial Hammurabi, 1999.

BACIGALUPO, Enrique. *Manual de Derecho Penal. Parte general*. Colômbia: Editorial Temis S.A., 1996.

BADARÓ, Gustavo Henrique; BOTTINI, Pierpaolo Cruz. *Lavagem de dinheiro: aspectos penais e processuais penais*. 3. ed. São Paulo: Revista dos Tribunais, 2016.

BADARÓ, Gustavo Henrique. O momento consumativo dos crimes do *caput* e do inciso I do § 1º do art. 1º da Lei nº 9.613/1998: lavagem de dinheiro como "crime de estado". In: BOTTINI, Pierpaolo Cruz; BORGES, Ademar (coord.). *Lavagem de dinheiro*. São Paulo: Thompson Reuters Brasil, 2021. p. 85-106.

BAJO FERNANDEZ, Miguel. Derecho Penal Económico: Desarrollo Económico, Protección Penal y Cuestiones Político/Criminales. In: ARROYO ZAPATERO, Luis; et. al. *Hacia un Derecho Penal Económico Europeo: jornadas en honor del Profesor Klaus Tiedemann*. Madrid: BOE, 1995. p. 63-80.

BAJO FERNÁNDEZ, Miguel. La Delincuencia Económica. Un Enfoque Criminológico y Político Criminal. *Anuario de Derecho Penal y Ciencias Penales*, Madrid, t. XLV, fasc. 1, jan./abril, Ministerio de Justicia.

BAJO FERNÁNDEZ, Miguel. *Manual de Derecho Penal: parte especial*. Madrid: Editorial Ceura, 1987.

BARROS, Marco Antonio. *Lavagem de Dinheiro*. São Paulo: Editora Oliveira Mendes, 1998.

BATISTA, Nilo. *Concurso de Agentes*. Rio de Janeiro: Liber Juris, 1979.

BAUMANN, Jürgen. *Derecho penal: conceptos fundamentales y sistema*. Trad. de Conrado A. Finzi. Buenos Aires: Ediciones Depalma, 1973.

BELING, Ernst von. *Esquema de Derecho Penal*. Trad. de Sebastián Soler. Buenos Aires: Editorial Depalma, 1944.

BETTIOL, Giuseppe. *Instituições de Direito e de Processo Penal*. Tradução de Manuel da Costa Andrade. Coimbra: Coimbra Editora, 1974.

BLANCO CORDERO, Isidoro, Eficacia del sistema de prevención del blanqueo de capitales. Estudio del cumplimiento normativo (compliance) desde una perspectiva criminológica. *Eguzkilore: Cuaderno del Instituto Vasco de Criminología*, San Sebastián, Espanha, n. 23, p. 117-138, 2009.

BLANCO CORDERO, Isidoro. *El delito de blanqueo de capitales*. Pamplona: Aranzadi, 2012.

BLANCO CORDERO, Isidoro. *Responsabilidad penal de los empleados de banca por el blanqueo de capitales*. Granada: Editorial Comares, 1999.

BLANCO LOZANO, Carlos. El blanqueo de capitales procedentes del tráfico de drogas. In: COBO DEL ROSAL, Manuel (dir.). *Comentarios al Código Penal*. Madrid: Edersa, 1996. v. 17. p. 53-106.

BOTTKE, Wilfried. Mercado, criminalidad organizada y blanqueo de dinero en Alemania. *Revista Penal*, Espanha, n. 2, p. 1-16, 1998.

BRENER, Paula. *Ações Neutras e Limites da Intervenção Punível*. Rio de Janeiro: Marcial Pons, 2021.

BUSTOS RAMÍREZ, Juan J.; HORMAZÁBAL MALARÉE, Hernán. *Lecciones de derecho penal*. Madrid: Editorial Trotta, 1997. v. 1.

BUSTOS RAMÍREZ, Juan J.; HORMAZÁBEL MALARÉE, Hernán. *Lecciones de derecho penal*. Madrid: Editorial Trotta, 1999. v. 2.

BUSTOS RAMÍREZ, Juan. *Coca-cocaína, entre el Derecho y la guerra*. 2. ed. Bogota: Editorial Temis, 1996.

BUSTOS RAMÍREZ, Juan. *Manual de Derecho Penal Español: parte general*. Barcelona: Editorial Ariel, 1984.

CADENAS CORTINA, Cristina. Problemas, de la penalidad en los delitos de receptación y blanqueo de dinero, *Cuadernos de política Criminal*, Madrid, n. 56, p. 373-403, 1995.

CALDERÓN TELLO, Lyonel Fernando, Bien jurídico protegido por los delitos de blanqueo: blanqueo y receptación, *Revista penal México*, México, n. 11-12, p. 13-37, 2016-2017. Disponível em: <http://rabida.uhu.es/dspace/bitstream/handle/10272/17081/bien%20jur%c3%addico.pdf?sequence=2>. Acesso em: 19 out 2021.

CALLEGARI, André Luís; LINHARES, Raul Marques. A Expansão do Direito Penal e a Deturpação Conceitual de Institutos de Imputação: o Dolo Eventual. In: Nestor Eduardo Araruna Santiago *et al.* (Org.). *Direito Penal, Processo Penal e Constituição*. Florianópolis: CONPEDI, 2014. p. 25-45.

CALLEGARI, André Luís; LINHARES, Raul Marques. *Colaboração Premiada: lições práticas e teóricas (de acordo com a jurisprudência do Supremo Tribunal Federal)*. 3. ed. Rio de Janeiro: Marcial Pons, 2021.

CALLEGARI, André Luís; LINHARES, Raul Marques. O direito penal do inimigo como quebra do Estado de Direito: a normalização do Estado de Exceção. *Revista Opinião Jurídica*, Fortaleza, v. 14, p. 74-88, 2016.

CALLEGARI, André Luís; LINHARES, Raul Marques. O funcionalismo penal e a abertura das categorias dogmáticas: um caminho à responsabilidade penal das pessoas jurídicas. *Revista Brasileira de Ciências Criminais*, São Paulo, v. 145, ano 26, p. 435-457, 2018.

CALLEGARI, André Luís. A medida provisória n. 1.571-6, de 25.9.97 - *Abolitio criminis ou novatio legis in melius* nos crimes de não recolhimento das contribuições previdenciárias. *Boletim do Instituto de Ciências Criminais*, n. 61, p. 17-18, 1997.

CALLEGARI, André Luís. Corrupção Passiva. In: Coleção 80 anos do Código Penal. V. 2. Parte Especial - Tomo 1. São Paulo: Revista dos Tribunais, 2020.

CALLEGARI, André Luís. Dolo eventual, culpa consciente e acidentes de trânsito. *Revista dos Tribunais*, São Paulo, ano 84, v. 717, p. 513-518, jul. 1995.

CALLEGARI, André Luís. *Imputação Objetiva*. Porto Alegre: Livraria do Advogado, 2001.

CALLEGARI, André Luís. Legitimidade constitucional do Direito Penal econômico: uma crítica aos tipos penais abertos. *Revista dos Tribunais*, São Paulo, v. 95, n. 851, p. 432-444, 2006.

CALLEGARI, André Luís. O Princípio da Intervenção Mínima no Direito Penal. *Boletim do Instituto de Ciências Criminais*, n. 70, p. 12, 1998.

CALLEGARI, André Luís. *Teoria Geral do Delito*. Porto Alegre: Livraria do Advogado, 2005.

CANCIO MELIÁ, Manuel. La teoría de la adecuación social en Welzel. *Anuario de derecho penal y ciencias penales*, Madrid, t. 46, mês 2, p. 697-730, 1993. Disponível em: <https://dialnet.unirioja.es/descarga/articulo/46435.pdf>. Acesso em: 13 jan. 2017.

CANCIO MELIÁ, Manuel. *Líneas básicas de la teoría de la imputación objetiva*. México: Angel Editor, 2001.

CARRARA, Francesco. *Programma del corso di diritto criminale. Parte generale*. 10. ed. Firenze: Fratelli Camelli: 1907. v. 1.

CASTALDO, Andrea R. La criminalidad organizada en Italia: la respuesta normativa y los problemas de la práxis. *Revista Brasileira de Ciências Criminais*, São Paulo, ano 7, n. 27, p. 11-19, 1999.

CERLETTI, Marco L. Juicios de imputación y juicios causales. In: MONTEALEGRE LYNETT, Eduardo (coord.) *El funcionalismo en derecho penal: libro homenaje al profesor Günther Jakobs*. Colombia: Universidad Externado de Colombia, 2003. t. 2, p. 237-276.

CERVINI, Raúl; TERRA DE OLIVEIRA, Willian; GOMES, Luiz Flávio. *Lei de Lavagem de Capitais*. São Paulo: RT, 1998.

CERVINI, Raúl. Macrocriminalidad económica. *Revista Brasileira de Ciências Criminais*, São Paulo, ano 3, n. 11, jul./set., p. 50-79, 1995.

CHERIF BASSIOUNI, M; S. GUALTIERI, David. Mecanismos Internacionales de Control de las Ganancias procedentes de actividades ilícitas. Revista de Derecho Penal y Criminología, Espanha, n. 6, p. 53-136, 1996.

COELHO, Walter. *Teoria Geral do Crime*. 2. ed. Porto Alegre: Fabris, 1998. v. 1.

CORREA, Eduardo. *Direito Penal Económico e Europeu: textos doutrinários*. Coimbra: Coimbra Editora, 1998. v. 1.

COSTA, Jose de Faria. El blanqueo de capitales. In: ARROYO ZAPATERO, Luis; et. al. *Hacia un Derecho Penal Económico Europeo: jornadas en honor del Profesor Klaus Tiedemann*. Madrid: BOE, 1995. p. 655-580.

D'AVILA, Fabio Roberto. *Crime culposo e a teoria da imputação objetiva*. São Paulo: Editora Revista dos Tribunais, 2001.

DE JESUS, Damásio. *Direito Penal. Parte Especial*. São Paulo: Saraiva, 1988. v. 2.

DE JESUS, Damásio. *Direito Penal. Parte Geral*. São Paulo: Saraiva, 1998.

DELMANTO, Celso. *Código Penal Comentado*. 3. ed. São Paulo: Renovar, 1991.

DIAS, Jorge de Figueiredo. *Direito Penal. Parte geral*. São Paulo: Revista dos Tribunais, 2007. t. 1.

DIAZ PITA, Mª Del Mar. *El dolo eventual*. Valencia: Tirant Lo Blanch, 1994.

DÍAZ-MAROTO Y VILLAREJO, Julio. *El blanqueo de capitales en el Derecho Español*. Madrid: Dykinson, 1999.

DÍAZ-MAROTO Y VILLAREJO, Julio. Los delitos societarios en la reforma penal. In: ARROYO ZAPATERO, Luis; et. al. *Hacia un Derecho Penal Económico Europeo: jornadas en honor del Profesor Klaus Tiedemann*. Madrid: BOE, 1995. p. 151-165.

DIEZ RIPOLLÉS, José Luis. El blanqueo de capitales procedentes del tráfico de drogas. *Actualidad Penal*, Madrid, n. 32, set., 1994.

ESPAÑA ALBA, Víctor Manuel. "Criptodivisas: Bitcoin y el blanqueo de capitales." El Derecho. Disponível em: http://www.elderecho.com/tribuna/penal/Criptodivisas-Bitcoin-blanqueo-capitales_11_935305002.html.

FABÍAN CAPARRÓS, Eduardo. Consideraciones de urgencia sobre la Ley Orgánica 8/1992, de 23 de deciembre, de modificación del Código Penal y de la Ley de Enjuiciamiento Criminal en materia de tráfico de drogas. *Estudios Penales*, Salamanca, n. 308, p. 585-628, 1992.

FABIÁN CAPARRÓS, Eduardo. *El Delito de Blanqueo de Capitales*. Madrid: Colex, 1998.

FABIÁN CAPARRÓS, Eduardo. Internacionalización del Lavado de Activos e Internacionalización de la Respuesta. In: BLANCO CORDERO, Isidoro; *et. al. Combate al Lavado de Activos desde el Sistema Judicial*. 5. ed. Washington: OEA, 2018. p. 11-94.

FARALDO CABANA, Patricia. Aspectos básicos del delito de blanqueo de bienes en el Código Penal de 1995. *Estudios Penales y Criminológicos*, Espanha, n. 21, p. 117-166, 1998.

FARIA COSTA, José. El Blanqueo de Capitales. In: ARROYO ZAPATERO, Luis; et. al. *Hacia un Derecho Penal Económico Europeo: jornadas en honor del Profesor Klaus Tiedemann*. Madrid: BOE, 1995. p. 655-680.

FATTORI, Piero. Criminalità economica e concorrenza. In: *Il Riciclaggio del Denaro Nella Legislazione Civile e Penale*. Milano: Giuffrè Editore, 1996.

FEIJOO SANCHEZ, Bernardo. *Homicidio y Lesiones Imprudentes: requisitos y límites materiales*. Madrid: Editorial Edijus, 1999.

FEIJOO SÁNCHEZ, Bernardo. La teoría de la ignorancia deliberada en Derecho penal: una peligrosa doctrina jurisprudencial. *Indret: Revista para el Análisis del Derecho*, Barcelona, n. 3, p. 1-29, 2015. Disponível em: <http://www.indret.com/pdf/1153.pdf>. Acesso em: 15 set 2018.

FERRÉ OLIVÉ, Juan Carlos. Blanqueo de capitales y criminalidad organizada. In: ______; ANARTE BORRALLO, Enrique (coord..). *Delincuencia Organizada*, Espanha: Universidad de Huelva, 1999. p. 85-98.

FIGUEIREDO DIAS, Jorge; ANDRADE, Manuel da Costa. *Criminologia*, Coimbra: Coimbra Editora, 1984.

FLORIAN, Eugenio. *Trattato di diritto penale: dei reati e delle pene in generale*. 2. ed. Milano: Casa Editrice Dott. Francesco Vallardi, 1910. v. 1.

FONTAN BALESTRA, Carlos. *Derecho penal. Introducción y parte general*. Buenos Aires: Abeledo-Perrot, 1998.

FRAGOSO, Heleno. *Lições de Direito Penal*. 10. ed. Rio de Janeiro: Forense, 1986.

GARCÍA-PABLOS DE MOLINA, Antonio. *Derecho Penal: introducción*. Madrid: Universidad Complutense, 1995.

GOMES, Orlando. *Introdução ao Direito Civil*. 7. ed. Rio de Janeiro: Forense, 1983.

GOMEZ INIESTA, Diego J. *El delito de blanqueo de capitales en Derecho Español*. Barcelona: Cedecs, 1996.

GÓMEZ INIESTA, Diego J. Medidas internacionales contra el blanqueo de dinero y su reflejo en el derecho español. In: ARROYO ZAPATERO, Luis; TIEDEMANN, Klaus. *Estudios de Derecho Penal Económico*. Espanha: Universidad de Castilla-La Mancha, 1994.

GÓMEZ-JARA DÍEZ, Carlos. El criterio de los honorarios profesionales *bona fides* como barrera del abogado defensor frente al delito blanqueo de capitales: un apunte introductorio. In: BAJO FERNÁNDEZ, Miguel; BACIGALUPO, Silvina (coord.). *Política criminal y blanqueo de capitales*. Madrid: Marcial Pons, 2009. p. 207-225.

GONÇALVES, Carlos Roberto. *Direito Civil Brasileiro. Direito das coisas*. 4. ed. São Paulo: Saraiva, 2009. v. 5.

GONÇALVES, Carlos Roberto. *Direito Civil Brasileiro. Parte Geral*. 8. ed. São Paulo: Saraiva, 2010. v. 1.

GRECO, Luís. Imputação objetiva: uma introdução. In: ROXIN, Claus. *Funcionalismo e imputação objetiva no Direito Penal*. Trad. de Luís GRECO. Rio de Janeiro: Renovar, 2002. p. 1-180.

HASSEMER, Winfried. *Direito penal: fundamentos, estrutura, política*. Trad. de Adriana Beckman Meirelles et al. Porto Alegre: Sergio Antonio Fabris, 2008.

HASSEMER, Winfried. *Introdução aos fundamentos do Direito Penal*. Trad. de Pablo Rodrigo Alflen da Silva. Porto Alegre: Sergio Antonio Fabris, 2005.

HASSEMER, Winfried. Límites del estado de derecho para el combate contra la criminalidad organizada. *Revista Brasileira de Ciências Criminais*, São Paulo, ano 6, n. 23, p. 25-30, 1998.

HASSEMER, Winfried. Rasgos y crisis del Derecho penal moderno. *Anuario de Derecho Penal y Ciencias Penales*, Espanha, t. 45, fasc. 1, maio-ago., p. 235-250, 1992.

HASSEMER, Winfried. Segurança Pública no Estado de Direito. Trad. de Carlos Eduardo Vasconcelos. *Revista Brasileira de Ciências Criminais*, São Paulo, ano 2, n. 5, jan./mar., p. 55-69, 1994.

HDEZ. VIGUERAS, Juan. *Los Paraísos Fiscales: cómo los centros offshore socavan las democracias*. Madrid: Akal, 2005.

HEFENDEHL, Roland. ¿Debe ocuparse el Derecho penal de riesgos futuros? Bienes jurídicos colectivos y delitos de peligro abstracto. *Anales de Derecho*, Múrcia, n. 19, p. 147-158, 2001. Disponível em: <https://revistas.um.es/analesderecho/article/view/56531/54501>. Acesso em: 16 jun 2020.

HILGENDORF, Eric; VALERIUS, Brian. *Direito Penal. Parte Geral*. Trad. de Orlandino Gleizer. São Paulo: Marcial Pons, 2019.

HOLMES, Stephen; SUNSTEIN, Cass R. *The Cost of Rights: why liberty depends on taxes*. New York: Norton & Co., 1999.

HUNGRIA, Nelson. *Comentários ao Código penal*. 2. ed. Rio de Janeiro: Forense, 1953. v. 1, t. 2.

JAKOBS, Günther. *A imputação objetiva no Direito Penal*. Tradução de André Luís Callegari. São Paulo: Revista dos Tribunais, 2000.

JAKOBS, Günther. *Derecho Penal. Fundamentos y teoría de la imputación*. Trad. de Joaquin Cuello Contreras y Jose Luis Gonzalez de Murillo. Madrid: Marcial Pons, 1997.

JAKOBS, Günther. *Derecho Penal. Parte General*. Trad. de Joaquin Cuello Contreras e Jose Luis Serrano Gonzáles de Murillo. Madrid: Marcial Pons, 1997.

JESCHECK, Hans-Heinrich; WEIGEND, Thomas. *Tratado de Derecho Penal*. Parte General. 4. ed. Trad. de José Luis Manzanares Samaniego. Granada: Editorial Comares, 1993.

JESCHECK, Hans-Heinrich; WEIGEND, Thomas. *Tratado de Derecho Penal*. Trad. de Miguel Olmedo Cardenete. 5. ed. Granada: Editorial Comares, 2002.

JIMÉNEZ GARCÍA, Francisco, Blanqueo de capitales y Derecho internacional. *Eunomía: Revista en Cultura de la Legalidad*, Madrid, n. 10, p. 216-230, 2016.

KAPLAN, Marcos. Economía criminal y lavado de dinero. *Boletín Mexicano de Derecho Comparado*, México, n. 85, p. 217-241, 1996.

KELSEN, Hans. *Teoria pura do direito*. 8. ed. São Paulo: Editora WMF Martins Fontes, 2009.

LANDA GOROSTIZA, Jon-Mirena. *La complicidad delictiva en la actividad laboral "cotidiana"*. Granada, Espanha: Comares Editorial, 2002.

LEAL, João José. *Direito Penal Geral*. São Paulo: Atlas, 1998.

LINHARES, Raul Marques. Sobre a criminalização da dívida de ICMS: o acerto e o erro das Cortes Superiores. *Revista Brasileira de Ciências Criminais*, v. 178, p. 249-286, 2021.

LISA MACCARI, Anna. Brevi appunti sui profili penalistici in materia di riciclaggio. In: *Il Reciclaggio del Denaro Nella Legislacione Civile e Penale*, Milano: Giuffrè Editore, 1996.

LOPES, Maurício Antonio Ribeiro. *Critérios Constitucionais de Determinação dos Bens Jurídicos Penalmente Relevantes*. Tese (Livre Docência). Faculdade de Direito da Universidade de São Paulo, 1999.

LOURENÇO MARTINS, A.G. Branqueamento de capitais: contra-medidas a nível internacional e nacional. *Revista Portuguesa de Ciência Criminal*, Coimbra, ano 9, fasc. 3, p. 449-487, 1999.

LUCCHESI, Guilherme Brenner. *Punindo a culpa como dolo: o uso da cegueira deliberada no Brasil*. São Paulo: Marcial Pons, 2018.

LUZÓN PEÑA, Diego-Manuel. *Curso de Derecho Penal: parte general I*. Madrid: Editorial Universitas, 1996.

LUZÓN PEÑA, Diego-Manuel. *Iniciación a la teoría general del delito*. Nicaragua: Editorial UCA, 1995.

LUZÓN PEÑA, Diego-Manuel. Omisión impropia o comisión por omisión. *Libertas: revista de la Fundación Internacional de Ciencias Penales*, Madrid, n. 6, julho, p. 145-272, 2017.

MAGALHÃES NORONHA, Edgard. *Direito Penal*. 20. ed. São Paulo: Saraiva, 1995. v. 4.

MALDONADO FUENTES, Francisco. Reflexiones sobre las tecnicas de tipificacion de los llamados "delitos de peligro" en el moderno Derecho penal. *Revista de Estudios de la Justicia*, Chile, n. 7, p. 23-63, 2006. Disponível em: <https://rej.uchile.cl/index.php/RECEJ/article/view/15082/15500>. Acesso em: 17 jun 2020.

Manzini, Vincenzo. *Trattato di diritto penale italiano*. 2. ed. Torino: Unione Tipografico-Editrice Torinense, 1920. v. 1.

Mapelli Caffarena, Borja; Terradillos Basoco, Juan. *Las Consecuencias Jurídicas del Delito*. 3. ed. Madrid: Editorial Civitas, 1996.

Martínez Buján-Pérez, Carlos. *Derecho Penal Económico: Parte General*. Valencia: Tirant lo Blanch, 1998.

Martínez-Buján Pérez, Carlos. *Derecho Penal Económico. Parte Especial*. Valencia: Tirant lo Blanch, 1999.

Martinot, Sabrina. Tráfico de drogas y blanqueo de dinero ¿una política criminal europea?. *Actualidad Penal*, Madrid, n. 42, 1997.

Martos Núñez, Juan Antonio. Receptación y blanqueo de bienes. *El nuevo Código Penal y la Ley del Jurado: actas del Congreso de Derecho Penal y Procesal*, Sevilla, p. 133-184, 1998.

Mendroni, Marcelo Batlouni. *Crime de lavagem de dinheiro*. 2. ed. São Paulo: Atlas, 2013.

Mingardi, Guaracy. *O Estado e o Crime Organizado*. São Paulo: IBCCRIM, 1998. v. 5.

Mir Puig, Santiago. *Derecho penal: parte general*. 7. ed. Barcelona: Editorial Reppertor, 2005.

Mir Puig, Santiago. *Derecho Penal. Parte general*. 10. ed. Barcelona: Editorial Reppertor, 2016.

Mir Puig, Santiago. *El Derecho penal en el Estado social y democrático de derecho*. Barcelona: Editorial Ariel, 1994.

Mir Puig, Santiago. Límites del normativismo en Derecho penal. *Revista electrónica de ciencia penal y criminología*, Granada, n. 7, p. 1-24, 2005. Disponível em: <http://criminet.ugr.es/recpc/07/recpc07-18.pdf>. Acesso em: 7 dez. 2021.

Mirabete, Julio Fabbrini. *Manual de Direito Penal. Parte Especial*. São Paulo: Atlas, 1986. v. 2.

Mirabete, Julio Fabbrini. *Manual de Direito Penal. Parte Geral*. 7. ed. São Paulo: Atlas, 1992.

Montañes Pardo, Miguel Angel. *La Presunción de Inoncencia*. Pamplona: Aranzadi, 1999.

Moreiro González, Carlos J.; O Del Río Moreno, María de la. ¿Hacia un nuevo enfoque en la lucha contra el blanqueo de capitales tras el tratado de la Unión Europea? *Gaceta Jurídica de la C.E. y de la Competencia*, Espanha, nov., 1996.

MORENO CÁNOVES, Antonio; RUIZ MARCO, Francisco. *Delitos socioeconómicos. Comentarios a los arts. 262, 270 a 310 del nuevo Código penal.* Castellón: Edijus, 1996.

MUÑOZ CONDE, Francisco; GARCÍA ARÁN, Mercedes. *Derecho Penal: parte general.* 2. ed. Valencia: Tirant lo Blanch, 1996.

MUÑOZ CONDE, Francisco. Delincuencia económica: estado de la cuestión y propuestas de reforma. In: ARROYO ZAPATERO, Luis; et. al. *Hacia un Derecho Penal Económico Europeo: jornadas en honor del Profesor Klaus Tiedemann.* Madrid: BOE, 1995. p. 265-283.

MUÑOZ CONDE, Francisco. *Teoria geral do delito.* Tradução e notas de Juarez Tavares e Luiz Regis Prado. Porto Alegre: Fabris, 1988.

NÁUFEL, José. *Novo Dicionário Jurídico Brasileiro.* 7. ed. São Paulo: Parma, 1984. v. 1.

OLIVEIRA, Ana Carolina Carlos de. *Lavagem de dinheiro: responsabilidade pela omissão de informações.* São Paulo: Tirant lo Blanch, 2019.

PALAZZO, Francesco. *Valores Constitucionais e Direito Penal.* Trad. de Gerson Pereira dos Santos. Porto Alegre: Sergio Antonio Fabris Editor, 1989.

PALMA HERRERA, José Manuel. *Los delitos de blanqueo de capitales.* Madrid: Edersa, 2000.

PALOMO DEL ARCO, Andrés. Receptación y figuras afines. In: VIVES ANTÓN, Tomás Salvador; MANZANARES SAMANIEGO, José Luis (dir.). *Estudios de derecho judicial.* Espanha: Consejo General del Poder Judicial, 1996. n. 2. p. 369-468.

PAULSEN, Leandro. *Crimes federais.* São Paulo: Saraiva, 2017.

PEÑA CABRERA, Raúl. *Tratado de Derecho Penal: parte especial.* Lima: Ed. Jurídicas, 1994. t. 3.

PEÑARANDA RAMOS, Enrique, SUÁREZ GONZALES, Carlos, CANCIO MELIÁ, Manuel. *Um Novo Sistema do Direito Penal. Considerações sobre a teoria de Günther Jakobs.* Tradução André Luís Callegari e Nereu José Giacomolli. Barueri, São Paulo: Manole, 2003.

PEREIRA, Caio Mário da Silva. *Instituições de Direito Civil.* 25 ed. Rio de Janeiro: Forense, 2017. v. 4.

PÉREZ MANZANO, Mercedes. Neutralidad delictiva y blanqueo de capitales. IN: BAJO FERNÁNDEZ, Miguel; BACIGALUPO, Silvina (coord.). *Política criminal y blanqueo de capitales.* Madrid: Marcial Pons, 2009. p. 169-206.

PIERANGELLI, José Henrique. *Escritos Jurídico-Penais.* São Paulo: RT, 1992.

PLATT, Stephen. *Capitalismo criminoso: como as instituições financeiras facilitam o crime.* Tradução de Celso Roberto Paschoa. São Paulo: Cultrix, 2017.

PRADO, Luiz Regis. *Direito Penal Econômico*. 8. ed. Rio de Janeiro: Forense, 2019.

RAGUÉS I VALLÉS, Ramon. Blanqueo de capitales y negocios standard. *Revista Ibero-americana de Ciências Penais*, Porto Alegre, ano 3, n. 7, set/dez 2002.

RAGUÉS I VALLÈS, Ramon. Consideraciones sobre la prueba del dolo. *REJ – Revista de Estudios de la Justicia*, Chile, n. 4, p. 13-26, 2004. Disponível em: <http://web.derecho.uchile.cl/cej/recej/recej4/archivos/PRUEBA%20DEL%20DOLO%20RAGUES%20_8_.pdf>. Acesso em: 15 set 2018.

RAGUÉS I VALLÈS, Ramon. La responsabilidad penal del testaferro en delitos cometidos a través de sociedades mercantiles: problemas de imputación subjetiva. Indret: Revista para el Análisis del Derecho, Barcelona, Espanha, n. 3, p. 1-28, 2008. Disponível em: <http://www.indret.com/pdf/553.pdf>. Acesso em: 14 set 2018.

RAMOS SUÁREZ, Fernando Mª. Análisis de la sentencia AP de Asturias 37/2015 sobre el blanqueo de capitales y Bitcoin. *DPO & is law*. Disponível em: http://www.dpoitlaw.com/analisis-de-la-sentencia-ap-de-asturias-sobre-el-blanqueo-de-capitales-y-bitcoin/.

REGIS PRADO, Luiz; BITTENCOUT, Cezar Roberto. *Código Penal Anotado*. 2. ed. São Paulo: RT, 1999.

REGIS PRADO, Luiz. *Curso de Direito Penal Brasileiro. Parte Geral*. 2. ed. São Paulo: RT, 2000.

RENART GARCÍA, Felipe. El blanqueo de capitales en el derecho suizo. *Revista del Poder Judicial*, Espanha, n. 50, p. 119-166, 1998.

REYES ALVARADO, Yesid. *Imputación objetiva*. Bogotá: Temis, 1996.

RIZZARDO, Arnaldo. *Direito das coisas*. 6. ed. Rio de Janeiro: Forense, 2012.

RODRIGUES, Anabela Miranda. *Direito penal económico: uma política criminal na era compliance*. Coimbra: Almedina, 2019.

RODRIGUEZ MOURULLO, Gonzalo. *Derecho Penal: parte General*. Madrid: Editorial Civitas, 1978.

RODRIGUEZ, Silvio. *Direito Civil. Parte Geral*. 15. ed. São Paulo: Saraiva, 1985. v. 1.

ROXIN, Claus. *A proteção de bens jurídicos como função do Direito Penal*. Tradução de André Luís Callegari e Nereu José Giacomolli. Porto Alegre: Livraria do Advogado Editora, 2006.

ROXIN, Claus. *Autoría y Dominio del Hecho en Derecho Penal*. Madrid: Marcial Pons, 1998.

ROXIN, Claus. *Derecho Penal*. Parte General. Tomo I. Traducción de Diego-Manuel Luzón Peña, Miguel Díaz y Garcia Conlledo y Javier de Vicente Remesal. Madrid: Civitas, 1997.

ROXIN, Claus. El nuevo desarrollo de la dogmática jurídico-penal en Alemania. *Indret*: Revista para el Análisis del Derecho, Espanha, n. 4, p. 1-25, 2012. Disponível em: <https://dialnet.unirioja.es/servlet/articulo?codigo=4085818&orden=369235&info=link>. Acesso em: 13 jan. 2017.

ROXIN, Claus. *Funcionalismo e imputação objetiva no Direito Penal*. Tradução de Luís Greco. Rio de Janeiro: Renovar, 2002.

ROXIN, Claus. *Problemas básicos del derecho penal*. Trad. de Diego-Manuel Luzón Peña. Madrid: Reus, 1976.

RUIZ VADILLO, Enrique. El blanqueo de capitales en el ordenamiento jurídico español. Perspectiva actual y futura. *Boletín de Información del Ministerio de Justicia*, Madrid, n. 1641, 1992.

SAN MARTÍN LARRINOA, Maria Begoña. Derecho penal económico y tributario. In: ARROYO ZAPATERO, Luis; et. al. *Hacia un Derecho Penal Económico Europeo: jornadas en honor del Profesor Klaus Tiedemann*. Madrid: BOE, 1995. p. 357-366.

SANTIAGO, Rodrigo. O branqueamento de capitais e outros produtos do crime. In: Direito Penal Económico Europeu: Textos Doutrinários, v. 2, Coimbra Editora, 1999. p. 337-368.

SCHMIDT, Andrei Zenkner. *Direito penal econômico: parte geral*, 2. ed., Porto Alegre: Livraria do Advogado, 2018.

SILVA FRANCO, Alberto. *Código Penal e sua Interpretação Jurisprudencial*. 6. ed. São Paulo: Editora Revista dos Tribunais, 1997.

SILVA FRANCO, Alberto. Um difícil processo de tipificação. *Boletim do Instituto Brasileiro de Ciências Criminais*, São Paulo, ano 2, nº 21, p. 5, 1994.

SILVA SÁNCHEZ, Jesús-María. *La expansión del derecho penal*. 2. ed. Madrid: Civitas, 2001.

SILVA SÁNCHEZ, Jesús-María. *La expansión del Derecho penal. Aspectos de la política criminal en las sociedades postindustriales*. Madrid: Civitas, 1999.

SOLANS SOTERAS, Miguel. Blanqueo de dinero y movimientos financieros. *CJ*, Madrid, ano 1, n. 3, 1992.

SOLLER, Sebastián. *Derecho penal argentino*. Buenos Aires: Editorial La Ley, 1945. t. 2.

STRATENWERTH, Günter. *Derecho penal. Parte general I*. Tradução de Manuel Cancio Meliá e Marcelo A. Sancinetti. Navarra: Editorial Aranzadi, 2005.

SUÁREZ GONZÁLEZ, Carlos. Blanqueo de capitales y merecimiento de pena: consideraciones críticas a la luz de la legislación española. *Cuadernos de Política Criminal*, Madrid, n. 58, p. 125-154, 1996.

SUTHERLAND, Edwin H. White Collar Crime. In: MANNHEIM, Hermann. *Criminologia Comparada*. Lisboa: Fundação Calouste Gulbenkian, 1984. v. 2.

TAVARES, Juarez; MARTINS, Antonio. *Lavagem de capitais: fundamentos e controvérsias*. São Paulo: Tirant lo Blanch, 2020.

TEUBNER, Gunther. *Fragmentos constitucionais: constitucionalismo social na globalização*. 2. ed. São Paulo: Saraiva, 2020.

TIEDEMANN, Klaus. *Lecciones de Derecho Penal Económico*. Barcelona: PPU, 1993.

TIEDEMANN, Klaus. Presente y futuro del Derecho Penal económico. In: ARROYO ZAPATERO, Luis; et. al. *Hacia un Derecho Penal Económico Europeo: jornadas en honor del Profesor Klaus Tiedemann*. Madrid: BOE, 1995. p. 29-42.

TIGRE MAIA, Rodolfo. Lavagem de Dinheiro. São Paulo: Malheiros, 1999.

VIDALES RODRIGUEZ, Caty. *Los delitos de receptación y legitimación de capitales en el Código penal de 1995*. Valencia: Tirant lo Blanch, 1997.

VILLAVICENCIO TERREROS, Felipe A. *Derecho penal. Parte general*. Lima: Grijley, 2006.

WEDY, Miguel Tedesco. *A eficiência e sua repercussão no direito penal e no processo penal*. Porto Alegre: Elegantia Juris, 2016.

WELZEL, Hans. *Derecho Penal Alemán*. Trad. de Juan Bustos Ramírez y Sergio Yáñez Pérez. Santiago: Editorial Jurídica Comares, 1993.

WELZEL, Hans. *Derecho penal: parte general*. Trad. de Carlos Fontán Balestra. Buenos Aires: Roque Depalma Editor, 1956.

WELZEL, Hans. *El nuevo sistema del derecho penal: una introducción a la doctrina de la acción finalista*. Tradução de José Cerezo Mir. Bueno Aires: B de F, 2004.

WESSELS, Johannes. *Direito Penal: parte geral*, Trad. de Juarez Tavarez. Porto Alegre: Editora Sergio Antonio Fabris, 1976.

ZAFFARONI, Eugenio Raúl. *Tratado de derecho penal. Parte general*. Buenos Aires: Ediar, 1981. t. 3.

ZANCHETTI, Mario. *Il Riciclaggio di Denaro Proveniente da Reato*. Milano: Giuffrè Editore, 1997.

ZARAGOZA AGUADO, Javier Alberto. Análisis sustantivo Del delito (II). Cuestiones de interés sobre el delito de blanqueo de bienes de origen criminal: la prueba indiciaria. La comisión culposa. Nuevas orientaciones en derecho comparado. In: *Prevención y represión del blanqueo de capitales, Estudios de Derecho Judicial*, n. 28, Consejo General del Poder Judicial, Madrid, 2000.

ZARAGOZA AGUADO, Javier. El blanqueo de dinero. Aspectos sustantivos. Su investigación. In: MARTÍNEZ ARRIETA, Andrés (dir.). *El encubrimiento, la receptación y el blanqueo de dinero*. Espanha: Consejo General del Poder Judicial, 1994. p. 107-142.

ZARAGOZA AGUADO, Javier. El Delito de Blanqueo de Capitales. Legislacion, Doctrina y Jurisprudencia. in: BLANCO CORDERO, Isidoro, *et. al.*, *Combate al Lavado de Activos desde el Sistema Judicial*. 5. ed., Washington: OEA, 2018. p. 293-424.

ZÚÑIGA RODRÍGUEZ, Laura. *Bases para un modelo de imputación de responsabilidad penal a las personas jurídicas*. 3. ed. Espanha: Editorial Aranzadi, 2009.

REFERÊNCIAS DE JULGADOS

STF, AP 1002, Relator(a): Edson Fachin, Segunda Turma, julgado em 09/06/2020.

STF, AP 1015, Relator(a): Edson Fachin, Segunda Turma, julgado em 10/11/2020.

STF, AP 1030, Relator(a): Edson Fachin, Segunda Turma, julgado em 22/10/2019.

STF, AP 470 EI-sextos, Relator(a): Luiz Fux, Relator(a) p/ Acórdão: Roberto Barroso, Tribunal Pleno, julgado em 13/03/2014.

STF, AP 470, Relator(a): Joaquim Barbosa, Tribunal Pleno, julgado em 17/12/2012.

STF, AP 644, Relator(a): Gilmar Mendes, Segunda Turma, julgado em 27/02/2018.

STF, AP 694, Relator(a): Rosa Weber, Primeira Turma, julgado em 02/05/2017.

STF, AP 863, Relator(a): Min. Edson Fachin, Primeira Turma, julgado em 23/05/2017.

STF, AP 996, Relator(a): Edson Fachin, Segunda Turma, julgado em 29/05/2018.

STF, HC 132179, Relator(a): Dias Toffoli, Segunda Turma, julgado em 26/09/2017.

STF, HC 143333, Relator(a): Edson Fachin, Tribunal Pleno, julgado em 12/04/2018.

STF, HC 167132 AgR, Relator(a): Ricardo Lewandowski, Segunda Turma, julgado em 14/06/2019.

STF, HC 93368, Relator(a): Luiz Fux, Primeira Turma, julgado em 09/08/2011.

STF, Inq 2248 QO, Relator(a): Carlos Britto, Tribunal Pleno, julgado em 25/05/2006.

STF, Inq 2471, Relator(a): Min. Ricardo Lewandowski, Tribunal Pleno, julgado em 29/09/2011.

STF, Inq 3515, Relator(a): Marco Aurélio, Primeira Turma, julgado em 08/10/2019.

STF, Inq 4141, Relator(a): Roberto Barroso, Primeira Turma, julgado em 12/12/2017.

STF, Inq 4259, Relator(a): Edson Fachin, Relator(a) p/ Acórdão: Dias Toffoli, Segunda Turma, julgado em 18/12/2017.

STF, Inq 4633, Relator(a): Edson Fachin, Segunda Turma, julgado em 08/05/2018.

STF, RHC 144295, Relator(a): Min. Edson Fachin, Segunda Turma, julgado em 28/11/2017.

STJ, AgRg no AREsp 1268607/SP, Rel. Ministro Rogerio Schietti Cruz, Sexta Turma, julgado em 30/06/2020.

STJ, AgRg no AREsp 1523057/RS, Rel. Ministro Ribeiro Dantas, Quinta Turma, julgado em 02/06/2020.

STJ, AgRg no HC 514.807/SC, Rel. Ministro Reynaldo Soares Da Fonseca, Quinta Turma, julgado em 17/12/2019.

STJ, AgRg no HC 558.376/SP, Rel. Ministro Nefi Cordeiro, Sexta Turma, julgado em 09/06/2020.

STJ, AgRg no HC 574.573/RJ, Rel. Ministro João Otávio De Noronha, Quinta Turma, julgado em 22/06/2021.

STJ, AgRg no REsp 1244668/MS, Rel. Ministro Nefi Cordeiro, Sexta Turma, julgado em 15/12/2015.

STJ, AgRg no REsp 1840416/PR, Rel. Ministro Felix Fischer, Quinta Turma, julgado em 06/10/2020.

STJ, AgRg no REsp 1942359/RS, Rel. Ministro Reynaldo Soares Da Fonseca, Quinta Turma, julgado em 05/10/2021.

STJ, AgRg no RHC 113.911/PR, Rel. Ministro Leopoldo De Arruda Raposo (DESEMBARGADOR CONVOCADO DO TJ/PE), Quinta Turma, julgado em 19/11/2019.

STJ, AgRg nos EDcl no REsp 1667301/SP, Rel. Ministro Nefi Cordeiro, Sexta Turma, julgado em 05/09/2019.

STJ, APn 458/SP, Rel. Ministro Fernando Gonçalves, Rel. p/ Acórdão Ministro Gilson Dipp, Corte Especial, julgado em 16/09/2009.

STJ, APn 856/DF, Rel. Ministra Nancy Andrighi, Corte Especial, julgado em 18/10/2017.

STJ, APn 922/DF, Rel. Ministra Nancy Andrighi, Corte Especial, julgado em 05/06/2019.

STJ, APn 923/DF, Rel. Ministra Nancy Andrighi, Corte Especial, julgado em 23/09/2019.

STJ, APn 940/DF, Rel. Ministro Og Fernandes, Corte Especial, julgado em 06/05/2020.

STJ, HC 545.395/RO, Rel. Ministro Reynaldo Soares Da Fonseca, Quinta Turma, julgado em 05/03/2020.

STJ, QO na MISOC 203/DF, Rel. Ministro Mauro Campbell Marques, Corte Especial, julgado em 20/10/2021.

STJ, QO no PePrPr 4/DF, Rel. Ministra Nancy Andrighi, Corte Especial, julgado em 16/06/2021.

STJ, RHC 43.947/RJ, Rel. Ministro Jorge Mussi, Quinta Turma, julgado em 18/02/2016.

STJ, RHC 46.823/MT, Rel. Ministro Reynaldo Soares Da Fonseca, Quinta Turma, julgado em 07/04/2016.

TRF2, ACR 0802207-13.2013.4.02.5101, Relator Abel Gomes, 1ª Turma, julgado em 20/06/2018.

TRF3, ApCrim 7444/MS - 0001155-02.2016.4.03.6000, Rel. Fausto De Sanctis, Décima Primeira Turma, julgado em 23/07/2020.

TRF4, ACR 5001606-05.2019.4.04.7003, Relator Carlos Eduardo Thompson Flores Lenz, Oitava Turma, julgado em 16/10/2019.

TRF4, ACR 5001902-14.2017.4.04.7127, Relatora Cláudia Cristina Cristofani, Sétima Turma, julgado em 30/03/2021.

TRF4, ACR 5007596-41.2019.4.04.7208, Relatora Cláudia Cristina Cristofani, Sétima Turma, julgado em 17/11/2020.

TRF4, ACR 5017347-36.2015.4.04.7000, Relator Márcio Antônio Rocha, Sétima Turma, julgado em 10/10/2017.

TRF4, ACR 5017641-83.2018.4.04.7000, Relator Luiz Carlos Canalli, Sétima Turma, julgado em 25/05/2021.

TRF4, ACR 5018274-94.2018.4.04.7000, Relatora Cláudia Cristina Cristofani, Sétima Turma, julgado em 15/09/2020.

TRF4, ACR 5070068-53.2015.4.04.7100, Relatora para Acórdão Bianca Georgia Cruz Arenhart, Sétima Turma, julgado em 15/09/2020.